사회복지사를 위한

WELFARE ECONOMICS

복지경제학

FOR SOCIAL WORKERS

이태수 저

학지사

* 이 책은 꽃동네대학교의 연구비 지원으로 이루어진 결과물임

❝경제학을 전공하신 분이
어떻게 사회복지학을 하게 되셨나요?❞

　사회복지정책을 연구하고 사회복지학도를 가르치며 복지국가를 실현하는 일에 매진한 지 2014년이면 만으로 꼭 20년이 되지만, 처음이나 지금이나 자주 접하는 질문이다. 대부분 빙그레 웃으며 "운명이지……."라고 이야기하고 말지만, 사실 학문적으로나 실제 정책을 구사함에 있어 경제학(economics)과 사회복지학(social welfare)의 경계가 그리 뚜렷한 것도 아니요, 뚜렷해서도 안 된다고 생각하기 때문에 이런 질문 자체가 제기되지 않는 날이 와야 할 것이다.

　원론적으로 말하면, '재화의 생산과 소비, 분배를 통해 인간의 욕구를 실현하는 방안을 찾는 학문' 정도로 정의할 수 있는 경제학과, '인간의 복된 상태를 사회적으로 실현하는 방안을 찾아가는 학문'으로 정의할 수 있는 사회복지학을 뚜렷하게 분리할 근거는 없다. 오히려 경제학에서 물질세계에 통용되는 법칙을 발견하면 그것을 총체적으로 인간의 복지 증진에 유용하게 활용할 수 있으므로, 경제학을 사회복지학에 절대적으로 기여하는 부분집합의 학문 영역이라고도 이해할 수 있다.

　그러나 현실적으로 말하면, 물질적 욕망의 실현이 다른 정신적 가치를 압도하고 경제성장이 국가정책의 우선순위 최상단에 놓여 있는 작금의 자본주의 사회 현실에서 경제 영역은 어느새 우리 사회의 상위를 점하게 되었고, 따라서 경제학자나 경제 관료의 위세 역시 하늘을 찌를 듯하다. 특히 정부 정책에서 보면 과거 경제기획원 시절부터 예산처, 기획재정부를 거치며 경제 관료들은 예산의 통제권을 통해 사회정책의 확장에 제동을 걸어 왔다. 그 결과 복지 분야의 관료뿐만 아니라 현장의 실무자까지도 만성적으로 패배감이나 무력감을 겪고 있는 양상은 정말 부끄러운 우리 사회의 단면이라고 할 수 있다. 이에 따라 자연스럽게 경제 분야와 복지 분야는 대치되는 것으로, 경제학과 사회복지학은 분리된 학문으로 인식하기에 이르렀다.

이 책은 현 주류경제학의 기반이 무엇이고 그 핵심 이론과 사상이 무엇인지 소개하는 것을 일차 목적으로 한다. 군이 주류경제학이라고 못박는 것은 경제학 자체가 250여 년이라는 긴 역사적 계보를 지니기 때문에, 이 책에서 소개하는 내용은 오늘날 강단이나 대다수 경제학도 및 학자가 주로 배우고 가르치는 것으로 한정하였다는 것을 밝히기 위함이다. 영국의 알프레드 마셜(Alfred Marshall)이 완성한 한계효용학파는 이후 더욱 정교한 이론 틀을 갖추며 경제학의 미시 부분을 완성하였고, 세계대공황 이후 존 메이너드 케인스(John Maynard Keynes)는 경제학의 거시 부분을 개척한바, 이러한 주류경제학 이론 틀이 갖고 있는 핵심 내용과 의의를 밝히고 나아가 각 내용과 사회복지의 관련성을 드러내고자 하였다.

하지만 이 책에서 의도한 궁극적인 목적은 두 가지다. 하나는 주류경제학을 이해함으로써 사회복지계가 경제학이나 경제 관료에게 불필요한 열패감을 갖지 않도록 하기 위함이다. 현재 사회복지학을 배우는 학도들은 물론이거니와 현장에서 결정적인 순간에 마주치는 경제 관료나 경제학적 사고로 무장한 사람들과 심각한 일전(?)을 불사해야 하는 종사자들까지도 경제학 이론 및 경제학적 사고의 본성이 무엇인지 훤히 꿰뚫고 있기를 바라는 마음, 그리고 때로는 그들의 언어나 사고체계 내에서 그들과 대화하고 논쟁하며 자신감 있게 복지 논리 및 이론을 주장할 수 있게 되기를 바라는 마음이 근저에 있다.

또 하나는 경제학과 사회복지학이 결코 완전히 다른 영역이거나 배치되는 부분이 아닌, 상호 침투하며 상호작용하는 관계에 있다는 사실을 이해할 수 있도록 하기 위함이다. 사실 이것은 오늘날 주류경제학에 함몰되어 있는 한국의 경제학자들에게도 필요한 일이지만, 우선 이 책을 통해 사회복지계부터 대승적 이해를 도모했으면 한다.

사실 경제학도가 아닌 그 누군가가 경제학의 주류 이론 틀을 제대로 이해해 보겠다고 마음을 먹는다 할지라도 실제로 그럴 수 있는 가능성은 그리 높지 않다. 왜냐하면 경제학개론 교과서를 대하는 순간, 그 엄청난 두께에 한 번 놀라고, 그 안에 난무하는 그림과 수식에 또 한 번 놀라 더 이상 시도할 엄두를 내지 못하기 때문이다. 더불어 친절한 교수의 강의가 동반되지 않는다면 경제학개론서를 정복하는 것조차 불가능하다.

그리하여 이 책은 1부에서 수식과 그림을 최소화하여 주류경제학 이론을 소개하였다. 따라서 홀로 차근차근 들여다보는 인내심만 허락한다면 끝내 해당 이론의 핵심과 의미를 이해할 수 있을 것이다. 적어도 이 부분을 통해 경제학과 사회복지학, 경제이론과 사회복지제도 및 현실이 어떻게 조우하는지 이해할 수 있기를 희망한다. 하지만 이 부분에 관심이 없거나 인내심을 발동하기가 쉽지 않은 사람이라면 2장은 건너뛰어도 좋다.

2부에서는 사회복지에서 주로 다루는 영역 중 좀 더 분석이 필요한 부분을 경제학적 관점에 입각해 깊이 있게 살펴본 결과물을 소개하였다. 빈곤에 대한 해석, 특히 중앙정부와 지방정부의 재정 구조나 운용과 관련된 부분에 집중하였고, 복지와 경제의 관계에 대한 이론적 고찰 역시 담고 있다. 시간이 허락하는 한 앞으로도 이 부분은 보완하고 강화해 갈 생각이다.

이러한 책의 필요성을 자각하고 실제 집필 작업을 시작한 것은 1994년 보건복지부 산하 국립사회복지연수원의 교수로 첫발을 내디딘 지 얼마 되지 않은 때였다. 그때는 현장 실무자나 사회복지사 자격을 획득하지 않은 사람들에게 단기양성과정을 지도하면서 해당 자격을 부여했기에 짧게는 3개월, 길게는 6개월까지 그들과 동고동락하게 되었다. 그들과 함께하면서 그들에게 경제학에 대한 최소한의 이해가 필요함을 느꼈고 그에 따라 복지경제학에 대한 책을 집필하겠다는 다짐을 했으나 그로부터 실로 20년이 돼서야, 그것도 연구년으로 영국 요크대학교에 머물면서 겨우 다시 원고를 조탁하여 마무리함에 자괴감과 부끄러움을 느끼지 않을 수 없다. 그러나 이제라도 이 책을 통해 경제학자로서 복지정책을 분

석하고 대안을 제시하는 역할을 할 수 있음에 최소한의 책무를 한 것 아
닌가 하는 자기위안도 든다.

이 책은 그간 저자가 수학한 모교 은사님들의 가르침에 힘입은 바가
크다. 7년이라는 시간 동안 지근거리에서 모시며 많은 것을 배울 수 있었
던 모교의 윤석범 교수님, 그리고 경제학 박사학위 논문을 지도해 주신
정창영 교수님을 비롯하여 수많은 교수님의 가르침이 이 보잘것없는 책
에 녹아 있지만, 행여 그분들께 누가 되지 않을까 하는 염려가 앞선다.
또한 그간 사회복지학계와 교육계, 그리고 현장에서 함께 지식과 의견을
나누고 격렬히 논쟁하면서 서로를 일깨운 많은 분이 결국 이 책을 만들
어 내는 데 가장 큰 자극과 용기가 되어 주셨음을 숨길 수 없다.

또한 흔쾌히 출판을 맡아 주신 학지사의 김진환 사장님께도 감사의 말
씀을 드린다. 비록 사회복지교육계에 꼭 필요한 책이라 확신하나 그다지
시장성이 좋으리라 담보할 수만은 없는 상황에서 잠재적 가치 하나만을
보고 출판에 동의해 주신 깊은 뜻에 감사드린다. 더불어 출판 과정에서
세심하고 충실한 교정과 윤문을 맡아 주신 이지예 선생님께도 그 전문성
에 존경을 표하는 바다.

이 자리를 빌려 2013년 한 해 동안 초빙교수로서 머물렀던 영국 요크
대학교의 존 허드슨(John Hudson) 교수를 비롯한 교수진과 교직원 여러
분께 감사한 마음을 전한다. 그들이 보여 준 환대와 관심, 공감이 이 책
의 출간뿐만이 아니라 앞으로 남은 학자로서의 삶에 새로운 자극과 계기
를 만들어 주었다.

마지막으로 인생의 동반자로서 언제나 함께해 온 아내 그리고 이제 자신의 인생을 찾아가려는 딸과 아들에게 그간의 고마움과 미안함을 전한다.

이제 20년 만에 겨우 끝낸 이 책을 통해 스스로 경제학자인 동시에 복지학자로서 사명감을 가지고 더 매진하겠다고 다짐한다. 또한 아직도 갈 길이 먼 복지국가를 형한 길에서 나의 어깨에 놓인 사명감의 무게를 강하게 느껴 본다.

2014년 2월
저자 식

차례

제1부

경제학 이론편

경제학 원론에서 본 사회복지

제1장

자본주의의 출현과
경제학사상의 발전, 그리고 사회복지

"자본주의는 사회보장과 함께 존재할 수도 없고, 사회보장 없이 존재할 수도 없다(C. Offe)."
그렇다면 사회보장과 사회복지의 존재 의미를 알기 위해 우리는 자본주의를 정확히 해명해
야 한다. 여기서는 자본주의의 탄생과 정착 과정을 살펴봄으로써 그것의 본질에 대한 이해
를 도모하고, 이후 이러한 자본주의의 발전 과정을 여러 경제학파와 경제학자가 어떻게 해
석하였는지 보고자 한다.
따라서 다음과 같은 문제의식을 지닐 수 있을 것이다.

1. 봉건제도에서 자본주의가 탄생하는 과정을 통해 본 자본주의의 본질은 무엇인가?
2. 경제학사상에서는 자본주의의 작동 원리를 어떻게 이해해 왔는가?
3. 시장에 대한 예찬론과 부정론의 흐름은 어떻게 전개되어 왔으며 각각의 논리는 무엇인가?

1. 자본주의의 성립과 특징

　물질적 생활상의 문제를 해결하려는 노력은 인류의 탄생 시점부터 지
금까지 어느 한 시대에서도 예외 없이 매우 절실하게 이루어졌다. 그 결
과 인간의 물질적 부의 수준은 계속해서 증대하였고, 급기야 오늘날 인
류의 일부 국가 또는 일부 계층에서는 상당 수준의 풍요를 향유하는 시기
마저 도래하였다. 하지만 인류의 이러한 노력은 그리 순탄한 과정을 거
쳐 이루어진 것이 아니며, 일정한 경제 제도에서 일사분란하게 전개되어
온 것은 더더욱 아니다. 사실 인류가 물질적 부를 축적하고 괄목할 만한

생산성을 보이면서 비약적인 단계로 접어든 것은 비교적 근대의 일이며, 구체적으로는 1800년대를 전후하여 완전히 자리 잡은 자본주의(capitalism)라는 경제 제도의 등장이 이 비약적 생산성 증가의 막을 연 것으로 이해할 수 있다. 그렇다면 자본주의라는 경제 제도와 생산양식은 과연 어떠한 본성을 가진 것인가? 그에 대한 답은 자본주의의 생성 및 확립 과정을 이해함으로써 얻을 수 있을 것이다.

일반적으로 서구 역사에서 자본주의는 중세 봉건사회가 가장 전성기를 맞이했던 12~13세기부터 움텄다고 본다. 이 시기에는 당시까지의 농법의 변화로 축력(畜力)을 이용하고 심경법(深耕法)을 적용하며 삼포제(三圃制)1)를 개발하고 각종 농기구를 개량하는 등 농업 생산성에서 상당한 발전이 도래하였다. 이에 따라 사회 전체적으로 잉여생산물을 생성하기 시작했고, 이는 기존 봉건사회의 계급 질서이자 분배 체계의 핵심이었던 '영주-기사-농노' 관계에 잠재적 갈등의 소지를 제공하였다.

다른 한편, 당시 봉건사회의 질서에 충격적인 변화를 초래하는 현상이 발생한다. 우선 십자군 전쟁을 들 수 있는데, 성전(聖戰)으로 시작한 이 전쟁은 영주-기사-농노의 신분 체계에 커다란 변동을 가져다주었으며, 농노해방이나 상업활동의 활발한 전개라는 예기치 못한 결과를 초래하기도 하였다. 1348~1349년에 영국을 휩쓸고, 더 나아가 유럽에 만연했던 흑사병(black death) 역시 유럽 인구의 1/4 내지 1/2을 절멸함으로써 인구 구성상 충격을 주었을 뿐 아니라 그 외에도 도시의 탄생, 현물 지대

---

1) 장원(莊園) 내의 농지를 3등분하여 그중 한 곳의 농지를 휴경지로 지정하는 토지이용법으로서, 이전의 이포제(二圃制)가 한 곳의 농지를 2년에 한 번씩 휴경지로 놀려야 했던 것에 비해 이 방법은 3년에 한 번씩 함에 따라 경작 면적의 증대를 가져온다는 의의를 지닌다.

대신 화폐로 지대를 내는 금납제(金納制)의 확산, 수공업자 동종조합인 길드(guild)의 결성 등도 봉건사회의 생산관계를 변화시키는 요인이 됨으로써 중세사회의 생산양식인 봉건주의의 해체를 가져왔다.

　그러나 이러한 여러 충격보다도 가장 직접적으로 중세사회의 해체와 자본주의의 도래를 불러일으킨 현상으로서 소위 '자본의 본원적 축적'(primitive accumulation of capital)이라고 일컫는 일련의 과정을 논하지 않을 수 없다. 중세사회의 핵심적인 두 계급인 영주와 농노가 자본가와 노동자로 대체되는 과정인 이 본원적 축적 과정을 이해하기 위해 우리는 콜럼버스(K. Columbus)의 신대륙 발견이 지니는 의미를 짚어 볼 필요가 있다.

　원래 콜럼버스 이전까지는 십자군 원정으로 개발된 동방, 즉 인도나 중국과의 무역이 서유럽의 무역에서 단연 압도적인 비중을 차지하였다. [그림 1-1]에서 보듯이 서구에는 주로 동방의 향료, 비단, 차 등과 같은 귀족의 사치재가 유입되었고, 이에 대한 결제 수단으로 금과 은이 동방으로 흘러들어 갔다. 이처럼 동방과의 교역은 갈수록 급증하였지만 희소성을 가진 금과 은의 공급은 제한되어 있었기에 자연히 서구의 금과 은의 양은 부족해졌는데, 콜럼버스의 신대륙 발견이 그 돌파구로서 기능하게 되었다. 신대륙에서 발견한 막대한 양의 금과 은은 스페인에 엄청난 물가 상승을 초래할 정도로 서유럽을 향해 흘러들었다.[2] 한편, 그 반대급부로 양모(羊毛)를 이용한 모직물을 신대륙에 공급함으로써 [그림 1-1]과 같은 삼각무역(三角貿易)체제를 확립하였다.

[그림 1-1] 중세 후반의 삼각무역체제

이러한 삼각무역체제의 확립과 함께 봉건사회에서 구현된 잉여생산물의 증대는 결과적으로 모직물에 대한 자체 수요를 증가시켰다. 이에 따라 유럽 내 양모의 가격이 폭등하는 사태가 일어났고, 이러한 새로운 변화에 대해 당시 지주계층이었던 영주들은 기민한 반응을 보였는데, 즉 자신의 영지에 울타리를 치고 양을 키우기 위한 목초지를 만들기 시작한 것이다. 이것이 15세기 말부터 16세기 초반까지, 심지어는 19세기 초반에도 만연한 종획운동(enclosure movement)이라 일컫는 것으로, 초기 산업자본이 대량으로 급속하게, 그리고 무엇보다도 폭력적으로 생성되었던 본원적 자본 축적기의 핵심이다.

이 종획운동의 과정에서 공유지나 국유지가 횡탈되었고, 농노의 주거지 및 가옥이 파괴되었음은 물론, 당시까지 확보한 토지의 경작권 역시 상실됨으로써 토지의 폭력적 수탈사가 시작되었다. 한 기록에 따르면, 거의 마지막으로 이러한 토지의 수탈사가 진행된 영국 선덜랜드 지방의 한 장원에서는 총 79만 4천 에이커의 땅에 1만 5천 명의 주민이 거주하고 있었는데, 1814~1820년에 영주인 여공작이 모든 농노에게 양 13만 마리를 목축하게 한 후 6,000에이커 규모의 바닷가 황무지로 내쫓았다고 한다. 이 기록에서 어업으로 생계를 꾸려 나갈 수밖에 없었던 당시 농노들의 매우 처참한 강제 이주 흔적을 읽을 수 있다. 바로 이러한 대량적인 강제 이주는 자연스럽게 유민(流民)을 당시 신흥자유도시로 몰려들게 만들었다.

그러나 종획운동의 초창기에 해당하는 1491년부터 1547년까지 재임했던 유명한 헨리 8세(Henry VIII)의 칙령을 통해서도 알 수 있듯이 지배계급이 이들 도시부랑민에게 취한 조치는 국가 질서 및 규율의 확립을 위

---

2) 실제 16세기 전 기간 유럽에 유입된 금의 양은 이전 시기와 비교할 때 3~3.5배에 이르렀던 것으로 추정된다.

해 엄격히 다스리는 방법이 주가 되었다. 예컨대, 이들이 구걸을 하는 대신 노예 노동을 하도록 하였고, 이를 어길 때는 국사범으로 취급하여 채찍질 및 신체 일부 절단 등의 강력한 응징체계를 강구하였으며, 급기야 사형까지 시키는 엄중함을 보여 줌으로써 '피의 입법'이라고도 불렀다.

이와 같이 당시 변모하는 상황에 대한 영주와 국왕의 대처 방식은 그들 스스로를 위한 자구책의 성격을 띠었지만, 결과적으로는 이율배반적이게도 중세의 기득권 세력이자 지배세력인 그들이 붕괴하게 된 계기로 작용하였다. 즉, 이러한 대량 유민의 발생과 이들을 향한 가혹한 취급은 자본주의 체제의 핵심 계급인 대규모 임금노동자의 발생을 초래한 것이다.

원래 임금노동자란 자신의 노동력을 매매하여 생계를 유지하는 사람들로서 두 가지 존재 조건이 있다. 첫 번째는 신분상의 구속으로부터 자유로움을 확보하는 것인데, 이는 중세 농노가 능력이 있어 스스로 자유시민의 자격을 얻었든지, 원치 않게 장원에서 쫓겨났든지 간에 종래 신분질서의 인격적 속박을 받던 상태가 사라지고 주체적 의사결정권을 행사할 수 있게 되었다는 결과로서는 매한가지였다. 명예혁명이나 프랑스대혁명과 같은 시민혁명의 발발이 이러한 시민권을 확보하는 데 기여한 것은 물론이다. 임금노동자의 두 번째 존재 조건은 생산수단으로부터의 자유로움을 지닌다는 것이다. 이것은 역설적인 의미를 지니는데, 봉건사회의 주요 산업은 농업이었고, 이때 토지를 제외하고 농업 생산에 필요한 대부분의 농기구 및 원료 등 생산수단은 농노 자신에게 속했다. 하지만 그에 비하면 새로운 산업사회의 속성을 갖춘 자본주의 사회에서 노동자가 가지고 있는 것은 오로지 자신의 노동력일 뿐, 생산에 불가결한 기계 및 원료, 토지 등의 생산수단은 모두 자본가에게 귀속되어 있다. 그러므로 이러한 점에서 생산수단으로부터의 자유가 임금노동자의 필수 조건이 된다고 하겠다. 이는 앞서 기술한 것과 같이 종획운동의 과정을 통해 도출된 결과라고 할 수 있다. 이러한 두 가지 의미의 자유로움을 갖춘 노동자계급이 창출되는 과정을 통해 자본주의 생성의 토대가 마련되었다는 점은 그 의미가 매우 크다고 할 수 있다.

한편으로는 자본의 본원적 축적에서 또 하나 중요한 자본가의 성립, 달리 말하면 '산업자본의 집적(集積)' 측면을 거론하지 않을 수 없다. 이것은 다음의 두 가지로 설명할 수 있다. 첫 번째, 사회적 잉여가 확대됨에 따라 수공업 제품에 대한 수요가 증가했고, 종래의 길드(guild) 조직이라는 배타적 소규모 공급 체계로는 폭증하는 사회적 수요를 감당할 수 없게 되었다. 그러자 길드의 독점적 생산 권리가 깨지면서 반농반공(半農半工)의 소장인(小匠人, petit master)이라는 생산계층이 생기게 되었고, 이들이 자본가로 진화하게 된 것이다. 두 번째, 확대되는 상품경제권의 영향으로 상인이 화폐자본을 축적하게 되면서 주문생산 분야뿐 아니라 수공업 분야까지 점령하여 직접 생산 및 유통을 진행하게 되었는데, 이에 따라 그들이 대규모 자본의 소유자로 등장하여 차차 신흥 지배세력으로서의 자본가 세력을 형성하기 시작한 것이다.

이로써 거의 무한대로 공급되는 저임금 무산노동자, 그리고 그들을 고용하여 그들의 노동력을 생산수단과 결합하게 함으로써 상품을 생산하고 이윤을 획득하는 자본가라는 두 계급이 확립되었다. 이러한 두 계급의 확립은 당시까지의 봉건제와는 전혀 새로운 생산방식 및 행동양식을 요구하는 자본주의 체제의 형성으로 이어지게 되었다. 또한 계속되는 시민혁명의 발발과 개인주의적 철학 사조의 만연, 생산성의 비약적 발전을 이끈 산업혁명의 연속선상에서 마침내 19세기 초반의 영국 사회는 '자유 자본주의(free capitalism)'를 확립하게 되었다.

결국 종래의 사회와는 완전히 다른 원리가 지배하는 자본주의라는 새로운 생산양식은 〈표 1-1〉에서 요약하고 있는 것과 같은 특징을 지닌

다. 즉, 기본 계급의 구성이 영주-농노에서 자본가-노동자로, 생산과
분배의 기본 원리가 선천적 신분질서에서 객관적 시장질서로 바뀌었다.
또한 소유의 기본 원리는 둘 다 사적소유제를 기반으로 하지만 생산수단
이 노동의 직접적 행사계층인 농노에서 자본가로 바뀌었으며, 생산물의
최종 귀속도 노동 행사계층에서 자본가로 바뀌었다.

〈표 1-1〉 봉건주의와 자본주의의 비교

핵심사항		봉건주의	자본주의
기본 계급		영주-농노	자본가-노동자
생산 · 분배의 기본 원리		신분질서	시장
소유의 원리	기본 원리	사유제	사유제
	생산수단의 소유권 귀속	농노	자본가
	노동력의 소유권 귀속	농노	노동자
	생산물의 소유권 귀속	농노(지대 제외)	자본가

  하지만 초기 자유자본주의를 이룩하는 과정에서는 자본의 폭력성이
현저하였으며, 무산노동자의 '경제적 강제'[3]에 따른 피폐성이 여실히 드

---

3) '경제적 강제'란 '경제 외적 강제'와 대비되는 표현이다. 후자는 중세 봉건사회의 농노가
자신의 노동 행사 과정 및 그 결과 만들어진 생산물을 분배하는 과정에서 영주-농노라는
신분질서, 즉 비경제적 부문의 압력 때문에 영주에게 수탈되는 과정을 밝게 된다는 측면
을 강조한다. 반면, 전자는 이미 신분사회가 깨지고 각 개인은 자유의지에 따라 자신의 노
동에 대한 처분권을 갖게 되었지만, 사실상 생산수단과 분리됨으로써 생산과정에서 주체
적 지위를 확보하지 못하게 되고, 이로 인하여 저임금과 같은 불리한 노동 조건에도 경제
적 이유로 반드시 자신의 노동력을 자본가에게 팔아야 하게 된다는 측면을 강조하고 있다.

러남에 따라 이를 두고 마르크스(K. Marx, 1818~1883)는 '자본의 원죄(原罪)'라고 표현하기도 하였다. 이렇게 도래한 자유자본주의는 이후 많은 변용과 수정의 역사를 거치면서 오늘날 독특한 각국 자본주의의 구체적인 모습을 띠게 되었다. 하지만 초기 자유자본주의에서 보여 준 기본 면모는 자본주의의 본성이 지니는 일면을 이해하는 데 주요한 실마리를 제공한다고 본다.

즉, 자본주의는 마치 '길들여지지 않은 야수'와도 같은 본성을 지니고 있으므로 이를 길들이지 않을 경우 항시 자본의 폭력성이 재현될 가능성이 있다는 것을 명심해야 한다. 선진자본주의 국가들 내부에서는 19세기 내내 노동자의 폭력적·비폭력적 저항이 끊이지 않았고, 자본주의의 혁명적 전복을 주장하는 급진사상이 번성하였다. 이러한 결과는 '길들여지지 않은' 자본주의가 초래하는 위험의 대가가 어떠하였는지 보여 주기에 충분하다. 그런 점에서 1883년 독일에 노동보험의 일종인 의료보험이 최초로 도입된 것은 어찌 보면 역사적인 필연일 수밖에 없는 일이었고, 이후 계속적인 사회보장제도의 확대는 자본주의의 본성이 지니는 야수성(野獸性)을 생각할 때 지극히 다행스러운 역사적 발전이 아닐 수 없다.

2. 경제학에서 본 자본주의의 해석

자본주의의 핵심 기제(mechanism)는 시장이다. 이러한 시장이 지니는 가장 중요한 기능으로서 논란의 소지가 되는 것은 균형(equilibrium)의 달성 여부다. 인간이 재화의 생산과 소비를 둘러싸고 자신의 무한한 욕구를 충족시켜 나가는 과정에서 시장을 통해 매우 안정될 수만 있다면, 그리고 어떤 기준에서든지 바람직한 상을 찾을 수만 있다면 그 시장의 중요성은 아무리 강조하여도 지나치지 않을 것이다. 만일 시장이 원활히 기능한다면 국민의 복지를 위한 인위적이고 제도적인 해결 노력은 전혀 근거가 없게 되고, 반대로 시장의 기능에 아주 결정적인, 아니면 적어도 적지 않은 결함이 존재한다면 그 결함의 정도에 비례하여 시장의 개입 여지가 발생하게 된다. 따라서 시장에 대한 긍정성(positivity)은 사회복지의 긍정성과 정확히 상충관계(trade-offs)에 놓여 있는 것이라고 할 수 있다.

그렇다면 사회복지에 대한 확신 및 긍정적 평가에 대한 관심이 높으면 높을수록 시장에 대한 분석에도 같은 정도의 관심을 기울여 진정 자본주의에서 발현되는 시장의 기능이 지니고 있는 우수성과 한계를 정확히 분석할 수 있어야 할 것이다. 그런 관점에서 보면 경제학만큼 시장에 대한 기능과 역기능을 다양하게 분석하는 학문도 많지는 않을 것이다. 경제학에서 그동안 거둔 학문적 성과는 모두 이러한 시장의 기능에 대한 해석으로 귀결된다고 해도 과언이 아니다.

그런 의미에서 우선 이 장에서는 단순한 도식적 이해를 위해 약간의 무모함을 감수하고라도 현존하는 경제사상의 흐름을 시장에 대한 긍정적 이해론과 그에 대한 부정적 이해론, 즉 달리 표현하면 친시장(pro-market)적 견해와 반시장(anti-market)적 견해로 양분할 것이다. 그리고 경제학의 가장 주된 흐름이 어떻게 형성되며 계승 또는 반전되는지, 또 현재까지 어떻게 발전되어 왔는지를 보기로 한다.

다음 절을 통해 200년에 가까운 경제학 이론의 흐름을 간단히 네 가지 단계로 나누어 서술하려 한다. [그림 1-2]의 내용대로 첫 번째 단계는 1800년대를 전후한, 다시 말하면 영국의 산업혁명을 전후하여 등장한 고전학파(Classicals)로서 경제학의 아버지인 애덤 스미스를 위시하여 당시의 자유방임 사회와 그 안에서 작동하는 경제 행위들의 법칙을 도출해 내었던 이들이 활동했던 시기다. 두 번째 단계는 1900년대를 전후한 시기로서, 한계혁명을 필두로 자본주의 경제에서 시장의 역할을 매우 정교하게 입증한 신고전학파(Neo-Classicals)의 시기다. 세 번째 단계는 1930년대 세계적 대공황 이후 선보인 케인스학파(Keynsian)의 전성시대로서 주로 제2차 세계대전을 전후한 시기가 된다. 마지막 네 번째 단계는 1970년대의 제1차 석유파동을 거치면서 1980년대를 전후하여 다시 득세하기 시작한 새고전학파(New Classicals)의 시기인데, 동시에 케인스학파를 계승한 새케인스학파(New Keynsian)도 등장함에 따라 향후 친시장 쪽으로 더 발전할지, 아니면 반시장 쪽으로 기울 것인지가 관심사가 된다고 하겠다.

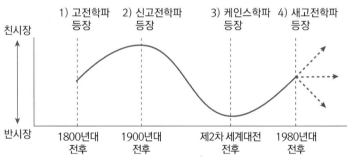

[그림 1-2] 친시장 및 반시장으로 본 경제사상의 흐름

1) 자유방임의 예찬 – 고전학파

중세의 구각을 깨고 등장한 자본주의의 본질과 그 작동 원리를 궁금하게 여긴 사람들의 수는 적지 않았다. 그중에서도 가장 주목받은 사상가는 1776년 간행된 『국부론(*An Inquiry into the Nature and Causes of the Wealth of Nations*)』의 저자 애덤 스미스(Adam Smith, 1723~1790)다. 그는 영국 스코틀랜드 태생으로, 글래스고대학교의 도덕철학 교수로서 이미 『도덕감성론(*A Theory of Moral Sentiments*)』(1759)을 통해 당대 지식인 사

회에서 명성을 드러냈다. 스미스는 우연한 기회에 유럽의 변화상을 살펴보기 위해 유럽 일주 여행을 하였는데 이때의 경험이 마침내 『국부론』이라는 한 권의 명저로 남으면서 그는 자본주의에 대한 최초의 해명자이자 경제학의 초석을 놓은 인물이라는 영예를 얻게 되었다.

스미스가 주로 활동한 18세기 중엽의 영국은 이제 막 본격적으로 산업혁명이 발발했던 시기로서, 그간 정치 및 종교 부문에 철저히 종속되어 있던 경제 활동 분야가 이전의 위상에서 벗어나 자본주의의 독특한 생산관계 및 생산력을 바탕으로 독립적 존재 기반과 작동 원리를 갖추기 시작한 때였다. 따라서 스미스 자신은 이러한 변화된 시대상을 해석할 책무를 느꼈다. 더구나 그가 여행을 통해 확인한 엄청난 충격과 깨달음은 과거와는 비교할 수 없을 정도로 증대된 국부(國富)의 존재, 그것이었다.

아무도 생산에 관여하지 않고, 분배에도 아무런 압력이 자행되지 않는데 도대체 이 새로운 사회의 그 무엇이 국가의 부를 증대시켰단 말인가?

이 질문이야말로 사상적으로 한층 성숙해 가고 있던 스미스가 스스로에게 던진 화두였다. 그에 대한 답으로 스미스가 강조한 것은 인간의 이기심(self-interest)이다. 글래스고대학교의 전임교수였던 허치슨(Frances Hutcheson)이 주창하던 것과 같이, 스미스 역시 신이 없더라도 인간 내면에 중요한 본성이 있음을 인정하였다. 그는 이 이기심이야말로 한 인간이 생산에 참여하는 근본 동기이며, 이를 통해 어떠한 강제가 개입하지 않더라도 더 열심히 물건을 만들고 판매하려는 자발적 의지가 발동한다는 데까지 생각이 미쳤고, 자신이 제기한 의문을 저절로 해결할 수 있었다.

우리가 저녁을 기대하는 것은 도축업자나 양조업자, 제빵업자의 자비심에 기인하는 것이 아니다. 그것은 오로지 그들이 스스로에게 갖는 이기심, 그것 때문이다.

이 말에 그의 주장이 간단히 반영되어 있다. 그러나 이러한 이기심이 마냥 좋을 수만은 없다. 그것은 갈등과 대립을 가져올 수밖에 없고, 사회 구성원들 간의 충돌을 야기하게 되어 결국 사회를 파탄으로 몰고 갈 수도 있다. 그런데 왜 사회는 파국으로 치닫지 않는가? 그 이유는 바로 사회를 조화롭게 해 주는 소위 '보이지 않는 손(invisible hand)'이 있기 때문이라고 본다. 신비로운 조절자의 보이지 않는 기능이 전 사회를 어루만져서 사회의 파탄은 억제되고 오히려 국부의 증진만을 낳는다는 것이다.

스미스의 이러한 신비주의적 주장은 결국 가장 간단한 수요 · 공급의 원리를 설파한 것이다. 즉, A라는 제빵업자가 누구보다 일찍 일어나서 좋은 밀가루로 정성을 다해 빵을 만든 후, 갓 구운 그 빵을 아침 식단을 준비하는 주부들에게 배달하여 다른 제빵업자들보다 더 많은 돈을 벌었다고 하자. 그는 그 돈으로 막대한 성공을 거두어 자신의 '이기심'을 채울 수 있었다. 그러나 '보이지 않는 손'의 위력이 드러나는 때는 이제부터다. 이웃한 빵집의 또 다른 제빵업자 B는 A의 수지맞는 장사를 그대로 쳐다만 보고 있지 않는다. 그도 역시 기존의 나태한 자세를 바꾸어 부지런하게 갓 구운 빵을 공급하는 대열에 합류하여 어느 정도의 성과를 거둔다. 그 파장은 제3, 제4, 제5, ……의 제빵업자에게 확대됨으로써 결국 아침에 배달하기 위한 빵의 공급이 과다해져서 팔리지 않는 빵이 나온다. 그러면 불행히도 빵을 팔지 못한 업자는 다른 사람들보다 낮은 가격을 부르게 되고, 이는 도미노 현상을 낳아 연쇄적으로 업자들 사이에서 빵 가격을 낮추게 만드는 힘으로 작동한다. 어디까지 작동하는가? 그 가격에서 만든 빵이 모두 판매될 때까지 작동한다. 따라서 처음에 수지맞았던 그 제빵업자의 이기심은 결국 제재를 받아 적정한 상태로 유지될 수밖에 없다는 결론이다. 이를 통해 스미스의 '보이지 않는 손'의 존재를 실감할 수 있다.

그는 당시의 자본주의 체제에서 발달한 분업이라는 생산방식과 더불어 대규모 생산을 가능하게 하였고, 국부의 실체인 생활필수품 생산량의 폭발적인 증대를 확신하였다. 이러한 국부의 증진은 빈민계층에게도 파급효과(trickling-down effect)를 가져와 이른바 적하효과를 거쳐 빈민 대중의 생활수준을 높일 것이라고 기대하였다.

이러한 스미스의 기대가 과연 현실과 맞아떨어졌는지에 대한 답은 역사가 말해 준다. 스미스가 살았던 당대를 포함하여 그의 사후 오랜 시간이 흐를 때까지도 (어떤 의미로는 지금까지도) 대중 전체에게 풍요는 쉽게 오지 않았다. 단적인 예로, 영국의 의사이자 사상가였던 채드윅(Edwin Chadwick)이 집필한 『노동계층의 위생 상태에 대한 보고서(*Report on the Sanitary Condition of the Laboring Population*)』(1842)는 맨체스터 중산층의 평균 수명이 38세이고, 노동자의 경우 17세에 그친다는 충격적인 보고를 하였다. 이 내용이 사실이라면 스미스의 기대는 얼마나 공허한 것이었는지 알 수 있다. 그러나 이밖에도 19세기 영국 사회에서 계속된 노동자의 저항, 즉 러다이트운동(Luddite Movement)[4]과 마개뽑기폭동[5], 차티스트운

---

4) 1811~1817년에 러드(Ned Lud)라는 전설적인 인물을 추종하며 전개된 노동자들의 기계파괴운동을 말한다. 이들은 당시 노동자들의 실직과 빈곤이 기계의 등장에 있다고 보아 공장의 기계를 파괴하는 폭력적 저항을 전개하였다.

5) 1842년에 발발한 노동자 저항의 한 형태로서, 노동자들이 노동 과정에서 기계의 쉼 없는 동력 전달로 인한 노동 강도의 강화를 견디지 못하고 증기기관의 마개를 뽑아 저항의 상징성을 확보하려 했던 운동을 말한다.

동(Chartist Movement)[6], 페이비안주의(fabianism)[7] 등의 만연은 결국 설령 스미스가 기대한 파급효과가 있다고 할지라도 그것이 얼마나 기나긴 투쟁의 결과일 수밖에 없었는지 짐작하게 한다.

스미스의 '보이지 않는 손'에 대한 예찬론은 한 세대 뒤에 영국에서 활동한 리카르도(David Ricardo, 1772~1824)가 그 적용 범위의 외연적 확장을 꾀하는 것으로 계승되었다. 리카르도에 따르면, 이 '보이지 않는 손'의 조화는 한 국가의 경제권 내에서만 진실인 것이 아니라 세계경제라는 거대한 교환의 장에서도 진실이었다. 그는 각국이 우위를 지니는 상품을 특화하여 집중 생산·수출할 때 결과적으로 무역에 참여한 모든 국가의 후생 수준 역시 좀 더 높아질 것이라는 사실을 설파하였다. 더욱 놀라운 것은 한 국가의 상품이 다른 국가에서 갖는 우위성은 절대적으로 생산 가격이 낮은 상품에 대해서만 보장되는 것이 아니라 단지 교역 대상인 두 국가 사이 재화들 간의 상대적 가격비만 낮다 하더라도 보장된다는 매우 파격적인 주장을 내세웠다는 점이다. 이를 리카르도는 '비교우위설'이라고 칭하였고, 이 학설은 오늘날까지 국제자유무역의 이론적 근거로 자리매김하고 있다. 당시 영국 경제에서 완료된 산업혁명을 배경으로 막대한 양의 상품이 국내 시장에 쏟아져 나왔지만 이 과잉생산된 제품들은

---

6) 1838~1848년에 영국에서 일어난 노동자들의 합법적인 권리 확보 운동을 말한다. 보통선거, 비밀선거 등 노동 대중의 참정권을 선언한 1838년의 인민헌장(People's Charter) 선포를 기점으로 파업이나 폭동 등 다양한 방식의 운동이 전개되었다. 1848년 이후 이 운동은 시들해졌지만, 이후 선거권 확대로 현실화되어 노동자의 정치 참여를 통한 노동 조건 개선 및 정치력 확보가 이루어졌다.

7) 1883년 출범한 페이비안 소사이어티(Fabian Society)의 기본이념으로, 사회주의를 기초로 하면서도 마르크스의 계급투쟁 및 폭력혁명론과는 결별하였고, 대신 연속성(Continuity), 점진주의(Gradualism), 침투(Permeation)를 기초로 하였다. 결국 영국 노동당(Labour Party) 창립과 복지국가 탄생의 주요한 출발점이 되었다.

그 판로가 확보되지 않았으므로 해외 무역을 통해 필사의 노력으로 돌파구를 찾아야 했다. 이러한 시점에서 이 이론은 영국 경제에 대단히 우호적인 것이었다.

그런 점에서 당시로서는 후발자본주의 국가였던 독일의 국민경제학파가 자신들의 자구이론으로서 보호무역옹호론을 들고 나온 것은 극히 당연한 것이었다. 그들에 따르면, 각 국가마다 경제 발전 단계가 다르기 때문에 단계에 맞는 경제정책이 필요한데, 독일과 같은 후발국에서의 무역정책으로는 유치 산업을 보호하고 국가기간산업의 틀을 만들기 위한 보호무역이 적절하다는 것이었다. 1990년대 중반의 우루과이라운드를 기점으로 1995년의 WTO 체제 출범, 1996년 한국의 OECD 가입 등 자유무역을 축으로 한 국제경제질서의 재편이라는 현실을 놓고 볼 때 이 당시의 영국과 독일의 입장 차이가 시사하는 바는 크다고 할 수 있다.

19세기 초엽 자유자본주의의 명암이 뚜렷했던 시기에 세간의 이목을 집중시켰던 또 하나의 사상가이자 경제학자가 있다면 『인구론(*An Essay on the Principle of Population*)』으로 유명한 맬서스(T. Malthus, 1776~1834)를 들 수 있다. 목사의 아들이자 그 자신도 목사였던 맬서스가 당시 사회를 비관적으로 볼 수밖에 없었던 것은 폭발하는 인구 때문이었다. 프랑스대혁명과 아일랜드의 대기근 등을 접한 그는 이 사회의 혼란을 야기하는 원인에 관심을 집중하게 되었는데, 결과적으로 미국의 인구 통계를 기초로 25년마다 그 인구가 배가된다는 객관적인 사실에 주목하였다. 즉, 인구는 25년마다 2배, 4배, 8배, 16배, 32배, ……로 늘지만 식량의 양은 기껏해야 2배, 3배, 4배, 5배, ……로 늘어난다는 것이었다. 따라서 그는 200년만 지나면 인구 대 식량의 비율이 256 대 8이 된다는 실로 경악할 만한 결론에 이르렀다.

이에 맬서스는 영국 신사회의 미래가 주체할 수 없는 인구로 인해 파멸할 수밖에 없다는 확신을 지니게 되었고, 목사로서 신이 이미 예정해 놓았을 섭리를 발견하고자 노력하였다. 그 결과 그가 『인구론』에서 설파한 신의 섭리이자 당대 영국 국민 모두에게 호소력을 지녔던 해결 방식은 다음과 같다. 예를 들어, 어떤 동네의 인심 좋은 여주인이 몇몇 지인과 함께 풍성한 향연을 벌이기로 하였다고 하자. 그녀는 초대한 손님들을 위하여 정성스럽게 음식을 장만하였고, 드디어 예정된 시간에 예정된 초청객들과 만찬을 시작하려 한다. 이때 초대받지 않은 동네 걸인이 향연 소식을 듣고 찾아와 자신에게 약간의 자선을 베풀어 줄 것을 호소하였고, 마음씨 착한 이 여주인은 그를 위해 작은 식탁을 차려 주게 한다. 그러나 그것도 잠시, 또 다른 걸인이 나타나 호소하여 그를 받아 주고, 또 다른 걸인이 나타나고, 결국 초대받지 않은 손님들 때문에 향연장은 아수라장이 되는 사태가 일어나고 만다. 그렇다면 이와 같은 사태가 일어난 화근은 무엇인가? 바로 여주인이 최초의 걸인에게 보여 주었던 알량한 자비심(!), 그것이 아닌가?

따라서 맬서스에게 있어 빈자에게 보이는 자비심이란 사회 공동의 적이었다. 어차피 인구의 폭발로 좌초될 '영국호(英國號)'라는 배라면 그 배에서 자기 역할을 하지 못하는 자, 제기능을 살리지 못하는 자는 빨리 도태되는 것이 낫다고 생각한 것이다. 이러한 도태의 자연스러운 과정으로서 신이 마련한 섭리는 바로 '억제적 방책(preventive checks)'과 '긍정적 방책(positive checks)' 두 가지라고 본다. 전자에 해당하는 대표적인 방법은 성욕을 절제하도록 교육하는 것인데, 맬서스는 이것의 효과를 기대하지 않았다. 대신 그는 후자에 기대를 걸었는데, 즉 사망률을 높일 수 있는 자연스러운 현상, 이를테면 기근, 전쟁, 전염병 등이야말로 인류를 구원할 유일한 방법이라고 생각하였다.

일반적으로 인구의 증가는 주로 4단계를 거치는데, 맬서스가 살았던 당시는 높은 출생률과 낮은 사망률을 특징으로 하는 2단계였고, 이후 교육 기회의 확대 및 인지의 발달에 따라 낮은 출생률과 낮은 사망률을 특징으로 하는 3단계로 이행한 뒤, 성숙사회로 대표되는 4단계로 나아가면 인구가 정체 내지는 감소하기에 이른다. 이러한 인구의 증가 단계를 알리 없었던 맬서스를 무지하다고 탓할 수는 없지만, 적어도 당시 인용했던 미국의 인구 통계가 수많은 이민자를 내포하고 있었다는 사실을 깨닫지 못한 오류만은 지적받아야 할 것이다.

　어쨌든 섬뜩한 맬서스의 인구 통제 방식은 초기 자본주의의 기본 사조였던 자조론(自助論)[8])에 기초를 두고 적자생존의 사회적 진화론(Social Darwinism)[9])으로 무장한 결과에 따라 나온 것이었으므로 국가책임주의에 입각하여 사회복지제도를 전개하는 오늘날의 현대 국가 사회와는 먼 이야기로 보일 수 있다. 하지만 좀 더 주의를 기울여 관찰하였을 때, 이러한 맬서스의 신의 섭리는 단지 좀 더 세련된 논리나 고급스러운 용어

---

8) 자조론은 19세기 초반 영국에서 자본주의가 성립되는 시기에 번성했던 사조로서 각 개인의 삶은 스스로의 노력과 노동을 통해 개척되어야 하고, 또한 그렇게 될 수 있다는 것이 핵심이다. 이러한 생각을 잘 대변한 이가 스마일스(Samuel Smiles, 1812~1904)인데, 1859년에 출판한 『자조론(Self-Help)』이 당시 100만 부 이상 팔린 것을 통해 당시 이 사조의 수용에 대한 사회적 열기를 짐작할 수 있다. 그러나 비판론자들은 결국 이러한 자조론이 지극히 유산자, 즉 부르주아의 부와 사회권력을 정당화하는 것으로서 오히려 당시의 사회 모순과 노동자의 빈핍을 외면하는 이데올로기로 작동했다고 통렬히 비난하게 된다.

9) 사회적 진화론 역시 19세기 초반 영국의 지배적 사조 중 하나로서, 다윈(Charles Darwin, 1809~1882)의 유명한 적자생존설을 사회적 의미로 재해석한 것이다. 즉, 자연세계에서만 우등한 종이 살아남고 열등한 종이 도태되는 것이 아니라 사회에서도 우등한 자가 경제적·사회적으로 생존하는 것이 당연하다는 것을 주장하는 근거로 활용된다. 이 논리에 의하면 결국 당시 자본가들의 부는 우등한 사람이 누려야 할 당연한 산물이라는 생각으로까지 발전한다. 대표적인 사상가로는 스펜서(Herbert Spencer, 1820~1903), 맬서스, 갈톤(Francis Galton, 1822~1911) 등이 있다.

로 포장되었을 뿐 오늘날에도 사회의 일각에서 계속 설파되고 있는 현실의 일면임을 깨달을 수 있다.

애덤 스미스 이후 시장의 긍정적 기능을 중시하여 경제학의 초석을 놓았던 1800년 전후 활동한 일군의 사상가를 통틀어 '고전학파(Classicals)'라고 부른다.

2) 한계의, 한계에 의한, 한계를 위한 경제학 – 신고전학파

사실 '고전학파'라는 경제사상가 부류의 명칭은 그들보다 100년 뒤에 살았던 영국의 경제학자 마셜(Alfred Marshall, 1842~1924)이 명명한 것이다. 그런 가운데 마셜이 중심이 되어 형성한 '신고전학파(neo-classicals)'라는 경제사상가 부류가 강조하는 매력적인 생각은 그들의 전신으로서의 고전학파 사상이 지니는 '보이지 않는 손'의 신성한 조화 기능에 관한 것이었다. '보이지 않는 발(invisible foot)'[10]이 횡행하던 당시의 경제 현실에서도 이들이 고집스럽게 조화론을 고수할 수 있었던 계기는 19세기 후반 제번스(William S. Jevons, 1835~1882), 멩거(K. Menger, 1840~1921), 왈라스(L. Walras, 1834~1910) 등 3명의 학자가 각기, 그러나 공통적으로 주장한 '한계효용(marginal utility)' 개념에 있었다.

우선 이들의 기본 정신은 '주관적 가치설'에 기초하고 있다. 즉, 상품의 가치를 결정하는 것은 노동의 투입량과 같은 객관적인 요소가 아니라 그 상품으로 인해 충족되는 주관적 욕망의 정도라는 것이다. 그러나 이들의 주장이 이들 이전에 존재했던 '주관적 가치설'과 다른 점은 가격이나 가

---

10) 시장이 나타내는 원활한 조정 기능이 '보이지 않는 손'이라면, '보이지 않는 발'은 시장이 노출하는 갈등, 혼란, 착취 등의 모습을 나타내는 표현이다.

치의 결정 요인이 충족된 만족감의 전체 양에 달린 것이 아니라 항상 '마지막 1단위의 소비가 가져다주는 추가적 만족감'에 달려 있다는 사실을 밝힌 데 있다.

간단한 예를 들어 보기로 하자. 결국 가격이란 어떤 상품에 단위별로 적용할 수 있는 것이 아니어서 빵 10개를 산다고 가정할 때 지불하는 가격은 매 단위마다 같다. 그렇지만 실상 그때 먹게 되는 하나하나의 빵이 주는 만족감은 제각기 다르다. 정확히 말하면 빵을 먹으면 먹을수록 '추가적으로 얻을 수 있는 만족감', 즉 한계효용의 크기는 점점 더 작아진다. 이를 '한계효용 체감의 법칙'이라고 한다. 따라서 우리가 어떤 한 상품의 구매량을 결정할 때, 그 구매량 전체가 주는 만족감의 크기와 해당 가격을 비교하기보다는 좀 더 특별한 계산을 한다는 사실을 알 수 있다.

1개의 가격이 100원인 빵이 있다고 하자. 각각의 빵에 100원을 지불할 때마다 상실하는 만족감이 10이라고 한다면, 이 빵을 1개 구입할 때마다 상실하는 만족감 10과 그때마다 얻는 만족감의 크기를 비교하여 구매량을 결정해야 한다. 따라서 〈표 1-2〉에서 보여 주는 것과 같이 만족감이 변화한다면 우리는 4개까지 빵 1개의 소비마다 이익을 보고, 5개째부터 아무런 이익이나 손해도 보지 않으며, 급기야 그것을 넘어 6개째의 소비로 들어가면서 손해를 보게 됨을 알 수 있다. 그러므로 이런 경우 당연히 빵의 소비는 5개째에서 그칠 것이다. 이런 이치라면 가격이 90원으로 내려 상실하는 만족감이 9일 경우 6단위째에서 소비를 그치게 되고, 반대로 가격이 110원으로 올라 상실하는 만족감이 11일 경우에는 4개째에서 소비를 멈추는 것으로 결정할 수 있다. 결국 가격이란 자신이 소비한 마지막 단위의 추가적 만족감 수준의 크기와 대응한다는 사실이 입증된다.

〈표 1-2〉 빵 구입에 따른 만족감의 변화 추이

빵의 개수	전체 만족감	추가적 만족감 (A)	화폐 지불 시 상실하는 만족감 (B)	단위 소비당 만족감의 변화분 (C) = (A) − (B)
1	20	20	10	+10
2	36	16	10	+6
3	49	13	10	+3
4	60	11	10	+1
5	70	10	10	0
6	79	9	10	−1
7	87	8	10	−2

이러한 접근 방식에 따르면 한 사회의 재화가 갖는 가격은 한계효용과 밀접히 연관되어 있으며, 따라서 왜 생존을 위해 매우 중요한 물은 가격이 거의 없는 자유재(free goods)인 반면, 별 유용성이 없는 사치재인 다이아몬드는 그리 비싼 가격에 팔리는지도 설명할 수 있다. 즉, 물과 같이 재화가 풍부하여 무한대의 수량이 사회적으로 수요·공급되면 그 마지막 단위를 통해 얻는 한계효용의 크기는 거의 0에 가까울 것이고, 반대로 다이아몬드와 같이 재화가 희소한 것일수록 그 한계효용의 크기는 매우 클 것이므로 각기 싼 가격과 비싼 가격으로 교환하게 된다는 것이다.

특히 왈라스는 '일반균형(general equilibrium)'의 개념을 통해 개별 상품 하나하나를 대상으로 형성되는 개별 시장이 모여 전체 시장권을 형성할 때 개별 시장은 상호 연관 관계에 놓이고, 이로 인해 모든 재화의 가격이 동시에 결정되면서 균형을 확립할 수 있다는 주장을 내놓았다. 이로써 그는 스미스의 '보이지 않는 손' 및 시장의 조화로운 순기능에 대한 또 다른 표현의 장을 열어 놓았고, 이는 이후 신고전학파를 거쳐 두고두고 경제학 이론의 논란거리가 된다.

애덤 스미스가 경제학의 기틀을 마련했다는 것은 앞서 언급하였다. 그러나 현재 득세하고 있는 시장중시의 주류경제학이 뿌리내린 것은 신고전학파의 대두, 그중에서도 1890년 출간된 마셜의 『경제학원론(*Principle of Economics*)』을 통해서라고 할 수 있다. 마셜은 먼저 한계 개념을 통해 수요 곡선을 도출함으로써 시장기능을 정교하게 해석할 수 있는 여지를 만들었다.

> 널리 사용되는 하나의 상품이 갖는 가격이 전체적으로 하락한다면, 다른 모든 조건이 같다는 전제(ceteris paribus)하에 이 상품의 총판매량은 증가할 것이다.

이와 같은 대단히 상식적인 명제를 한계효용체감의 법칙을 근간으로 입증한 것이다. 나아가 그는 공급 주체인 기업을 다룬 이론에서도 분석적 접근을 시도하였는데, 우선 완전경쟁시장에서 활동하는 대표적 기업이 직면하는 생산과 비용 측면의 상호관계 및 각각의 면모가 어떠한지를 '한계' 개념을 사용하여 밝힘은 물론, 그것을 기반으로 공급 곡선의 도출까지 가능하게 하였다. 이제 명실공히 '한계'라는 용어는 수요와 공급을 모두 설명할 수 있는 절대적 위상을 부여받게 된 것이다. [그림 1-3]과 같은 전형적인 그림, 즉 수요 곡선(DD)과 공급 곡선(SS)이 만나 균형가격(P_0)과 균형거래량(Q_0)이 결정되는 구도를 명확히 밝힌 것은 그의 공로임에 틀림없다.

오랫동안 논란의 대상이 되어 왔던 시장 내 가격 결정 원리가 수요측면과 공급측면에 의해 이루어진다는 사실이 바뀐 것은 아니지만, 속류 학문이라는 부친의 반대를 무릅쓰고 수학에 매진한 덕분에 마셜은 매우

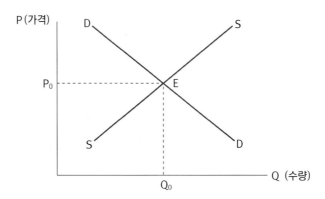

[그림 1-3] 수요·공급 곡선에 의한 가격의 결정

정교한 논리적 근거를 제시할 수 있었던 셈이다. 원래 마셜이 마음에 품었던 문제의식은 대중의 경제적 고통을 해결하고자 한 것이었다. 그는 이를 위해 런던의 빈민가를 방문하여 '뜨거운 가슴(warm heart)'을 다졌고, 수학 같은 논리적 체계를 통해 '차가운 머리(cool head)'를 획득했다. 하지만 이러한 그의 노력에서 뿌리내린 주류경제학의 전통은 오늘날 차가운 머리만 남은 채 뜨거운 가슴은 실종되어 가고 있다. 매우 유감스러운 일이 아닐 수 없다. 하지만 당시에 그 역시 초기자본주의의 잔혹성이 자본가의 도덕심과 자비심에 의해 소멸되었다는 평가를 내린 것으로 봐서 역사에 대한 깊은 통찰력을 갖기에는 한계가 있었던 듯하다.

마셜이 확립한 '한계' 개념의 유용성에 힘입어 마침내 이 개념을 통해 자본주의 최대의 '뜨거운 감자'에 속하는 분배 문제의 답을 찾는 이들이 등장하게 되었다. 클라크(John B. Clark, 1847~1948)가 바로 그 답을 찾은 대표적인 학자로서, 그는 시장에서 임금이나 이윤 등 생산요소의 대가로 주어지는 분배 몫이 그 생산요소의 마지막 1단위가 발생시키는 생산물의 증대량으로 결정된다는 '한계생산력설'을 주창하였다. 이렇게 한계라는 하나의 개념 틀로 소비, 생산, 분배의 영역에서 시장이 가져다줄 수 있는 최선의 해를 찾은 신고전학파는 더 나아가 이들 영역이 전체 사회에서 구현하는 가장 이상적인 경지에 대한 결론까지 구비함으로써 가히 이론의 최고 절정에 도달한 느낌을 준다. 이들이 제시한 이상적인 경지란 다음과 같다.

원래 한 사회가 균형체계인지 불균형체계인지에 대한 논란은 끊이지 않는 사회과학계의 쟁점이었다. 20세기 초반에는 러시아혁명에서도 볼 수 있듯 자본주의 체제에 대한 중대한 도전세력인 사회주의 세력이 실제로 존재하는 대안 체제를 구축하였는데, 앞서의 자본주의체제가 지닌 장점을 바탕으로 수범효과(垂範效果)를 추구했던 사람들에게 신고전학파가 제시한 균형론에 입각한 이론적 근거는 실로 매우 매력적인 것이었다. 파레토(Vilfred Pareto, 1812~1882)는 신고전학파의 경제 정의에 대한 기준을 제시한 학자로서, 그에 따르면 한 경제사회가 경제적으로 가장 정의로운 상태에 놓일 때는 '다른 사람의 만족감을 떨어뜨리지 않고 더 이상 자신의 만족감을 증가시킬 수 없는' 상황이다. 즉, 사회 구성원은 모두 나름의 소득을 바탕으로 시장에서 재화를 구입하여 만족을 얻게 되어 있는데, 가능한 한 소비 영역에서 최선을 다하고자 노력하고, 그런 중에서도 더 나은 만족을 얻기 위해 노력하며, 이러한 노력이 다른 사람들에게 적어도 해를 끼치지 않는 것이라면 얼마든지 좋다고 보았다. '최대다수의 최대행복'을 추구하는 공리주의(功利主義, utilitarianism)의 입장에서 보면 이러한 변화는 사회 전체의 후생(social welfare)을 증대시키므로 결국 다다익선(多多益善)의 상황으로 해석할 수 있다.

하지만 언제나 이러한 상황만 존재할 수는 없어서 결국 특정한 분기점을 넘으면 주어진 제약 조건에서 욕망을 충족하는 것이 다른 사람의 만족감 수준을 침해하며 이루어지는데, 이는 공리주의 입장에서도 선뜻 동의할 수 없는 상황이 된다. 신고전학파의 입장에서는 바로 그러한 상황이 전개되기 직전의 분기점이 가장 바람직한 사회적 상황이며, 이를 파레토 최적(Pareto's optimum)이라고 한다. 신고전학파의 이론 틀에 입각할 때 시장 작동의 결과로 바로 이러한 최적 상황이 되기 때문에 파레토 최적 상황은 의미가 있다. 그리고 시장에서 가격의 탄력적 운영이 보장된다면 소비와 생산, 그리고 분배 영역에 걸쳐 모든 사람이 '주어진 상황'에서 최대의 만족감을 누리는 이상향(理想鄉)에 다다를 수 있다고 본다. 물론 이때 전제인 '주어진 상황'이라는 것이 문제가 되지만 자본주의 시장을 통한 균형의 확보 과정은 후에 힉스(J. Hicks, 1904~1989)라는 경제학자가 주간경제(週間經濟)에서 묘사한 것을 통해 쉽게 이해할 수 있다.

그는 자본주의 시장에서 일반 균형(general equilibrium)이 달성되는 과정이란 월요일부터 일요일까지의 시간 단위로 생각할 때 다음과 같은 상황이 전개되는 것을 의미한다고 본다. 즉, 월요일이 되면 그 사회의 모든 소비자와 생산자가 각기 경매시장(auction market)으로 향한다. 그들은 그곳에서 자신이 사고자/팔고자 하는 물건의 수량과 가격을 결정한다. 그러나 그곳은 수많은 소비자와 생산자가 운집해 있는 곳이라서 경매인(auctioner)이나 호가자(呼價者, price crier)가 필요하다. 그 경매인은 소비자와 생산자가 사고자/팔고자 하는 모든 가격을 외치고, 그에 대한 참가자들의 반응 역시 계속되면서 각자 주어지는 가격 여건 및 자신의 욕구를 조정해 나가다가 드디어 모든 사람이 원하는 수준에 맞아떨어지는 가격을 형성한다. 그러면 더 이상 가격은 조정될 필요가 없기 때문에 최종 낙찰이 이루어진다. 이러한 과정이 월요일 내에 이루어지고 나면, 이튿날인 화요일부터 금요일까지는 어제의 참가자들이 각자 생산 과정에서 자신이 맡은 직분에 따라 주어진 가격과 생산량에 맞춰 열심히 생산하는 시간으로 채워진다. 그리고 마침내 생산물은 금요일 저녁에 완성되고, 이는 월요일에 형성된 가격에 따라 매매되며, 판매액은 생산 참여자에게 모두 분배된다. 다음날인 토요일과 일요일에는 소비 및 휴식 기간이 찾아오고 다시 새로운 주가 시작되어 월요일 아침이 밝아 오면 같은 과정을 반복한다.

월요일	경매를 통한 조정 과정
화요일	생산활동 뒤 분배 과정
수요일	
목요일	
금요일	
토요일	소비 과정
일요일	

[그림 1-4] 주간경제에 의한 자본주의 경제권의 작동 과정

이와 같은 힉스의 단순한 묘사가 과연 복잡다단한 자본주의의 현실과 얼마나 맞아떨어지는지는 논박의 여지가 많은 것이 사실이다. 이것은 현실의 동태적 측면을 무시한 것이라는 주장, 또한 현실에서는 가격의 형성·생산·소비·분배 과정이 결코 일련의 연속적 흐름으로 매끄럽게 이루어지지 않고 매우 동시다발적으로 이루어진다는 주장, 특히 월요일의 과업으로 묘사된 가격 형성의 과정이란 매우 긴 시간을 요하는 것이고 한 번의 조정 과정만으로 다음의 생산 과정에 자연스럽게 연계되는 것이 아니라 끊임없는 조정 과정이 필요하기 때문에 이러한 묘사는 근본적으로 비현실적이라는 주장 등이 그러한 반박의 근거가 된다. 이처럼 신고전학파는 추상적인 여지를 매우 강하게 띠고 있어서 지적 유희라는 극단적인 빈축마저 들어 왔다. 하지만 그동안 하나의 사상이나 주장으로서만 강조되어 오던 시장의 긍정적 측면의 타당성을 매우 과학적 논거를 들어 나름대로 입증했다는 점에서 신고전학파의 이론적·현실적 기여도는 작지 않았다.

3) 케인스 혁명에 의해 수정된 패러다임

모든 사회과학 이론은 사회현상을 설명하기 위해 존재한다. 이론을 위해 현실이 존재하는 것이 아니라 현실을 위해 이론이 존재한다는 이 엄연한 명제가 위력을 발휘한 예로서 우리는 1930년대 세계대공황의 엄습과 신고전학파의 침몰을 들 수 있다.

대중의 빈곤을 불식하지 못하고 독점자본의 폐해도 극성을 부리는 등 제1차 세계대전의 후유증이 완전히 가시지도 않았던 1920년대를 지나면서 무엇인가 폭발할 것만 같은 막연한 불안감이 유럽 전역을 맴돌았다. 그러더니 급기야 1929년 뉴욕 월가를 강타한 주가 폭락 사태를 신호로 서구 자본주의 경제권은 엄청난 소용돌이에 휩싸였다. 미국 내에서만도 실업률 40%, 도산 은행 수 10만 개 등의 수치가 기록된 이 세계대공황이 닥친 뒤, 더군다나 그 대공황의 그림자가 단기적 충격이 아니라 1930년대 내내 지속되는 고질적인 모습으로 인식되자 그동안 신고전학파가 심혈을 기울여 완성한 이론 틀에 대해 사람들이 갖는 배신감은 당연한 것이었다.

여기서 신고전학파의 이론 틀이란 주어진 소득에서 최대의 만족을 찾는 합리적인 소비점의 존재, 주어진 비용 조건 속에서 최소의 비용으로 최대의 이윤을 누리는 합리적인 생산점의 존재, 한계생산물에 대응하는 분배점의 존재, 마침내 사회적으로 최적의 상황을 대변하는 파레토 최적의 존재 등을 말한다.

하지만 대중이 목도하는 현실은 대량 실업과 기업의 도산, 대중의 생활고라는 뼈저린 고통이었다. 즉, 현실이 이론을 배신한 것인지, 이론이 현실을 곡해한 것인지 대중이 정확히 알 리는 없었지만 적어도 시장을 옹호하고 자본주의의 우위성을 강하게 믿던 지식인들에게 현실이 주는 충격은 단순한 고통 그 이상이었다.

　바로 그러한 고통의 산물이 케인스(John M. Keynes, 1883~1946)를 등장
시킨다. 혹자는 케인스의 등장을 일컬어 근대경제학의 코페르니쿠스적
패러다임의 변환이라고 명명하기도 한다. [그림 1-5]와 같이 현실은 하
나인데 신고전학파는 자신이 그것을 설명하는 관점과 틀이 잘못된 줄도
모르고 억지로 현실을 이론에 맞추는 우를 범한 것이다. 마치 코페르니
쿠스 이전에는 도저히 천동설로 설명할 수 없는 천체의 움직임이 있어도

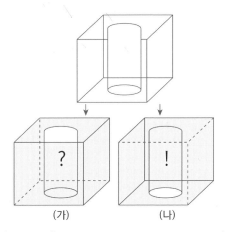

[그림 1-5] 패러다임을 바꾼 케인스의 등장[11]

---

11) 맨 위의 그림은 누군가가 투명한 정육면체에 불투명한 원기둥을 심어 놓은 것을 그린
　　것이라고 가정할 때, 이에 대한 해석은 아래 그림의 (가)와 (나)처럼 각기 다른 해석이
　　가능하다. (가)의 경우는 위의 그림을 물체를 위에서 내려다 본 것으로 해석하는데,
　　이 경우는 원기둥의 윗부분이 보이지 않고 밑부분이 보인다는 점에서 정확한 해석법
　　이 아님을 금방 알 수 있다. 사실은 (나)의 해석법이 정확한 것인데, 위의 그림이 바로
　　물체를 아래에서 올려다보고 그린 것이기 때문이다.
　　(가)와 같은 해석법은 1930년대 실물경제의 엄청난 실패에 대한 신고전학파의 해석법
　　으로, 즉 현실을 있는 그대로 설명하지 못하고 자신의 기존 이론 틀에 맞추어 잘못 설
　　명하는 오류를 범한 경우이며, (나)의 해석법이 바로 케인스에 의해 존재하는 현실을
　　제대로 설명하는 새로운 이론 틀이라고 말할 수 있겠다.

그것을 그저 무시해 버리는 억측이 존재했지만 코페르니쿠스의 등장으로 모든 궁금증을 가실 수 있었듯이, 사람들은 비로소 케인스에 와서야 바르게 현실을 설명할 수 있는 관점을 채택하였다고 보았다.

영국 케임브리지대학교에서 케인스연구회를 이끌며 당시 경제학계에 강력한 영향력을 행사하던 케인스가 보수주의자였던 베버리지(W. Beveridge, 1879~1963)에게 노동문제에 대한 새로운 인식을 갖게 했던 것은 잘 알려진 사실이다. 1936년 『실업, 이자, 그리고 화폐에 관한 일반이론(*The General Theory of Unemployment, Interest and Money*)』이라는 책을 펴낸 케인스가 당시 가장 고질적인 문제였던 실업과 불황에 대해 주장한 내용의 특징은 시장 자체가 지닌 결함을 지적하는 것부터 시작한다. 그는 실업이라는 일종의 노동시장 내 불균형 상태, 즉 노동공급이 노동수요를 초과하는 상태가 자본주의 체계 내에서 대단히 자연스러운 결과이며 나아가 불황, 즉 한 국가 경제권 내의 총공급이 총수요를 초과하는 상태 역시 시장기능의 부작용이 낳은 한 단면이라고 보았다. 그리고 이러한 불균형 상태는 고전학파가 그렇게도 강조하였던 시장의 자동조절 기능이 결코 해결해 줄 수 없는 것이라고 천명했다.

우선 그는 지금까지의 수요·공급의 원리의 기본 전제가 지닌 맹점에 대한 지적을 엄청난 코페르니쿠스적 변환의 시발점으로 삼았다. 원래 수요·공급의 원리에서의 수요란 주어진 가격에서 자신이 원하는 양을 말한다. 이때 중요한 것은 '원하는' 양이라는 사실이다. 즉, 구매 의사만을 말할 뿐 결코 구매 능력이 겸비된 것은 아니라는 점에 케인스는 주목했다. 그러므로 이론적으로는 수요와 공급의 불일치가 곧바로 가격의 상승이나 인하의 압력 요인으로 작용하여 결국 균형을 달성한다고 하지만, 현실의 세계에서 보자면 사람들의 구매 능력까지 구비된 수요, 즉 유효수요(effective demand)는 별개이기 때문에 이것이 부족한 경우 현실에서 결코 균형이란 존재하지 않는다는 결론을 도출할 수 있다.

이러한 경우 비록 노동시장에서는 주어진 임금에 대해 노동력을 제공하려는 사람들이 많아 결국 실업자 군이 형성되지만, 상품의 실제 수요량과 공급량 간에는 변화의 여지가 없으므로 나름대로의 균형 상황(물론 바람직한 의미의 균형은 아니지만)이 나타나면서 가격의 변화 등 스스로의 조절 기능을 발동하지는 않는다. 그렇다면 이러한 고질적인 불황의 지속을 타개하는 방법은 무엇인가? 케인스의 진단 방식에 따르면 그 해결은 대단히 자명한데, 즉 시장 스스로 확보할 수 없는 유효수요를 정부가 증대해 준다는 것이다. 이제까지와는 달리 정부가 소비와 생산의 주체로서 인식되어 정부 주도의 경제활동이 가능해지기 때문에 유효수요가 부족하면 부족한 만큼을, 남으면 남는 만큼을 민간부문에 대해 조정하는 역할을 하면 되는 것이다. 그러기 위해 필요한 통로가 정부의 재원인 예산의 규모와 사용처를 둘러싸고 벌이는 재정정책이고, 그것을 수행하는 과정에서 자연히 화폐의 양이 조절되는 통화정책도 동원될 수밖에 없다는 것이다.

케인스는 민간과 정부가 국민경제권의 생산, 지출, 배분을 둘러싸고 어떠한 경제활동 관계를 갖는지 파악하기 위해 한 개인이나 기업의 소비 및 생산만을 분석하는 것이 아니라 국민경제 전체를 분석 대상으로 함으로써 '거시경제(macro-economics)'의 탄생에도 기여했다. 결국 그는 신고전학파가 사용한 효용이나 만족감의 수준보다도 현실적으로 실감 나는 소득이라는 개념을 다루었고, 그것의 사회적 집합체로 국민총생산(gross national product, GNP)의 개념을 사용하면서 시장의 기능을 둘러싼 새로운 분석의 장을 개척했다.

〈표 1-3〉 불황의 진정한 면모를 둘러싼 시각차

주요 항목 / 학파	케인스학파	신고전학파
원리적 측면	총수요량 = 총공급량	총수요량 = 총공급량
불황의 원인	유효수요량 < 총공급량	일시적인 수급의 불일치
대량 실업의 원인	−	노동조합에 의한 고임금구조
불황의 지속성	지속 가능	가격 기능으로 결국 회복
불황의 대책	정부의 유효수요증대 정책	인위적인 정부 개입 불필요

〈표 1-3〉에서 제시한 것처럼 신고전학파는 불황이란 수요와 공급이 일시적으로 착란을 일으킨 결과이며, 결국은 시장의 탄력적 운용을 가로막는 인위적 장애물, 예컨대 노동조합에서 요구하는 고임금의 유지 혹은 독점의 존재 등에 의해 형성되는 것일 뿐 시장 기능의 구조적 결함이나 회복 불가능한 사회적 문제는 아니라고 보았다. 이러한 신고전학파의 변명에 비해 케인스의 해법은 매우 단호하고 직접적이어서 그렇지 않아도 강력한 정부의 위상이 필요하던 현대의 정부 관료들을 매료시키기에 충분했다. 이러한 시장기능을 부정하는 변화의 기류는 미국에서 1935년경 사회보장제도를 본격적으로 도입하는 데 이론적이고 논리적인 토대를 제공했으며, 그것이 나아가 서구 선진국의 정책 근간이 되는 것은 시간 문제였다. 이제 정부가 '미세한 영역까지 조정(fine tuning)'할 수 있다는 확신이 있는 한 불황이나 물가 상승은 더 이상 큰 문제가 아니었다.

4) 부활한 시장예찬론-새고전학파의 득세

인류 역사상 경제발전의 황금기라고 말할 수 있는 1950~1960년대는 실로 케인스주의자의 시대였다. 케인스의 수정자본주의이론은 경제학의 주류 자리를 차지하였음은 물론, 전통적인 신고전학파의 균형론을 수용하여 일명 신고전학파 종합(neo-classical systhesis)이라는 흐름을 형성하기도 하였다. 이제 경기가 호황일 때는 신고전학파의 이론대로, 경기가 불황일 때는 케인스의 이론대로 각기 정부 정책의 기조를 잡으면 된다고 봄으로써 어떤 경우든 정부가 국민경제라는 배의 키를 잡는 것만은 확실하였다. 그러나 1970년대 들어서 선진국 경제의 황금시대는 끝나고 스태그플레이션(stagflation)이라는 불황과 인플레이션의 동시 진행이라는 최악의 시나리오가 계속해서 진행되었다. 〈표 1-4〉는 선진국 경제의 상황이 얼마나 중증인지 보여 주기에 충분하다.

〈표 1-4〉 선진국 경제의 주요 지표별 동향 (단위: %)

시기 ＼ 국가명 주요 지표	미국	영국	프랑스	독일	일본	한국
	연간 경제 성장률					
1971~1975년	2.1	2.0	3.2	1.9	4.3	8.2
1975~1980년	3.4	1.7	3.1	3.4	5.0	7.1
1980~1985년	2.6	2.0	1.5	1.2	4.0	8.4
1985~1989년	3.3	3.7	3.1	2.9	3.3	11.2
	연평균 실업률					
1971~1975년	6.1	3.3	3.0	1.1	1.4	4.2
1975~1980년	7.0	5.5	5.1	4.3	2.0	4.0
1980~1985년	8.0	10.4	8.4	7.4	2.4	4.3
1985~1989년	6.1	9.4	10.1	8.8	2.6	3.2

(계속)

	기간 내 물가상승률					
1971~1975년	12.4	14.7	12.0	14.8	24.0	14.2
1975~1980년	26.6	34.6	24.7	14.9	13.9	38.8
1980~1985년	23.4	29.3	36.7	17.3	12.8	29.1
1985~1989년	21.5	33.4	16.4	7.0	6.9	30.2

출처: 통계청(1992). 『주요경제지표』.

이론에 반기를 든 현실의 역사는 반복되는 것이어서 영원히 절대적인 이론 틀은 존재하지 않는다는 것이 또 한 번 입증되는 시기가 도래하였다. 물론 인간이 만들어낸 이 사회의 지배 원리와 운영 원리는 계속해서 변모하고 있으므로 그것을 해명하는 이론의 역사도 끊임없는 수정사를 기록할 수밖에 없는 것이지만 시장의 기능과 그 본성을 밝히려는 경제학의 사상사에서도 예외가 있을 수는 없었다.

1930년대의 반란을 배경으로 주류 위치를 차지하였던 케인스경제학은 앞서와 같은 1970년대 이후의 만성적 불황과 인플레이션 속에서 점차 현실적 설명력과 문제해결력을 상실해 가고 있었다. 하지만 케인스경제학이 황금시대를 구가하던 시절에도 친시장 진영에서는 꾸준히 정부의 개입 정책을 비판하는 일군의 학파가 존재하고 있었고, 이것이 1980년대 들어 신보수주의의 재득세를 가능하게 한 가교 역할을 했다고 봐야 한다. 그 일군의 학파란 프리드먼(Milton Friedman, 1912~2006)이 이끈 통화주의(Monetarism)다.

통화주의는 학파의 이름에서도 알 수 있듯이 통화, 즉 국민경제에서 화폐의 흐름을 매우 중시하는 입장을 갖고 있다. 이들은 국민경제에서 화폐가 담당하는 역할이 생산된 상품을 매개하는 것이며, 국민경제에 공급되는 상품보다 화폐의 존재량이 많아지면 상대적으로 물가가 올라가는 것이 당연한 현상이라고 보았다. 예컨대, 거래될 상품이 10개일 때 화폐량이 100원이면 평균 가격은 10원이 되지만, 만일 상품 수는 그대로인 채 화폐량만 200원이 되었다면 평균 가격은 20원이 된다는 것이다. 따라서 케인스주의자가 자랑하는 적극적인 유효수요관리정책은 필연적으로 통화를 증대시키는데, 국민경제에서 공급할 수 있는 생산량은 단기적으로는 그 국가의 총노동량 및 총자본량의 크기에 의해 한정되어 있으므로 케인스주의자가 원하는 만큼 제한 없이 늘어나지는 않는다고 본다. 그러므로 결국 정부개입정책의 결과는 인플레이션, 즉 물가팽창의 만성화로 이어진다는 것이 통화주의의 주장이다. 이러한 주장의 요체는 단기적으로 한 국가의 생산량이 일정한지 여부다. 바로 여기서 이들이 신고전학파의 계승자이자 이론적 적자임이 드러나는데, 이들에 따르면 어차피 노동시장이든 어떠한 생산물 시장이든 그것은 가격의 순기능에 의해 균형점에 도달한 상태고, 이러한 자발적 균형점은 정부의 노력에 따라 더 변할 여지가 없는 것이므로 결국 정부의 경기부흥책이란 유효수요만을 늘리는 수요 측면의 변화일 뿐 진정한 공급의 증대가 아니다. 따라서 이들은 정부의 경기부흥책이 물가만 올리는 왜곡현상을 낳고 만다고 생각하였다.

특히 프리드먼은 신자유주의자라고 칭송받는 미제스(Ludwig von Mises, 1881~1973)와 하이에크(Friedrich August Hayek, 1988~1992)에게 강한 영향을 받아 자본주의의 핵심 원리인 자발적 교환과 그에 따른 사회 발전에 대한 확신을 매우 활발하게 피력했다. 그는 현실 경제에서 시장이 제대로 작동하지 않는 것은 시장 자체의 결함 때문이 아니라 인위적인 장애물에 기인하는 것이라고 생각했다. 따라서 정부가 할 수 있는 최선의 행위는 최소한의 개입을 통해 독점을 제거하고 부당한 경쟁을 제어하는 공정한 경기 규칙(rule of game)을 유지하는 것이라고 주장했다. 그리고 추가한다면 사회간접자본과 같은 경제성장을 위한 필수산업에 정부가 투자하는 것이 필요하다고 보았으며, 정부의 경제정책이란 고작해야 경제가 k%만큼 성장하면 필요한 통화량을 k%만큼만 증대시키는 이른바 'k%의 준칙(準則)' 정도라고 주장했다.

프리드먼은 사회복지에 대한 정부 및 민간의 자원배분과 관련해서도 매우 비관적이어서 시장의 질서를 유지하는 그 어떤 인위적 정부 개입도 반대한다. 그렇지만 그가 부(負)의 소득세(negative income tax)를 주창하였던 것은 유명한 사실이다. 그에 따르면, 복잡한 행정체계를 별도로 두지 않고도 조세제도를 통해 일정한 면세점 이하의 저소득자에게 부의 소득세, 즉 정부로부터의 추가적인 급여를 주는 것만으로 빈민에 대한 훌륭한 제도적 장치가 될 수 있다.

통화주의와 함께 신고전학파의 맥을 이은 또 하나의 사조로 공급 중시 경제학(supply-side economics, 레이거노믹스[Reaganomics]라고도 함)을 들 수 있다. 원래 그다지 탄탄한 이론적 근거를 간직하고 있지는 않은 이 사조는 "공급이 수요를 창출한다."는 고전학파 세이(Jean B. Say, 1767~1832)의 명제를 제일의 기조로 삼아 1980년대 당시 미국의 경제 침체 국면을 공급 부문이 위축된 것이라고 진단하였다. 그리고 이러한 불황의 타개 및 정부 적자의 극복, 증세 없는 세입 증대의 동시적 해결책으로써 과감히 세율을 낮추는 정부 정책을 골간으로 내세웠다.

[그림 1-6]은 공급중시경제학의 핵심적 이론 근거 중 하나인 래퍼곡선(Laffer's curve)을 나타낸다. 래퍼(Arthur Laffer)는 정부의 활발한 정책 개입을 정당화하는 케인스주의 정책은 언제나 큰 재정 부담을 초래하고, 미국 정부의 재정 적자의 원인이 바로 여기에 기인하며, 이러한 악순환을 끊기 위한 새로운 접근이 필요하다고 생각했다. 따라서 그림에서 조

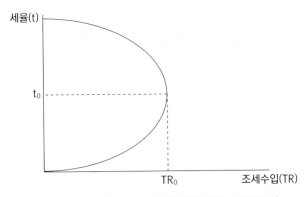

[그림 1-6] 레이거노믹스의 핵심적 이론 – 래퍼곡선

세율 t_0의 위 구간처럼 조세율이 충분히 높을 때는 조세율을 높인다고 해서 조세 수입이 증대되는 것이 아니며, 오히려 거꾸로 조세 수입을 늘리기 위해서는 기업의 과도한 조세 부담을 줄여 줌으로써 결국 기업의 활동을 더욱 활성화시켜야 한다고 보았다. 조세율을 낮추는 데 어떻게 조세 수입이 증가할 수 있는가? 그 해답은 기업의 활성화가 영업 이율을 증대시켜 주므로 조세 수입 총량은 증대할 수 있다는 것이다. 결국 조세율 t_0까지 낮추면 조세 수입은 TR_0 수준으로 극대화된다는 결론이다. 이는 당시 재정적자와 무역적자라는 쌍둥이적자에 시달리던 상황에서 더욱 높은 조세율을 적용하여 조세 수입을 늘릴 수밖에 없다는 케인스주의자의 주장보다 훨씬 환상적인(?) 대응 결론이 아닐 수 없었다.

1980년 레이건 대통령이 미국 제41대 대통령으로 당선되어 축하연을 치르는 자리에서 사람들이 굳이 애덤 스미스의 이름을 새긴 넥타이를 매고 나와 축제 분위기를 즐겼던 데는 이와 같은 공급 중시, 기업 중시, 자본가 중시의 사조로 무장한 자신감이 있었다.

급기야 이러한 새로운 시장옹호론의 득세는 새고전학파(New Classicals)로서는 가장 체계적이라고 할 수 있는 합리적 기대가설론자(Rational Expectationist)의 출현으로 이어진다. 그들은 이제 신고전학파가 쌓았던 시장의 순기능을 옹호하되, 과거의 언어가 아닌 전혀 새로운 언어, 즉 '합리적 기대감(rational expectation)'을 통하여 그것을 행하게 되었다. 이들이 보기에 인간은 지극히 합리적인 존재이므로 인간 자신의 외부에서 일어나는 경제적 현상의 변화를 스스로 인식하고 그것에 반응한다고 믿었다. 예컨대, 정부가 경제부양을 위한 정책으로서 재정 지출을 5% 늘릴 것이라는 발표를 했다고 하자. 지금까지의 사조들은 신고전학파든 케인스주의든 그러한 경제적 요인의 변화에 대한 인간의 주관적 대응 양식은 전혀 고려도 하지 않았던 것이 사실이다. 그러나 이들 합리적 기대가설론자에 따르면, 그러한 정부 정책의 등장은 경제주체인 개개인에게 특정한 판단을 하도록 한다. 가령, 정부 지출이 5% 늘어난다는 것은 과거 자신의 경험을 통해 볼 때 2%의 물가 상승을 가져오는 것이라고 생각한다는 것이다. 그렇다면 그 사람은 앞으로도 분명 2% 정도의 물가 상승이 일어날 것이라고 예견하여 회사와 임금 협상을 할 때 자신의 판단을 근거로 2% 상승된 임금을 요구하게 될 것이다. 또한 회사의 입장에서 보더라도 향후 물가가 2% 상승한다면 제품의 가격 역시 2% 올려 받을 수 있으므로 노동자의 요구에 응하여 임금 인상을 결정할 수 있고, 결국 제품 가격을 2% 올려 받는 상황이 오게 된다. 따라서 그 경제권 내에서 보면 임금의 실질구매력이 늘어난 것도 아니고, 회사의 생산량이 증가한 것도 아니어서 국민경제 내의 실질적 효과는 아무 것도 없는 채로 오로지 임금을 포함하여 물가만 2% 오르는 것으로 귀착되고 만 꼴이다.

그러므로 이러한 인간의 주관적 기대감이라는 하나의 새로운 변수를 인정하자마자 정부의 경제정책이 무력해지고, 결국 최종적으로 가격만이 변하여 새로운 균형점을 만들어 버린다는 기존의 오랜 주장을 재확인하게 된다. 이를 통해 신고전학파의 전통을 계승하면서도 현실에서는 인플레이션이 지속될 수밖에 없는 이유를 설명할 수 있다는 평가를 받게 되었다. 이렇게 보면 정부가 개입할 영역이란 매우 좁아질 수밖에 없고, 시장의 기능 자체에 맡기는 것이 최선이라는 조류가 득세하게 되므로 시장에 복지정책이 개입할 여지는 없어지게 된다.

여기에 더욱 힘을 실은 것은 이제까지 정부의 개입을 국민의 복리를 위한 것, 불편부당하더라도 정책 의지가 있는 것으로 봐 왔던 시각에 대한 도전의 등장이었다. 다시 말해, 정부가 정책을 결정하는 과정에서 그 주체인 정부 관료의 행동 동기 역시 결국은 경제적 동물로서의 속성을 벗어나지 못하기 때문에 그가 자신의 이익을 극대화하게 된다는 '공공선택이론(the theory of public choice)' 등이 등장하여 정부도 실패할 수 있다는 점을 부각시켰다.

이 이론에 따르면 정부의 각종 정책이 갖는 인위적 독점 조장 상황은 오히려 사회의 후생 수준을 저해하였고, 그 인위적 독점을 더욱 공고히 하려는 조짐만 생기면서 궁극적으로 자원의 비효율적 배분이라는 결과까지 초래한다. 그리고 이때 경제적 효율의 왜곡도는 오히려 시장이 낳는 왜곡도보다 더 클 수 있다는 생각이 폭넓게 주장되면서 정부의 개입 폭은 매우 협소해질 수밖에 없는 상황으로 바뀌었다. 이렇게 친시장 조류가 복지위기론과 맞물려 복지부문에 대한 소극적이고 위축된 분위기를 조장한 것은 사실이지만, 그렇다고 케인스를 추종하던 사람들이 완전히 무장해제되어 대응을 멈춘 것은 아니었다. 이들은 새고전학파가 제시한 합리적 기대감의 의의를 나름대로 인정하긴 하지만, 시장이 지니는 가격의 탄력적 운용은 여전히 부정적일 수밖에 없다는 점을 강조하였다.

케인스주의자가 제시한 새로운 논리적 근거는 첫째, 임금이라는 하나의 요소만 봐도 경기 상황과 비교할 때 매우 민감하게 반응한 흔적을 찾기가 쉽지 않다는 사실이다. 임금 협상 과정에서 한 번 결정된 임금은 1년

내지 2년의 유효기간이 있어서 경기 상황의 변화에도 전혀 반응하지 않는 반면, 대부분의 기업은 경기에 따라 즉각 반응한다. 그러므로 임금 그 자체에 따른 경기 변동이라기보다는 임금 이외의 비물질적 혜택(fringe benefits)을 통한 조정이라는 점, 그리고 경기 상황 그 자체에 대한 정확한 정보가 노사 양자 간에 일치된 형태로 공유되지 않으므로 경기에 걸맞은 임금 수준의 결정이 어렵다는 점 등이 임금과 경기 상황 자체의 부합이 어려운 현실적 근거라는 것이다. 둘째, 어차피 기업에서 최종적으로 표방하는 것은 가격이므로 가격을 한 번 바꾸는 데 들어가는 비용, 즉 식단 비용(menu cost)을 감수할 바에야 기업 입장에서는 그냥 웬만한 상황의 변화를 감수하고 마는 경향이 있다는 것이다. 이러한 주장을 통해 케인스주의자는 경기 상황에 따라 재화 가격이 민감하게 변화한다는 새고전학파의 주장을 현실적으로 반박하였다. 이러한 주장은 새케인스주의자(New Keynsian)라는 일군의 경제사상가 집합을 결성하게 했으며, 새고전학파와 또 하나의 대칭점을 이루면서 시장의 순기능 및 역기능에 대한 계속적 논쟁의 연속선상에 놓이게 되었다.

지금까지 살펴본 시장 옹호론 및 비판론의 이론적 부침의 역사는 복지에 대한 사회과학계 및 정부 정책 형성 과정의 위상을 자리매김하는 것과 긴밀한 관계를 맺는다. 따라서 향후 경제학 내의 시장에 대한 입장들 중 어느 관점이 더 현실에서 예측력과 설명력을 갖는지 살펴보면 복지에 대한 시각도 크게 영향을 받을 수 있음을 예감할 수 있겠다.

제2장

균형의 조작자로서의 시장

> 시장은 자본주의 사회의 모든 경제활동이 수렴되는 곳이다. 시장에서 형성되는 가격 및 거래되는 양에 따라 소비자나 생산자의 활동은 물론이고, 나아가 국가 경제의 풍요와 빈곤 여부가 결정된다.
>
> 결국 자본주의 사회란 시장에서 거래되는 상품을 핵심으로 하는 사회이므로 사회복지에 대한 올바른 이해를 위해서도 시장에 대한 정확한 분석이 필요하다. 따라서 시장과 상품을 둘러싼 메커니즘에 대한 기본적 인식은 필수다.
>
> 이 장에서는 다음과 같은 의문에 따른 답을 찾을 수 있을 것이다.
>
> 1. 상품의 가격은 어떻게 결정되는 것인가?
> 2. 시장의 순기능이 지니는 핵심은 무엇인가?
> 3. 소비와 생산, 그리고 분배 등 각 부문에 관철되는 법칙은 무엇이고, 이들이 총합적으로 이루고 있는 경제사회의 궁극적인 상(像)은 무엇인가?
> 4. 복지도 하나의 상품이라고 할 때 시장이론을 통해 어떤 시사점을 얻을 수 있는가?

일반적으로 하나의 경제권은 크게 소비, 생산, 분배의 세 영역으로 구성된다고 볼 수 있다. 시장을 통해 경제생활을 할 때 그 안에서 가격이 결정된다는 것은 친시장적 견해를 가지고 있는 사람들에게 무엇을 의미하는가? 바로 소비, 생산, 분배의 세 영역에서 각기 완벽한 균형 상태를 보장해 준다는 것이며, 이러한 세 영역의 균형이 완성됨으로써 일반균형(general equilibrium), 나아가 사회적으로 가장 바람직한 상태(social optimum)를 달성할 수 있다는 것을 의미한다.

이렇듯 시장이 최선의 결과를 가져다준다는 주장의 이론적 기초가 무엇인지를 보는 것이 이 장의 목적이다. 우선 가장 기초이론인 수요·공급의 원리를 소개하고, 이어서 소비, 생산, 분배 부문에서의 시장 및 가격의 기능을 살펴보고자 한다. 그리고 최종적으로 사회적 최적 상태에 대해 차례대로 살펴보기로 한다.

1. 수요와 공급 이론

자본주의 사회에서 시장이 초래하는 가장 중요한 결과는 균형의 달성에 있다. 균형(equilibrium)이란 마치 천장에 매달린 시계추처럼 외부적 충격이 가해진 뒤 다시 제자리로 돌아오고자 하는 자기 스스로의 조정력을 바탕으로 한다. 그리고 일단 균형이 만들어지면 외부 조건의 변화가 없는 한 변화하려는 동력을 내부적으로는 더 이상 갖지 않는 상태가 된다.

자본주의 사회에서 거래되는 모든 상품에는 가격이 존재하고, 그 가격은 해당 상품의 시장에서 결정된다는 것은 주지의 사실이다. 그리고 1장에서도 확인하였듯이 이렇게 결정된 가격은 다른 조건의 변화가 없는 한 시장에서 균형을 유지하게 된다는 것이 주류경제학의 확고한 믿음이다.

이처럼 시장에서의 균형을 확보하기 위한 구체적인 전개 과정은 수요와 공급이라는 양 날개에서 비롯된다. [그림 2-1]이 보여 주는 것과 같이 한 시장 내에서의 균형은 특정한 재화의 수요량과 공급량을 결정하는 여러 요인 중 가격을 대표로 하여 각기 수요 곡선과 공급 곡선을 도출한 후에 이들을 결합함으로써 확보할 수 있는 것이다.

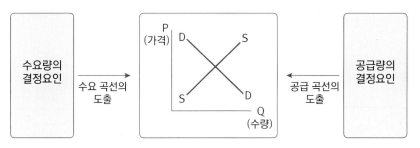

[그림 2-1] 수요측면과 공급측면의 결합에 의한 균형의 확보 과정

그렇다면 한 재화의 수요 곡선과 공급 곡선의 도출 과정은 어떠하며, 그로부터 얻을 수 있는 함의는 무엇인지 살펴보기로 하자.

1) 수요 이론

여기 하나의 빵 시장이 있다고 하자. 빵을 보고 먹음직스럽다는 욕구를 느끼고 있는 어떤 사람이 구체적으로 얼마만큼의 빵을 살 것인지 결정하게 하는 요인은 매우 여러 가지가 있겠지만 결국 그것의 결정 변수 역할을 하는 것은 다음과 같이 정리할 수 있을 것이다.

빵의 수요량 ┬ 빵 가격
           ├ 쌀밥이나 국수 등 다른 음식의 가격
           ├ 자신의 소득수준
           ├ 빵에 대한 개인적 선호도
           └ 사회적 관습 등

즉, 가장 결정적인 것은 그 빵의 가격 수준이며, 그 외에도 쌀밥이나 국수 등 다른 음식의 가격 혹은 소비자 자신의 소득수준, 그 자신의 빵에 대한 선호의 정도, 그리고 그 사회가 빵에 대해 갖고 있는 인식 등이 역시 매우 중요한 영향력을 행사할 것이다.

이러한 결정 변수 중에서 가장 핵심적인 것은 빵 가격 그 자체가 될 것이다. 그런데 이때 다른 조건이 일정하다면(other things equal) 빵 가격의 상승은 빵에 대한 수요량을 상대적으로 감소시킬 것이며, 반대로 빵 가격이 하락하면 수요량은 증대할 것이다. 이를 '수요법칙'이라고 부르고, 수요량과 가격 사이에 존재하는 이러한 양자의 부(負)의 관계를 구체적인 그림으로 나타낸 것을 '수요 곡선(demand curve)'이라 부른다.

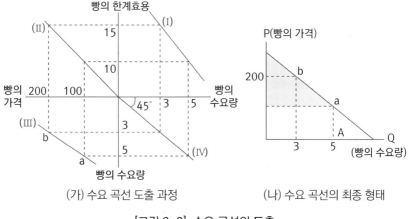

(가) 수요 곡선 도출 과정   (나) 수요 곡선의 최종 형태

[그림 2-2] 수요 곡선의 도출

이러한 수요 곡선은 신고전학파의 핵심 개념인 한계효용을 이용해서도 도출할 수 있는데, [그림 2-2]는 그 과정을 보여 준다. [그림 2-2]의 (가)에서 I사분면의 그림은 빵의 소비량이 증가할수록 그로부터 얻는 한계효용은 체감한다는 것을 나타낸다. 한편, 빵의 가격을 기준으로 어느 정도의 수요량이 대응하는지 아는 것은 수요 곡선의 도출 과정 그 자체이므로, III사분면에 그 구체적인 결론을 표시한다고 해 보자. 예컨대,

III사분면에서 특정한 수준의 빵 가격으로 100원을 선택하면 이 100원의 가격에 대응하는 한계효용의 정도를 II사분면에서 찾을 수 있게 되어 그 구체적인 값이 10이 된다고 하자. 그렇다면 소비자 개인은 화폐 지불로 인해 손해를 보는 효용분 10을 빵의 추가적 소비로 대신 복구해야 한다. 그렇다면 효용분 10에 대응하는 빵의 소비량은 얼마인가? 이에 대한 답은 한계효용과 소비량의 관계를 보여 주는 I사분면을 통해 5임을 알 수 있는데, 이로써 궁극적으로 빵의 가격이 100원일 경우 빵의 소비는 5단위로 결정된다. 결국 빵 가격이 100원일 때 소비량 5를 나타내는 점은 최종적으로 III사분면의 점 a로 표시할 수 있다. 만일 상황이 바뀌어 빵 가격이 200원으로 오르는 경우, 똑같은 과정을 되풀이하여 이에 대응하는 효용상실분은 15가 될 것이고, 이럴 때 소비자가 소비하는 단위는 3단위로 줄어들 것이다. 결국 빵 가격이 200원일 때 소비량 3을 나타내는 점은 최종적으로 III사분면의 점 b로 표현된다. 그렇다면 수요 곡선의 형태는 점 a와 b를 포함하는 직선이 될 것이다. 최종적으로 수요곡선은 [그림 2-2]의 (나)와 같이 표현된다.

이 수요 곡선을 통해 알 수 있는 중요한 사실은 두 가지다. 첫째는 가격과 수요량이 반비례 관계에 있다는 것이고, 둘째는 수요 곡선에서 수요량에 대응하는 가격 수준, 즉 (나) 그림에서 선분 aA의 길이 그 자체는 최종적으로 소비한 해당 재화의 1단위가 가져다주는 추가적인 만족감 수준, 즉 한계효용의 크기와 대응한다는 것이다. 따라서 어떤 사람이 5단위의 가격 100원에 5단위의 빵을 소비하였다면 지불한 총 지출액은 500원인데 1, 2, ……, 5단위까지 하나하나 빵을 소비하는 동안 얻은 총만족감 수준은 각 단위에서 얻은 한계효용의 총합이므로 수요곡선과 X축 사이의 면적이 되며, 결과적으로 이때 지불한 지출액 500원을 나타내는 직사각형의 면적을 빼면 소비자에게 남는 이득은 음영 처리된 부분이 되고,

일반적으로 이를 소비자 잉여(consumer's surplus)라고 부른다.

결국 수요 곡선을 통해 어떤 재화의 소비에서 얻을 수 있는 소비자의 만족감 및 편익(便益)의 크기를 알 수 있으며, 특히 시장에서의 소비가 지출한 것보다 더 많은 만족감을 준다는 주장이 가능하다.

2) 공급 이론

한편, 빵의 공급을 둘러싸고 일어나는 현상도 공급 곡선을 도출하는 과정을 통해 이해할 수 있다. 먼저 제빵업자가 생산하는 빵의 양에 영향을 주는 변수는 무엇이 있는지 살펴보자.

빵의 공급량 ┬ 빵 가격
             ├ 종업원의 임금 수준
             ├ 원료나 제빵기를 사는 데 드는 비용 수준
             └ 정부가 제빵업에 부과하는 세금 수준 등

무엇보다도 빵의 가격 수준이 가장 결정적 영향을 미치는 변수이면서, 이외에도 노동이나 자본의 동원에 드는 비용, 조세 수준 등이 또 다른 결정 변수의 역할을 할 것이다. 그런 가운데서도 다른 조건이 일정하다고 할 때 가장 중요한 변수는 빵 가격 그 자체다. 이 빵 가격이 상승하면 제빵업자는 이윤이 많이 남으므로 좀 더 많이 생산하려 하고, 반대로 빵 가격이 하락하면 생산량을 줄이려 한다. 이를 '공급법칙'이라 하며, 이러한 양자의 정(正)의 관계를 그림으로 나타낼 때 이를 공급 곡선(supply curve)이라고 한다.

이러한 공급 곡선은 신고전학파의 핵심 개념인 한계비용을 이용해서도

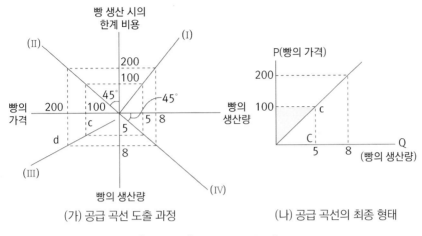

[그림 2-3] 공급 곡선의 도출

도출할 수 있는데, [그림 2-3]은 그 과정을 보여 주는 것이다. [그림 2-3]
의 (가)에서 I사분면의 그림은 빵의 공급량이 증가할수록 한계비용은 상
승한다는 것을 나타낸다. 일반적으로 대부분의 재화를 생산하는 과정에
서 관철되는 원리 중 하나로, 생산량을 증가시킬수록 비용은 증가하며,
특히 1단위를 추가 생산할 때 소요되는 추가 생산비용, 즉 한계비용은 체
증한다는 것이다. 물론 생산의 초기 과정에서도 체감하는 구간이 없는
것은 아니지만 생산활동 과정에서 마주치는 대부분의 경우는 이를 넘어
선 구간, 즉 '한계비용 체증'의 구간이 되고 만다. 그러므로 그림의 I사분
면에서 볼 수 있는 것처럼 빵의 생산량과 조응하는 한계비용은 정(正)의
관계를 나타낸다.

 이제 본격적으로 공급 곡선을 도출하여 III사분면에 나타내 보자. 예컨
대, III사분면에서 어떤 제빵업자가 시장에서 100원으로 빵을 팔 수 있다
고 한다면 그 가격은 자신이 빵을 1단위씩 만들면서 소요하는 비용, 즉
한계비용을 충족하고도 남아야 하고, II사분면에서 보듯이 똑같은 값인

한계비용 100원이 대응된다. 그렇다면 한계비용 100원에 대응하는 빵의 공급량은 얼마인가? 이에 대한 답은 한계비용과 소비량 간의 관계를 보여주는 I사분면에서 5임을 알 수 있는데, 이로써 빵의 가격이 100원일 경우 빵의 생산은 5단위로 결정된다. 결국 빵 가격이 100원일 때 생산량 5를 나타내는 점은 최종적으로 III사분면의 점 c로 나타나게 될 것이다. 그리고 상황이 바뀌어 시장에서 빵 1개에 200원을 받을 수 있다면 똑같은 과정을 되풀이하여 단위당 추가적으로 부담해야 하는 비용이 200원이 되는 8단위까지 생산하려는 의지가 생길 것이다. 결국 빵 가격이 200원일 때 생산량 8을 나타내는 점은 최종적으로 III사분면의 점 d가 되는 것이다.

이제 III사분면에서 만들어진 점 c, d를 잇는 직선을 그으면 빵에 대한 공급 곡선이 나타나게 되며, 이는 (나)의 그림으로 다시 표현된다. 이를 통해 알 수 있는 것은 첫째, 빵의 공급량이 가격과 정의 관계를 형성하고 있다는 사실이다. 둘째, (나) 그림에서 나타난 일정한 공급량에 대응하는 가격 수준, 예컨대 5단위를 생산할 때 선분 cC의 크기는 내용적으로 보면 그 재화를 생산하는 과정에서 추가로 발생하는 비용 수준, 즉 한계비용 수준을 나타내는 것임도 알 수 있다. 그러므로 빵 5단위를 생산하는 과정에서 발생한 모든 비용은 각 단위에서 발생한 한계비용의 총합이므로 공급곡선과 X축 사이의 면적이지만, 거래를 통해 올린 총 매출은 500원에 해당하는 직사각형이므로 공급자에게는 음영 처리된 부분만큼의 이익이 남는다는 것을 보여 주고 있으며, 일반적으로 이를 생산자잉여(producer's surplus)라고 부른다. 결국 공급 곡선을 통해 어떤 재화의 생산에서 얻을 수 있는 생산자의 이익의 크기를 알 수 있으며, 특히 시장에서의 생산이 비용보다 더 많은 수입을 가져다준다는 주장이 가능하다.

3) 수요 이론과 공급 이론의 결합

이렇게 도출한 수요 곡선과 공급 곡선을 바탕으로 빵 시장에서 어떻게 균형을 확보할 수 있는지 보기로 하자. 바로 이 이론이 멀리로는 애덤 스미스의 '보이지 않는 손'부터 가까이로는 새고전학파의 '합리적 기대가설론'에 이르기까지 그들이 하나의 이데올로기로 가지고 있는 시장의 전지전능한 순기능에 대한 믿음의 가장 밑바탕이라고 할 수 있다. 또 다른 측면에서 이 이론은 일상에서 마주치는 거의 모든 상품, 심지어는 사회복지서비스까지도 그 적절한 사회적 조달량과 수요량을 분석하기 위한 기초 역할을 한다고 볼 수 있다.

[그림 2-4]는 빵 시장에서 도출할 수 있는 수요 곡선([그림 2-2]의 (나))과 공급 곡선([그림 2-3]의 (나))을 하나의 좌표평면에 합쳐 놓은 것이다. 그림에서 빵의 가격이 일단 200원으로 책정되었을 때의 상황을 보자. 이때 소비자는 200원에 대한 지출로 상실되는 효용분이 크다 보니 상대적

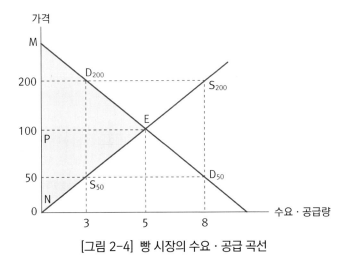

[그림 2-4] 빵 시장의 수요 · 공급 곡선

으로 많은 소비를 원하지 않게 된다. 소비를 많이 할수록 단위당 얻는 만족감은 줄어들고, 따라서 손해분이 많아질 가능성이 있기 때문이다. 그러므로 그림에서는 3단위의 소비만을 원하는 것으로 나타난다(D$_{200}$ 지점이 이를 나타냄). 그러나 공급자에게 있어서는 한계비용의 수준이 200원에 도달하는 수량까지 계속 생산해도 되므로 그림과 같이 8단위까지의 생산을 원하게 된다(S$_{200}$ 지점이 이를 나타냄). 그리하여 이러한 양측의 반응은 5단위 만큼의 초과 공급(excessive supply)을 초래하게 되므로, 물건을 팔 수 없는 공급자가 등장함에 따라 가격의 하락이 수반된다. 또한 반대의 경우 빵의 가격이 50원으로 책정되면 수요자는 8단위의 소비를 원하고(D$_{50}$) 공급자는 3단위의 생산을 원하므로(S$_{50}$) 결국 5단위만큼의 초과수요(excessive demand)가 발생하게 되고, 이는 물건을 살 수 없는 소비자가 등장한다는 의미이므로 물건가격의 상승이 초래된다. 그러다 보면 자연스럽게 소비를 원하는 빵의 양 5단위와 공급을 원하는 빵의 양 5단위가 정확히 일치하는 지점인 빵 가격 100원에 수렴하게 되고 이는 그림에서 점 E에 해당한다. 결국 이 지점에 와서야 비로소 더 이상 움직일 유인을 갖지 않게 되므로 지금까지 언급한 안정성이라는 성격을 지닌 균형을 이루게 되며 거래는 완성된다.

특히 이러한 균형의 달성 결과, 수요와 공급의 적정 규모 및 적정 가격이 결정되었다는 것은 동시에 여기에 참여한 수요자와 공급자 모두에게 이익을 주는 상태가 된다는 시장의 순기능이 부각된다. 즉, [그림 2-4]에서 100원의 가격으로 소비자가 빵을 5개 산 경우 5개째만 제외하고 그 전의 소비량에 대해서는 자신이 느끼는 만족감보다도 적은 화폐 지출을 하게 되어 결국 △EMP 만큼의 잉여분이 남으므로 그만큼의 소비자잉여가 생긴다. 반면에 생산자의 경우 5개째를 생산하기 전까지는 자신이 들인 비용보다 많은 가격을 받게 되므로 결국 △ENP 만큼의 잉여분이 남는 생산자잉여가 발생한다. 따라서 시장을 통한 거래는 균형을 확보해 주는 것 이상으로 각 참여자에게 잉여를 낳는 긍정적인 결과까지 가져다준다.

이와 같은 수요·공급의 원리는 시장에서 거래되는 모든 재화에 적용되며, 이는 모든 시장이 자발적 교환(voluntary exchange)에 근거하여 균형가격과 균형수량을 스스로 도달해 냄으로써 더 이상의 과부족이 없는 균형을 달성하게 함을 뜻한다. 또한 이는 앞 장의 왈라스가 주장하는 바와 같이 경제 전체에도 안정적 균형 상태라는 일반균형을 성립시킨다는 결론으로까지 연결된다. 바로 이것이 애덤 스미스의 '보이지 않는 손'이며, 시장원리의 순기능이면서, 또한 시장원리를 근간으로 하는 자본주의의 가장 핵심적 경제 운영 원리라고 할 수 있다. 그러므로 현실에 존재하는 어떠한 재화라도 이론적으로는 균형 상태에서 거래되게 되어 있으며, 사회 전체적으로도 경제적 균형 상태를 구현할 수 있다는 것이 시장을 옹호하는 주류경제학의 시장에 대한 가장 기본 관점이라 하겠다.

4) 수요·공급 이론에서 본 사회복지

보통 우리는 사회복지를 자유재(free goods)라고 생각한다. 그러므로 가격이 존재하는 일반 재화처럼 수요·공급 이론의 적용에서 예외적인 것으로 인식할 수 있다. 하지만 사회복지서비스를 제공하는 경우에도 유료인 경우와 무료인 경우가 혼재하고 있으며, 특히 유료인 경우 이러한 수요·공급 이론에 정확히 적용된다는 것은 두말할 나위가 없다. 심지어 무료사회복지시설인 경우에도 잠재적 시장은 성립된다.

다음과 같은 몇 가지 응용 예를 통하여 수요·공급 이론이 사회복지 분야의 이해를 도모하게 되는 경우를 살펴보자.

사례1: 적절한 사회복지서비스의 제공 수준 결정

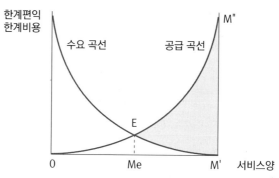

[그림 2-5] 사회복지서비스의 수요·공급 이론상의 분석

[그림 2-5]는 무료로 제공되는 사회복지서비스에 대한 잠재적 수요·공급 곡선을 보여 준다. 이때의 가장 이상적인 경지는 사람들의 욕구가 존재하는 한 그 욕구를 모두 충족해 주기 위해 한계편익이 0(zero)인 M'까지 공급하는 것일 수 있다. 이는 흔히 사회복지적 시각에서 주장하는 논리일 수도 있다. 그러나 지금까지 우리가 논한 수요·공급 이론에 따르면 M'까지 서비스를 공급하는 것은 사회적으로 볼 때 비효율적인 것으로 판명된다. 즉, 경제학의 논리로 보면 M'까지의 공급은 바람직하지 않다. 왜 그런가?

사회복지서비스의 경우도 그 서비스의 수혜로 인해 얻는 편익 측면에서 볼 때 언제나 같지도, 그리고 무한히 양(陽)의 값을 갖지도 않는다. 그 이유는 한계편익 역시 한계효용과 마찬가지로 체감하기 때문이다. 따라서 초기 구간에서는 단위당 편익이 매우 높았다가 점차 줄어들어 마침내 M'의 수준까지 도달할 때 한계편익은 사라지고 만다. 한편, 그 서비스를 조달하기 위해 드는 비용 면에서 보면 단위당 비용인 한계비용은 서비스

양이 증대할수록 커질 수밖에 없다.

그렇다면 잠재적 수요 곡선과 공급 곡선이 교차하는 지점에서의 서비스양인 점 Me에 이르기 전까지는 한계편익이 한계비용보다도 크므로 사회 전체에는 후생의 순증가분이 있을 수 있다. 그리고 드디어 Me 점에서는 그 정도가 같게 되고, 그것을 초과하면 매 단위를 추가 공급할 때마다 공급에 필요한 한계비용이 해당 서비스를 받는 사람이 느끼는 한계편익보다 더 큰 비효율적 내면을 지니게 된다. 이는 사회적 낭비를 가져오는 것이므로 아무리 Me를 넘는 서비스 욕구가 존재한다 하더라도 균형량 Me에서 조달을 멈추어야 한다는 결론으로 이어진다. 만일 극대량인 M'까지 계속 공급을 하면 음영 처리된 ◁EM'M"만큼의 사회적 순손실을 가져오게 하여 바람직하지 않은 상황이 된다.

사회적으로 가장 적절한 사회복지서비스의 조달 수준을 탐색하는 것은 앞서와 같은 수요·공급 이론을 통해 원리적으로 이루어진다. 그렇다면 사회복지서비스에 대한 구체적인 수요 곡선 및 공급 곡선을 구할 수만 있다면 우리는 사회적으로 적절한 양의 서비스 수요량이자 동시에 생산량에 해당하는 그 규모를 산출해 낼 수도 있다고 하겠다. 경제학의 기초이론인 수요·공급 이론을 통해 좀 더 객관적인 접근을 할 수 있는 좋은 예가 아닐 수 없다.

사례 2: 사회복지서비스 공급 기관에 대한 정부 지원의 의미

한편, 국가는 사회복지서비스를 공급하는 시설 및 기관에 대해 여러 가지 지원을 하고 있다. 그 지원이 사실은 국가의 책임을 대신하는 데 대한 부담금의 성격을 갖고 있는 것이긴 하지만, 여기서는 그러한 경우보다도 유료양로사업과 같은 거의 민간에 의해 조달되는 경우를 살펴보도록 하겠다.

　유료양로사업의 경우 당연히 양로시설에 입소하고 싶은 노인의 욕구와 양로시설 보호서비스를 제공하려는 양로시설 운영자의 공급 의사가 맞아떨어지는 지점에서 적절한 가격 및 시설 공급 규모를 결정할 수 있다. 그러나 그러한 시장의 원리에서 결정된 가격 수준이 너무 높고, 아울러 공급 규모도 사회적으로 요구되는 수준에 비해 너무 적다면 정부는 어떠한 조치를 취할 수 있겠는가? 이는 두 가지 방법으로 요약할 수 있다. 첫째는 양로시설 운영자에게 보조금을 지급하여 실제 입소자에게 받는 요금을 줄이면서 공급량까지 늘리는 방법이고, 둘째는 양로시설 입소자에게 장려금을 주어 첫 번째 방법과 같은 효과를 내는 방법이다.

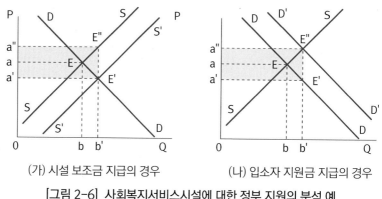

(가) 시설 보조금 지급의 경우　　　　(나) 입소자 지원금 지급의 경우

[그림 2-6] 사회복지서비스시설에 대한 정부 지원의 분석 예

　우선, 시설에 보조금을 주는 방법은 [그림 2-6]의 (가)를 통해 이해할 수 있다. 즉, 이 경우에는 시설이 원래 공급하려 했던 비용 조건에 비해 정부보조금으로 인한 실제 단위당 소요되는 한계비용이 적어지므로 공급 곡선 자체가 SS에서 S'S'으로 바뀌게 된다. 그 결과 처음에 점 E의 균형점이 보여 주던 적정가격 a와 적정 규모 b 수준이 변화하여 소비자의

입장에서 보면 점 E'에서 a'의 가격으로 b'의 소비량을 누릴 수 있게 된다. 반면에 공급자는 점 E"에서 a"의 가격에 b'의 공급량을 기록하게 되어 종전보다 각기 더 나은 상태를 맞이하게 된다. 이때 정부가 (a"-a')에 해당하는 보조금을 양로시설 운영자에게 지원한 것을 알 수 있고, 이를 위해 정부가 쓴 보조금 규모는 음영 처리된 □a'a"E"E'으로 나타난다. 결론적으로 (가)는 시장의 원리를 근본적으로 파괴하지 않으면서 정부가 노후대책을 걱정하는 노령계층을 위해 (a-a')만큼 싸게 (b'-b)만큼 많이 입소하도록 배려한 경우에 해당한다.

그러나 이것과 똑같은 효과는 정부가 양로시설 운영을 위한 보조금을 지급하는 것이 아닌, 반대로 양로시설 입소자에게 장려금을 지급하는 것으로도 달성할 수 있다. [그림 2-6]의 (나)에서 보는 것과 같이 기존의 수요 곡선 DD는 정부가 각자에게 입소에 따른 장려금을 지급한다고 할 때 스스로의 단위당 한계편익분에다 장려금의 편익분까지 고려한 더 많은 양의 소비욕구를 반영하는 D'D'으로 상향 이동하게 된다. 이때도 보조금의 경우와 마찬가지로 초기 점 E의 가격은 a로, 조달 규모 b 수준에서 소비자의 가격은 a'로, 공급자의 가격은 a"로, 그리고 거래수준은 b'로 각각 이동하고, 정부의 장려금 수준은 음영 처리된 □a'a"E"E'으로 전과 같이 나타난다. 이 역시 시장의 원리를 이용하여 노령계층에게 더 많은 양로시설 이용을 유도한 결과이기는 마찬가지다.

결국 공급자에게 보조금을 지급할 것인지, 아니면 수요자에게 장려금을 지급할 것인지는 경제학적 시각에서는 별 차이가 없다고 할 수 있다. 따라서 행정상의 편이성과 소비자 선택권의 발휘 정도, 거래 비용 등을 고려하여 결정할 일이다. 이와 같은 원리는 이용시설인 복지관 등에 얼마든지 적용할 수 있는 논리일 것이다.

2. 소비부문의 균형

시장경제체제에서 소비시장이 수행하는 역할의 핵심은 소비자에게 소비를 통한 최대의 만족감을 확보해 주는 데 있다. 물론 이러한 최대만족감의 실현에는 언제나 제약 조건이 존재한다. 즉, 소비자에게는 그들 자신의 무한한 욕망을 달성할 수 있도록 무한한 소득이나 재원 조달 능력이 따르지 않는다는 사실이다. 그러므로 누구나 주어진 제약 조건 내에서의 최대만족감 달성이라는 숙제를 안게 된다.

주류경제학에서는 시장을 모든 사람이 직면해 있는 바로 이러한 숙제를 해결하기 위해 존재하는 장소로 본다. 그들이 선택하는 재화의 소비량과 가격 수준도 결국 이러한 목표를 달성하기 위해 이용되는 것은 물론이다. 그렇다면 한 소비자가 구체적인 제약 조건 아래에서 최대의 만족점을 찾아가는 과정은 어떠한지 살펴보자. 다만 이 과정은 주류경제학이 '방법론적 개인주의'[1] 입장을 취한다는 것을 분명하게 보여 주는 대목이다. 즉, 로빈슨 크루소(Robinson Crusoe)와 같이 무립고원에 있는 순수한 단독자를 관찰 대상으로 하여 그가 과연 어떤 소비 행동 양식을 보이는지 관찰함으로써 결과를 얻는 것이라고 볼 수 있다.

---

1) 방법론적 개인주의(methodological individualism)와 방법론적 전체주의(methodological totalism)는 사회과학 방법론의 가장 대표적인 대립적 관점이다. 간단히 말하면 전자는 사회를 개인의 단순한 총합으로 보며, 사회 분석을 위한 방법론적 전제는 당연히 그 구성원인 개인에 대한 철저한 관찰과 분석이라고 본다. 반면에 후자는 사회를 단순한 개인의 총합이 아닌 '+α'를 반드시 고려해야 하는 것으로 보는데, 이는 개인의 분석으로는 도저히 찾아낼 수 없는, 사회가 구성된 후에 생기는 매우 독특하면서도 본질적인 사회의 성격을 나타내는 요소라고 본다. 이에 대한 자세한 논의를 참고하려면 김용학 (1992)의 『사회구조와 행위』(서울: 나남)를 참조하기 바란다.

1) 1인 1재화 선택의 경우

먼저, 한 개인이 1개의 재화를 놓고 이를 어떻게 소비할 것인지 고민하는 경우라고 설정하자. 이때 만족의 극대점은 무조건 많이 소비하는 경우인가? 그럴 것 같지만 한 번 더 생각해 볼 필요가 있다. 이 과정에서 인간의 만족감 충족 과정이 어떠한 것인지 명확하게 해명할 수 있다. 이를 위해서 효용(utility)이라는 개념을 좀 더 구체적으로 설명해 보기로 하자.

효용이란 그다지 독특한 개념은 아니다. 그저 인간 욕망의 충족을 나타내는 측정 가능한 개념 정도로 이해하면 된다. 이때 효용의 개념에는 일반적으로 총효용(total utility)과 한계효용(marginal utility)이라는 두 가지가 존재하는데, 이제까지 본 바와 같이 전자보다는 후자가 더 중요한 의의를 지닌다. 전자는 일정한 시점에서 바라본 욕망 충족의 총수준을 나타내는 말이지만 후자는 재화를 소비하는 데 있어서 1단위 소비를 추가할 때마다 새롭게 추가되는 효용의 정도를 나타내는 것이므로 양자의 관계는 다음의 [그림 2-7]로 나타낼 수 있을 것이다.

[그림 2-7]의 (가)에서 총효용의 그래프는 재화의 소비 수준이 증가함에 따라 증가 정도가 둔화되는 측면을 보이는데, 한계효용의 그래프는

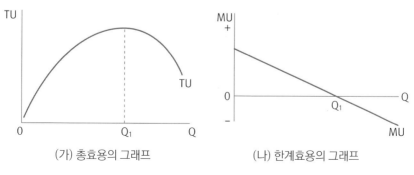

(가) 총효용의 그래프   (나) 한계효용의 그래프

[그림 2-7] 총효용과 한계효용의 관계

(나)에서처럼 소비량이 늘어날수록 계속 줄어드는 '한계효용체감의 법칙(decreasing law of marginal utility)'을 나타낸다. 이는 사람들의 소비 행태를 통해 일반적으로 도출할 수 있는 하나의 법칙이라고 볼 수 있다. 또한 이 법칙은 우리가 일상생활을 통해 너무나 자주, 그리고 쉽게 확인할 수 있는 사실로서 음식을 먹을 때나 음악을 들을 때나 새로운 경험을 겪을 때 등 거의 모든 현상에서 그 타당성을 인정할 수 있는 법칙이기도 하다.

그렇다면 한 소비자가 자신의 소비 행위를 통해 효용 수준을 극대화하려면 아무런 제약이 없는 상황일 경우 한계효용이 음(陰)이 되기 직전인, 즉 영(零)인 상태에서 그 재화의 소비를 멈추는 것이 합리적일 것이다. [그림 2-7]에서 (가)와 (나)의 Q_1이 바로 그에 해당하는 소비 수준이다. 그러나 만일 한 개인의 소득이 제한되어 있다거나 공급 물량이 Q_1까지 가지 못한다면 Q_1 이전의 가능한 최대 수준까지 소비하는 것이 합리적임은 물론이다.

2) 1인 2재화이면서 가격이 존재하는 경우

주어진 초기 조건을 좀 더 현실에 근접시켜 보자. 즉, 재화가 2개 있으면서 가격이 존재하는 경우에 소비자는 최대 만족을 달성하는 균형 조건을 어떻게 충족하는지 알아보기로 하자.

어떤 소비자가 빵과 옷이라는 두 재화 중 한 가지를 선택해야 하는 현실에 직면해 있다고 하자. 결국 이 소비자의 고민은 자신에게 주어진 소득으로 얼마만큼의 빵과 옷을 살 수 있는지가 된다. 그렇다면 이 소비자가 나름대로 최선의 결정을 하기 위한 과정은 무엇인가? 아마도 다음과 같은 단계를 밟을 것이다.

〈1단계〉 빵과 옷 간의 선호도 인식 단계

먼저 이 소비자는 빵과 옷을 통하여 자기 자신이 어떤 만족감을 얻는지 마음속으로 정리한다. 즉, 빵은 빵대로, 옷은 옷대로 각기 그 소비량을 증가시켰을 때는 [그림 2-7]과 유사한 관계의 만족감 수준을 보이지만, 만일 두 가지를 동시에 선택하면서 느끼는 만족감 수준을 알아보고자 한다면 약간 다른 접근이 필요할 것이다.

먼저 [그림 2-8]을 보자. 빵의 소비량과 옷의 소비량이 결합된 상태는 이 좌표면 위에 찍을 수 있는 한 점과 같다. 이때 각자의 점이 표현하는 주관적 만족감의 수준은 다양하겠지만 한 점이 두 가지 만족감을 동시에 나타낼 수 없다는 것과 원점에서 멀리 떨어질수록 더 높은 만족 수준을 나타낸다는 것을 전제로 한다면 일련의 점의 집합들은 동일한 만족감을 나타낼 수밖에 없다. 만일 점 a를 기준점으로 할 때 동일한 만족감을 계속 유지하기 위해서는 빵을 더 살 경우 옷을 포기해야 하고, 옷을 더 살 경우 빵을 포기할 수밖에 없는 속성을 보여 준다. 따라서 우하향(右下向)의 곡선이 될 수밖에 없고, 또한 한계효용체감의 법칙이 인정된다는 점에

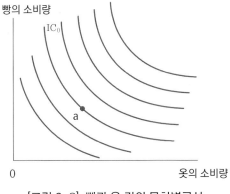

[그림 2-8] 빵과 옷 간의 무차별곡선

서 원점을 향해 볼록하게 들어가 있는(convex to the origin) 곡선 IC_0의 형태를 취하게 된다. 나아가 이와 동일한 유형의 평행 곡선이 곡선 IC_0의 위 아래에 무수히 존재하는 상태로 좌표면에 채워질 것이다. 이때 어느 한 곡선에 해당하는 점들은 모두 동일한 만족감을 보여 주기 때문에 선택에서의 호불호를 가릴 필요가 없다는 점에서 무차별곡선(indifference curve)이라고 부른다. 또한 이러한 곡선들의 총집합을 무차별 지도(indifference map)라고 한다. 이 무차별곡선은 어떤 소비자가 빵과 옷을 선택할 수 있는 데 있어 보여 주는 소비 양식의 한 가지 측면을 설명해 주고 있다.

〈2단계〉 현실적인 제약의 고려 단계

이제 어느 소비자가 자신의 주관적 만족감의 충족 체계를 무차별곡선을 통하여 알고 있다고 하면 자신의 소득을 통해 선택할 수 있는 빵과 옷의 선택 가능 범위를 생각할 차례다. 이것이 현실적이고 객관적인 제약 요건이라고 할 수 있고, 실로 중요한 고려 사항이 아닐 수 없다.

결국 자신이 가지고 있는 소득의 범위에서 빵과 옷을 각기 어느 정도씩 살 수 있는지 알려면 빵과 옷의 단위당 가격과 자신의 화폐소득을 구체적으로 알아야 한다. 이를 수식의 형태로 표현하여 알아보면 다음과 같은 기본 방정식이 성립된다.

빵의 단위당 가격(Pb) × 빵의 구입량(B) + 옷의 단위당 가격(Pc) × 옷의 구입량(C) ≤ 자신의 소득(I) ·············· [식 2-1]

즉, 문자식으로 표현하면 다음과 같다.

$$Pb \cdot B + Pc \cdot C \leq I \quad \cdots\cdots\cdots\cdots\cdots\cdots\cdots\cdots\cdots\cdots\cdots\cdots\cdots [식 2-2]$$

따라서 자신의 소득 범위에서 주어진 가격을 기초로 소비량을 결정하는 과정이 [식 2-1] 또는 [식 2-2]로 나타날 수 있는 것이다.

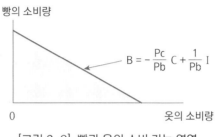

[그림 2-9] 빵과 옷의 소비 가능 영역

한편, [식 2-1]이나 [식 2-2]는 [그림 2-9]와 같이 좌표평면의 음영 처리된 부분처럼 그 영역을 그릴 수 있고, 이는 결국 한 사람이 선택할 수 있는 소비 가능 영역이 된다. 이때 경계선을 이루는 선분의 구체적인 식은 [식 2-3]과 같다. 이를 소득제약식이라고 부르는데, 이 선분의 기울기(절댓값)는 Pc/Pb, 즉 빵의 가격과 옷의 가격 간 상대 비임을 유념할 필요가 있다. 따라서 이 식은 이 사람이 빵과 옷을 선택할 수 있는 또 다른 하나의 고려 조건을 보여 주고 있다.

$$B = -\frac{Pc}{Pb} C + \frac{1}{Pb} I \quad \cdots\cdots\cdots\cdots\cdots\cdots\cdots\cdots\cdots\cdots\cdots\cdots [식 2-3]$$

⟨3단계⟩ 최적 소비점의 선택 단계

이와 같은 2개의 단계를 지나면 적어도 한 소비자가 최적 소비를 위해 고려해야 할 주관적 상황과 객관적 상황에 대한 고찰은 끝났다고 보아도 좋다. 그러므로 이제 남은 것은 두 가지를 결합하여 최종적인 소비점을 채택하는 일이다. [그림 2-10]이 보여 주는 것과 같이, 선택 가능한 영역 (음영 처리된 부분) 내의 각 점은 각기 그에 대응하는 만족감 수준과 무차별곡선을 갖고 있는데, 이때 현실적으로 도달 가능한 만족감 수준 가운데 가장 최고의 수준을 나타내는 지점은 그림에서 점 E, 즉 소득제약선과 무차별곡선이 접하는 지점이 될 수밖에 없다.

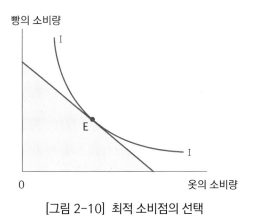

[그림 2-10] 최적 소비점의 선택

3) 최적 소비점의 충족 조건

앞의 [그림 2-10]에서 찾은 최적 소비점, 즉 접점 E가 내면적으로 소비자에게 어떠한 조건을 요구하는 점인지 이해하지 못한다면 진정한 가치를 발견하였다고 하기 어렵다. 따라서 최적 소비점을 충족하기 위한 조건을 찾으려면 가장 먼저 도출된 점 E는 무차별곡선과 소득제약식이 접하는 곳이고, 이는 다음의 성격을 지니고 있다는 것에 주목해야 한다.

소득제약식의 기울기 = 무차별곡선의 접선의 기울기

그렇다면 이와 같은 성격을 이용하면 소비의 균형점이 지니고 있는 내적 조건을 추적할 수 있지 않을까? 우선 소득제약식의 기울기(절댓값)는 앞의 [식 2−3]에서 확인한 것과 같이 Pc/Pb가 된다.

$$\text{소득제약식의 기울기} = \frac{\text{옷의 가격}}{\text{빵의 가격}} \equiv \frac{Pc}{Pb} \quad \cdots\cdots\cdots\cdots [\text{식 } 2-4]$$

문제는 무차별곡선의 접선에서 기울기가 무엇을 의미하는지 알아야 한다는 것이다. 원래 무차별곡선이라는 것은 동일한 효용수준을 보장하는 소비점의 궤적이므로, 어느 한 점에서의 접선이 갖는 기울기란 X축상의 재화(옷)를 1단위 변화시킬 때(△X) 대응하는 Y축상의 재화(빵)의 변화량(△Y)이라고 할 수 있다. [그림 2−11]에서 좀 더 자세히 보면, 점 a에서 점 b'으로 이동하는 경우 옷 1단위 변화에 빵이 몇 단위 대응하는지를 보여 주고 있다. 그런데 여기서 접선의 기울기란 매우 극미한 양의 변화

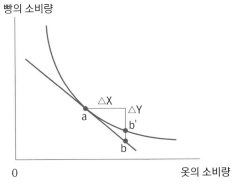

[그림 2-11] 무차별곡선에서 접선의 기울기의 의미

를 전제로 하므로 사실 접선에서의 점 b'과 무차별곡선에서의 점 b 간에 괴리는 거의 없다고 볼 수 있다. 따라서 점 a에서 점 b로의 변화를 생각해도 아무런 결론상의 오류는 없는 것이다.

따라서 어떤 소비자가 동일한 만족을 유지하기 위하여 옷 1단위를 추가적으로 소비할 때 동시에 포기해야 하는 빵은 몇 단위인지가 접선의 기울기를 결정하는 관건임을 알 수 있다. 그렇다면 다음과 같이 가정해 보자.

옷 1단위 소비 시의 효용변화분(MUc)	빵 1단위 소비 시의 효용변화분(MUb)
5	10

즉, 앞서 보여 주고 있는 것은 점 a라는 소비점에서 그 소비 수준에 이르는 마지막 소비량이 나타내는 한계효용분은 옷과 빵에서 각기 5와 10이 된다는 것이다. 이런 경우 만일 옷 1단위를 더 소비함으로써 +5의 효용변화를 얻으려 한다면 다른 한편으로는 빵의 소비를 적절히 줄임으로써 -5의 효용변화를 일으키게 해야 한다. 그러므로 앞서의 예가 보여 주는 상황에서는 빵을 1/2단위만큼 포기해 주어야 한다는 결론이다. 그렇다면 이 1/2이라는 수치는 결국 옷과 빵 사이의 한계효용 크기의 상대값에 의해서 결정되었다는 것을 짐작할 수 있다. 따라서 동일한 효용을 유지하기 위한 옷과 빵 두 재화 간의 대체 정도는 두 재화의 한계효용의 상대 비에 의존한다.

이는 다음과 같은 결론식을 가능하게 한다.

$$\text{무차별곡선의 접선의 기울기} \equiv \frac{\triangle Y}{\triangle X} = \frac{\text{빵의 소비감소분}}{\text{옷의 소비증가분}}$$

$$= \frac{\text{옷의 한계효용분}}{\text{빵의 한계효용분}} \equiv \frac{MUc}{MUb}$$

.... [식 2-5]

이로써 소득제약선의 기울기와 무차별곡선에서의 접선의 기울기가 같은 속성을 지니는 균형점 E를 위한 충족 조건은 [식 2-4]와 [식 2-5]를 결합시킴으로써 도출할 수 있다.

(소득제약선의 기울기)　(무차별곡선의 접선의 기울기)

$$\frac{\text{옷의 가격}}{\text{빵의 가격}} \equiv \frac{Pc}{Pb} = \frac{MUc}{MUb} \equiv \frac{\text{옷의 한계효용분}}{\text{빵의 한계효용분}} \quad \cdots\cdots\cdots \text{[식 2-6]}$$

[식 2-6]은 다시 다음의 [식 2-7]로 간단히 변환할 수 있다.

$$\frac{MUb}{Pb} \quad = \quad \frac{MUc}{Pc} \quad \cdots\cdots\cdots\cdots\cdots\cdots\cdots \text{[식 2-7]}$$

(빵 1원어치의 한계효용) (옷 1원어치의 한계효용)

결국 [식 2-7]은 우리가 합리적인 소비를 할 때 그 안에서 발견되는 원리를 잘 보여 준다 하겠다. 예를 들어 이를 설명해 보자. 한 소비자가 빵과 옷 두 재화를 주어진 소득 내에서 소비할 때, 만일 주어진 특정한 상태에서 자신의 소득 중 1원을 종전에는 옷의 소비에 지출하고 있었으나 이번에는 이를 바꾸어 빵의 지출로 옮긴다면 이로부터 두 가지 변화가 초래될 수 있다.

변화 1:

옷에 대한 소비를 1원어치 늘리는 것에서 초래되는 효용의 감소분

MUc / Pc

변화 2:

빵에 대한 소비를 1원어치 줄이는 것에서 초래되는 효용의 증가분

MUb / Pb

이때 이 두 변화로 인해 각기 일어난 효용의 증가분과 감소분이 같아야만 최종적으로 총효용에 변화가 없게 되어 주어진 상황에서 도달할 수 있는 가장 만족스러운 수준이 되었음을 입증할 수 있다. 이를 다른 말로 '한계효용균등의 법칙'이라고 하는데, 결국 소비의 최적점이자 균형점인 점 E가 지니는 의미는 한계효용균등의 법칙을 지키는 것이라고 할 수 있겠다.

이제 시장에서 어떤 소비자가 소비를 한다는 것은 시장에서의 가격을 중심으로 자신의 소득 내에서 가장 만족스러운 경지를 찾는 것과 일치한다고 볼 수 있다. 즉, 시장이 소비자의 문제의식, 주어진 소득 내에서 최대의 만족감을 찾는 것을 해결해 준다는 것이다.

4) 사회복지에의 응용

지금까지 소비자의 균형을 찾기 위해 이용해 온, 주어진 조건 내에서의 최선의 해를 결정하는 방법론은 공공부조에서 현물지급을 할 것인지, 아니면 현금지급을 할 것인지와 관련하여 주요한 시사점을 발견하는 데도 활용할 수 있다.

먼저 어떤 가난한 사람이 나름대로 자신이 벌고 있는 적은 소득이나마

그 안에서 쌀과 옷을 소비한다고 할 때, 이 수급자가 어떻게 소비하는지 보여 주는 부분을 [그림 2-12]에서 점 E_0로 표시할 수 있다고 하자. 이는 소득제약선 R_0C_0와 무차별곡선 U_0의 접점이다. 정부가 이 사람에게 공공부조 상의 급여를 통해 효용 수준을 높여 주려고 한다. 이때 구체적인 지급 방식은 주지하다시피 현물지급 방식과 현금지급 방식 두 가지가 있다. 과연 어느 방식이 더 효과적인가?

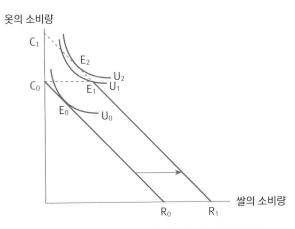

[그림 2-12] 현물지급과 현금지급 방식의 차이

우선 현물지급 방식을 택하여 매달 쌀 20kg씩을 보조해 준다고 한다면, [그림 2-12]에서 보여 주는 대로 최초의 소득제약선은 매 선택점에서 쌀 20kg에 상응하는 길이만큼 옆으로 평행이동한다. 그러나 이 사람의 소득을 옷으로 모두 소비 지출하였을 때 살 수 있는 옷의 양은 전혀 늘어날 수 없으므로 옷 소비의 최대량 C_0 위로는 더 이상 소득제약선이 존재할 수 없다. 따라서 소득제약선은 R_0C_0에서 R_1E_1으로 이동한다. 이때 최대 만족점도 점 E_1이 되어 U_1이라는 좀 더 높은 만족감을 누리는 것을 알 수 있다. 물론 소비점도 달라져서 그림에 나타난 상황에서는 그동안 쌀을 구입하기 위해 상대적으로 옷 구입에 덜 지출했던 금액을 이제는 공공부조 명목으로 나오는 쌀이 있으므로 전량 옷 구입에 지출하는 것을 볼 수 있다. 어쨌든 현물지급을 통해 수급자의 효용이 종전보다 상승한 것은 분명하고 바람직스럽다.

그러나 두 번째 방식인 현금지급 방식을 택하면 더 나은 상황을 기대할 수도 있다. 즉, 쌀 20kg을 살 수 있는 금액만큼의 현금을 지급한다면 이때의 소득제약선도 앞의 경우처럼 위로 같은 폭만큼 평행이동한다. 그리고 나아가 앞의 경우에는 성립하지 않았던 부분, 즉 주어진 현금으로 원래의 최대 옷 구입분(C_0)을 넘어선 영역의 소비가 가능하므로 소득제약식도 R_1C_1으로 바뀌어 이제 선택 가능한 영역이 앞의 현물지급 때보다 C_1E_1만큼 늘어나게 된다. 그리고 이 사람이 만일 그림에서와 같이 점 E_2에서 접하는 U_2 수준을 나타내는 무차별곡선을 만날 수만 있다면 현금지급을 통해 더 높은 효용 수준을 달성할 수 있다는 점에서 더 바람직한 경우로 볼 수 있을 것이다.

물론 이러한 현금지급 방식이 언제나 더 나은 것이라고 볼 수는 없다. [그림 2-12]를 통해 생각해 볼 수 있듯이 만일 어떤 사람이 현물로 받든 현금으로 받든 절실히 원하는 재화가 뚜렷이 존재하지 않을 때는 두 방식 중 어느 하나가 우위를 보이지 않는다. 일반적으로 현금지급 방식보다 현물지급 방식이 차라리 더 나은 경우로는 첫째, 공공부조의 수급자가 알코올중독자와 같이 지출배분능력이 없는 경우, 둘째, 부양의무자가 없는 독거노인, 아동, 지체장애인처럼 현금보다는 시설서비스와 같은 현물급여가 최저생활보장이라는 측면에서 볼 때 더욱 부합하는 경우, 셋째, 영세민 임대주택을 공급하는 경우처럼 이용자에게 귀속되는 편익이 크면서 그것의 구입에 필요한 금액이 매우 큰 경우, 그리고 마지막으로 복지서비스처럼 전매(轉賣)가 불가능한 필수재인 경우 등을 꼽을 수 있다.

3. 생산에서의 균형

1) 생산의 기본 전제

소비의 대전제는 생산이다. 생산이 없다면 소비가 있을 수 없다. 바로 그 생산의 영역을 담당하는 곳은 기업이며 기업의 궁극적인 관심은 최대이윤의 확보에 있다. 그렇다면 시장에서 활동하는 기업이 최대이윤을 확보하기 위해 어떠한 생산조건과 생산원리에 직면하게 되는가?

우선 기업의 이윤은 기업의 총수입과 총비용의 차이로 표현된다. 이때 총수입이란 해당 기업이 생산하여 판매한 수량에 그 재화의 가격을 곱한 것이고, 총비용이란 수량에 단위당 비용, 즉 평균비용을 곱한 것이다. 그러므로 [식 2-8]처럼 기업이윤이란 각 단위당 재화의 가격과 평균비용의 차이만큼 확보되는 것이며, 따라서 총이윤이란 그 차에 생산판매량을 곱한 것이 된다.

이윤(Π) = 총수입(TR) − 총비용(TC)

= 가격(P) × 생산판매량(Q) − 평균비용(AC) × 생산판매량(Q)

= {가격(P) − 평균비용(AC)} × 생산판매량(Q)　………… [식 2-8]

2) 가격과 평균비용수준의 결정

재화를 생산하여 이윤을 획득하고자 하는 기업은 시장에서 결정되는 그 재화의 가격과 자신의 기술 수준 등의 생산 여건에 의해 결정되는 평균비용을 고려하면서 최대이윤 확보를 위한 적정 생산량을 결정해야 한다.

그렇다면 기업의 입장에서 보았을 때 가격은 어떻게 결정되는가? 우리가 이제까지 논의해 온 바에 따르면, 가격은 시장에 의해 결정된다. 그러나 그 시장의 종류가 무엇인지에 따라 가격 결정 방식은 약간씩 다르다.

첫째, 완전경쟁시장(perfect competition market)에서의 가격은 수많은 공급자와 수요자가 만나 최종적인 가격 수준을 결정하므로 기업의 입장에서는 그렇게 결정된 가격 수준 자체를 그저 받아들일 수밖에 없는 가격수용자(price-taker)의 입장에 머물게 된다. 따라서 이 경우 가격은 단기간이라면 고정된 것으로 취급해도 별 문제가 없게 된다. 결론적으로 완전경쟁체제에서 기업이 대하는 가격 수준은 기업 바깥에 존재하는 시장에서 결정되어 단기적으로는 고정된 값을 지니는 하나의 외생변수(exogenous variables)로 작용한다.

둘째, 독점시장(monopoly market)은 완전경쟁시장과는 좀 다르다. 독점시장은 수요자는 무수한 데 비하여 공급자는 단 한 기업밖에 없는 상황인지라 기업의 입장에서 보면 수요자의 반응곡선인 수요 곡선과 자신의 비용 조건을 고려하여 가장 이윤을 많이 확보하게 되는 생산량을 주체적으로 결정할 수 있다. 이 시장에서 기업은 이미 알고 있다고 전제되는 수요 곡선을 통하여 기업의 생산량이 시장에서 다 팔리기에 적절한 가격 수준을 스스로 선택할 수 있는 가격결정자(price-maker) 역할을 할 수 있다. 그러므로 이때는 가격이 일정하게 고정된 수준이 되는 것이 아니라 기업의 내부조건 및 수요자의 조건과 어울려 얼마든지 변할 수 있는 하나의 내생변수(endogenous variables)로 작용한다.

셋째, 과점시장(oligopoly market)의 경우 경쟁시장과 독점시장의 중간 영역이라서 소수의 기업끼리 매우 민감한 경쟁상황을 연출하다가도 어떠한 시점에서는 공동의 이익을 암묵적으로 유지하기 위해 담합의 여지도 매우 큰 시장이다. 이때 기업이 직면하는 가격 수준은 일단은 외부에서 정해진 고정적인 수준의 것이라기보다는 자신의 생산량에 따라서 변하는 변수라고 본다.

따라서 기업이 이윤을 획득하기 위해 대응해야 하는 시장가격 수준은 그 시장의 유형에 따라 각기 다르게 특징지어지며, 가장 원론적인 의미에서는 가격 수준이 일정하다고 보는 완전경쟁시장인 경우를 기본 상황으로 설정하는 것이 좋다.

다음으로 기업의 비용 조건을 살펴보면, 그 구체적인 조건은 기업에 따라, 산업의 종류에 따라, 선택된 기술의 수준에 따라 달라지는 것이지만 가장 일반적인 기업 생산 과정에서의 비용의 특징은 다음과 같다. 첫째, 생산비용은 생산량이 많아질수록 커진다. 따라서 총비용곡선(TC)은 [그림 2-13]의 (가)처럼 그려진다. 둘째, 생산량 1단위에 대하여 평균적으로 들여야 하는 비용인 평균비용은 처음에는 생산량을 늘릴수록 줄어들다가 일정 생산량 수준을 넘으면 생산량이 늘어날수록 그 수준이 계속 늘게 된다. 이는 생산요소인 노동과 자본을 투여하여 만들어 내는 생산물에 대한 생산성이 처음에는 좋아지다가 점차 악화되어 가는 현상과 연관되어 나타나는 현상을 반영하는 것으로서 평균비용곡선의 모양은 [그림 12-13]의 (나)에 해당한다.

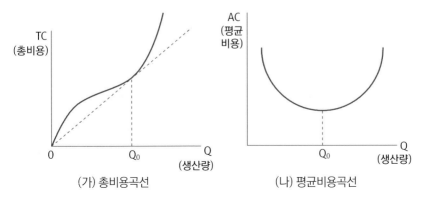

(가) 총비용곡선   (나) 평균비용곡선

[그림 2-13] 생산량과 총비용(TC), 평균비용(AC)의 관계

특히 (나)에서 평균비용이 가장 낮은 점 Q_0는 비용 조건만 고려하면 단위당 가장 적은 비용을 들이는 효율적인 생산조건을 갖춘 곳이 된다. 하지만 물론 앞서 지적한 대로 기업의 최적 생산점은 비용의 최소화 달성에만 있는 것이 아니라 최대이윤의 확보에도 있는 것이므로 실제 적정생산점은 생산량이 출하되었을 때 그에 대응하여 받을 수 있는 시장가격을 나타내는 수요 곡선과 함께 고려해야 한다. 이제 그 과정을 구체적으로 이해해 보기로 한다.

3) 기업의 이윤극대화 조건

앞서 한 기업의 생산과정을 통해 시장가격과 생산비용이 생산량과 어떻게 조응하는지 알았다면, 이제 그것을 통해 결정되는 기업이윤의 크기를 둘러싼 원리를 살펴보자. 앞의 [식 2-8]에서 우리가 본 대로 총이윤의 구성 식은 총수입과 총비용의 차로 표현할 수 있으므로 제품의 시장가격이 고정되어 있는 대표적인 시장인 완전경쟁시장을 가정할 때 이윤의 식은 다음 [식 2-9]와 같고, 이를 [그림 2-14]와 같이 그림으로 나타내면 총수입곡선(TR)과 총비용곡선(TC)의 Y축상의 괴리 분으로 표현됨을 알 수 있다.

$$\varPi = \text{TR} - \text{TC}$$
$$= P \times Q - AC \times Q \quad\text{...} \text{[식 2-9]}$$

[그림 2-14]에서 a와 b 사이는 총비용보다 총이윤이 많은 구간에 해당한다. 따라서 이 구간에서 생산량을 유지하면 적어도 기업으로서는 손해를 보지 않는다고 할 수 있다. 그러나 기업이 주어진 비용 조건 내에서 최

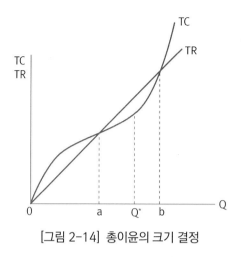

[그림 2-14] 총이윤의 크기 결정

대의 이윤을 얻을 수 있는 생산량은 오직 한 점일 수밖에 없고, 그것이 그림에서도 최대이윤량 Π_{max}를 달성하는 Q*로 표현된다고 하자. 그렇다면 그러한 Q*는 어떻게 구할 수 있는가?

한 기업에는 생산량을 변화시킬 때마다 대응하는 총수입액과 총비용액이 있을 것이다. 결국 이렇게 1단위씩 생산할 때마다 변화하는 액수를 각기 한계수입(marginal revenue, MR)과 한계비용(marginal cost, MC)이라는 용어로 나타낸다고 하자. 〈표 2-1〉은 어느 제빵업체에서 케이크 생산량을 변화시킬 때마다 얻을 수 있는 총수입과 총비용의 변화 및 그에 따른 이윤의 크기, 그리고 한계수입과 한계비용의 변화, 그에 따른 이윤 변동량의 크기 등에 대해 예를 든 것이다.

〈표 2-1〉을 통해 알 수 있는 것은 이 제빵업자의 경우 53개의 생산량을 유지할 때 총이윤이 가장 크다는 것이다. 그 이전에는 1개를 더 생산할 때마다 한계수입이 한계비용보다 크기 때문에 총이윤이 점점 늘어나 생산량 규모를 멈추는 것이 결코 최대이윤지점을 달성하는 것이라고 볼 수 없다. 반대로 만일 53개의 생산량을 넘어 버리면 이번에는 한계비용

⚫⁾ 〈표 2-1〉 제빵업자의 생산량과 이윤 간의 관계

생산량 규모	총수입 (TR)	한계수입 (MR)	총비용 (TC)	한계비용 (MC)	총이윤 (Π=TR−TC)	이윤변동량 ($\triangle \Pi$=MR−MC)
51	5,100	100	4,810	94	290	+6
52	5,200	100	4,904	96	296	+4
53	5,300	100	5,000	100	300	0
54	5,400	100	5,105	105	295	−5
55	5,500	100	5,217	112	283	−12
56	5,600	100	5,337	120	263	−20
57	5,700	100	5,467	130	233	−30

이 한계수입보다 커져서 1개를 더 생산할 때마다 총이윤 규모가 표에서처럼 점점 감소한다. 그러므로 이러한 생산조건에 직면하고 있는 제빵업자의 경우에는 한계수입과 한계비용이 동일해지는 지점에서 생산량을 계속 유지하는 것이 이윤을 가장 많이 확보할 수 있는 길임을 알 수 있다.

결국 기업이 자신의 비용 조건과 시장가격 조건을 고려할 때 가장 이윤을 많이 얻는 상태는 [식 2-10]과 같음이 증명된다고 하겠다.[2]

---

[2] 사실 이와 같은 사실의 증명은 수학적 기법을 사용하면 매우 간단하게 이루어질 수 있다. 이윤을 하나의 함수식으로 나타내면

$$\Pi(Q) = TR(Q) - TC(Q)$$

가 되고, 이때 가장 큰 이윤량 Π가 이루어지는 곳을 찾으려면 간단히 종속변수 Π를 설명변수인 Q로 1차미분하여 0이 되는 조건을 찾기만 하면 된다.

$$\Pi'(Q) = TR'(Q) - TC'(Q)$$
$$= \frac{d\,TR}{d\,Q} - \frac{d\,TC}{d\,Q}$$

한계수입(MR) = 한계비용(MC) ························· [식 2-10]

하지만 〈표 2-1〉의 예에서 나타난 것과 같이 이 제빵업자가 완전경쟁 시장에서 활동하는 것이라면 1단위를 생산할 때마다 시장에서 판매하여 벌어들이는 추가수입, 즉 한계수입은 이 기업의 입장에서는 수동적으로 받아들일 수밖에 없는 케이크의 가격이 되므로 [식 2-10]은 최종적으로 [식 2-11]과 같이 정리할 수 있다.

가격(P) = 한계수입(MR) = 한계비용(MC) ················· [식 2-11]

이로써 시장에서 생산한 재화를 판매하여 수익을 올리고자 하는 기업이 어떤 원리로 생산하고 있는지 살펴보았다. 한편, 이 과정에서 부수적으로 알 수 있는 사실은 〈표 2-1〉과 [식 2-11]에서도 보이듯이, 완전경쟁하는 기업은 가격과 한계비용을 일치시키면서 생산해야만 하므로 한 시장에서 결정된 가격의 수준이란 그 시장 내에서 이윤의 극대화를 추구하는 합리적인 기업의 한계비용수준을 그대로 반영한다는 점이다. 이것이 앞서 2장 1절에서 수요·공급 이론을 설명할 때 공급 곡선의 경우는 그 Y축의 높이가 각 생산단위량에서 보여 주는 추가비용이라고 언급한 것의 논리적 배경이라고 할 수 있다.

= MR − MC
= 0

그러므로 이윤극대화의 최종 조건은

MR = MC

로 정리된다.

결국 이러한 모든 분석을 통해 확인할 수 있는 최종 결론 중 하나는 시장에서의 자발적 교환을 통해 누군가 인위적으로 개입하지 않더라도 기업가 스스로 최적의 생산량을 유지하기 위해 가격을 중심으로 반응하게 되고, 따라서 모든 기업은 시장에서의 합리적 이윤 추구 원리를 통해 최대이윤을 확보할 수 있다는 것이다.

4) 생산부문에서의 균형

이러한 최대이윤의 추구 과정은 한 재화에 대해서만 이루어지는 것이 아니고 여러 가지 재화의 생산 과정에서도 관철된다고 볼 수 있다. 어떤 기업에서 주어진 자원조건을 기반으로 여러 가지 재화를 얼마나 적절히 결합하여 생산할 것인지 고민하고 있다고 하자. 이는 소비자에게 주어진 문제의식, 즉 주어진 소득조건을 기반으로 여러 가지 재화를 얼마나 적절히 결합하여 소비할 것인지 고민하는 상황과 똑같다고 볼 수 있다. 그리고 이 기업은 현재 한정된 노동자 수와 한정된 밀가루 양을 갖고 빵을 만들 수도, 국수를 만들 수도 있는 상황이라고 하자.

그렇다면 제일 먼저 이 기업이 주어진 노동자 수와 원료 양을 갖고 각기 얼마만큼 생산할 수 있는지 따져 보아야 한다. 이때 [그림 2-15]에서와 같이 하나의 선분을 그릴 수 있는데, 이를 생산가능곡선(production possibility curve, PPC)이라고 한다. 그리고 이 PPC는 소득제약선이 직선 모양이었던 것과는 달리, 일반적으로 '원점에 대해 오목한(concave to the origin)' 모양을 하고 있는 것으로 간주된다.

그렇다면 생산가능곡선을 포함한 그 안의 무수히 많은 생산량의 조합이 모두 그 기업에서 선택하여 생산할 수 있는 것인데, 그중 어느 점이 가장 적절하겠는가? 우선 PPC 안의 점들은 주어진 노동량과 원료를 충분

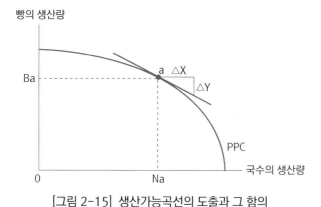

[그림 2-15] 생산가능곡선의 도출과 그 함의

히 활용하지 않는 생산결합점이라는 데서 바람직하지 않다. 결국 PPC 선상의 점들이 생산요소를 모두 활용하였다는 점에서 같은 조건이라면 좀 더 바람직한 조합에 속할 것이다. 그중에서 가장 적절한 점 하나를 찾기 위해 다음과 같은 것을 고려하도록 하자.

우선 이 기업에서 PPC 선상의 점을 따라 빵과 국수를 생산할 때 그 각각의 점이 갖고 있는 내부적 함의가 무엇인지 알아보기로 한다. 예컨대, 점 a는 현재 빵 Ba와 국수 Na를 생산하는 점이다. 이 점에서의 생산이 지니는 특징은 점 a에서의 접선의 기울기를 통해 알 수 있다. 이 접선의 기울기란 앞서 소비균형을 다룰 때의 무차별곡선에서의 접선의 기울기와 마찬가지로 생산상 동일한 자원을 사용하면서 재화의 결합생산비율 자체를 다양하게 바꿀 수 있는 일종의 대체율의 의미를 지닌다. 즉, 점 a에서 X축상의 국수 생산을 1단위 늘리려 한다면 그에 따라 포기해야 하는 빵의 생산량은 얼마인지를 뜻하는 것이다.

그렇다면 역시 무차별곡선에서 동일한 효용을 유지하기 위해 두 재화의 소비대체비율을 구했던 과정과 같은 논리로, 여기서도 동일 규모의 자원 범위 내에서 두 재화의 생산량을 어떻게 조절할 것인지를 결정하는 관건은 한 재화를 추가 생산하는 데 소요되는 비용, 즉 한계비용이 된다. 예를 들어, 앞서의 점 a에서는 빵 1단위와 국수 1단위의 생산량 추가에 필요한 한계비용의 값이 다음과 같이 각각 10과 20이라고 하자.

빵 1단위 생산에 따른 비용변화분(MCb)	국수 1단위 생산에 따른 비용변화분(MCn)
10	20

이런 경우 국수 1단위를 더 생산하기 위해 포기해야 하는 빵의 단위 수는 2개가 되어야 한다. 즉, PPC의 접선의 기울기란 두 재화의 한계비용이 지니는 상대 비에 달려 있다는 것이다. 이를 식으로 나타내면 [식 2-12]와 같다.

$$\text{PPC의 접선의 기울기} \equiv \frac{\triangle Y}{\triangle X} \equiv \frac{\text{빵의 생산감소분}}{\text{국수의 생산증가분}}$$

$$= \frac{\text{국수의 한계비용분}}{\text{빵의 한계비용분}} \equiv \frac{MCn}{MCb} \cdots [\text{식 } 2-12]$$

따라서 어떤 점에서 생산하는 것이 최선인지를 결정하는 것은 당연히 이 기업이 빵과 국수를 생산하는 데 드는 이러한 비용 조건과 실제 시장에서 받는 가격 조건이 맞아떨어지는 데서 찾을 수밖에 없을 것이다. 이는 이미 앞의 [식 2-11]에서 본 대로 완전경쟁체제에서라면 평균비용과 가격이 같아야만 이윤이 극대화되는 조건을 충족할 수 있다는 사실을 통해 확인하였다. 결국 [식 2-13]과 같이 정리할 수 있다.

$$\text{PPC의 접선의 기울기} = \frac{MCn}{MCb} = \frac{Pn}{Pb} \quad \cdots\cdots\cdots\cdots\cdots\cdots\cdots \text{[식 2-13]}$$

이것을 그림으로 확인하면 [그림 2-16]과 같이 이미 주어진 두 재화인 빵과 국수의 상대가격비가 있을 때 그러한 기울기를 가진 직선이 PPC와 접하여 만들어지는 접점의 접선과 일치하는 점, 즉 점 E가 이 기업으로 보아서는 가장 적정한 결합생산비를 보이는 점이 되고 빵은 Be만큼, 국수는 Ne만큼 생산하게 된다. 그리고 이때 기업의 이윤 역시 극대화되는 것은 당연하다.

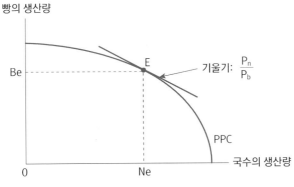

[그림 2-16] 두 재화의 최적 결합생산점

이와 같은 분석을 통해 볼 때, 소비부문에서 소비자균형을 가져다주는 시장의 역할이 생산부문에서도 그대로 관철됨으로써 생산에 참여한 기업이 가격을 통해 이윤극대화를 위한 가장 효율적인 균형 상태를 유지한다는 것이 원리적으로 확인된 셈이다.

4. 분배의 결정원리

1) 분배의 중요성

인간의 다양한 욕구를 실현하기 위한 기초 조건으로서 일정한 소득을 획득해야 함은 당연한 사실이다. 특히 고대사회부터 중세 및 근대사회를 거쳐 현대 자본주의 사회로 넘어오면서 화폐소득의 중요성이 더욱 부각되어 왔고, 이로 인해 과연 자신에게 화폐소득이 얼마나 보장되는지 여부는 단순한 욕망 충족이라는 차원을 넘어 그에게 가정의 행복 및 사회로부터의 인정, 명예와 권력의 획득에 접근하는 매우 결정적인 수단의 구실을 하고 있다. 극단적으로는 화폐소득 자체가 인생의 목적이 될 정도의 압도적인 위치를 차지하기도 한다. 그러나 실제 한 인간이나 한 가족, 더 나아가 한 사회에서 소득 혹은 부가 어떻게 결정되는지와 관련해서 사실 명확하고 설득력 있는 이론이 제시되지는 못하고 있다.

우선 경제학의 원조인 애덤 스미스에게 있어서 분배에 관한 어떤 명시적 해명을 기대한다는 것 자체가 불가능하였다. 그는 자본주의의 역동적 생산 원리를 밝히는 데 대부분의 언급을 할애하였고, 분배에 관해서는 자본가가 누리는 이윤이 절욕(節慾)의 대가라는 것, 혹은 그가 위험을 감내한 대가이거나 그의 노력에 대한 보상(報償)이라는 것 등의 설명이 고작이었다.

영국 자본주의의 발달 과정을 생각할 때 분배문제가 초미의 관심사가 됨으로써 이를 이론적으로 해명해야 할 시대적 사명을 느꼈던 이는 19세기를 전후하여 활약한 리카르도였다. 그러나 리카르도의 관심은 임금과 이자, 이윤, 지대 가운데 특히 지대문제에 집중되었다. 당시 나폴레옹 전쟁 도중 대륙봉쇄령이 내려져 유럽 대륙부터 곡물수입이 중단되는 시련을

겪었던 영국사회에서 농산물의 안정적 확보를 위한 대책을 둘러싸고 많은 사회적 논쟁이 있었기 때문이다. 이 논쟁은 자연스럽게 곡물 가격의 안정을 강조하는 산업자본가와 곡물 가격의 인상을 통해 영국 내 농업 기반의 확충을 주장하는 농업자본가 사이에 일대 논란이 벌어지는 상황으로 직결되었다.

따라서 땅의 생산기여도를 객관적으로 확립해 보임으로써 분배문제의 기틀을 잡는 역할을 하고자 했던 리카르도의 지대이론은 차액지대론(差額地代論)으로 대표된다. 이 이론에 따르면 한 경제권의 토지는 비옥도가 모두 다른데, 이때 사람들은 토지비옥도가 높은 땅부터 경작하기 시작하여 차츰 비옥도가 떨어지는 땅으로 그 경작지를 넓혀 나가게 된다. 그러므로 어느 한 시점에서 볼 때 이제 막 새로이 경작지로 추가 확보된 땅은 그 시점에서 가장 낮은 비옥도를 보이는 것이고, 따라서 나머지 토지가 생산하는 단위당 수확물 중 가장 열등한 땅의 단위당 수확을 초과하는 분량은 모두 토지의 비옥도가 상대적으로 높은 데서 오는 대가라고 볼 수 있다. [그림 2-17]에서 음영 처리된 부분은 바로 비옥도의 순서에 따

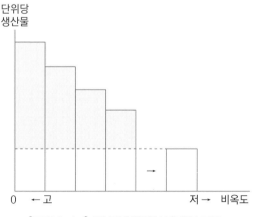

[그림 2-17] 각 토지에서의 지대의 크기

라 나열한 각각의 토지에서 나오는 단위당 생산물 중 지대에 해당하는 부분을 의미한다.

이러한 리카르도의 접근이 분배문제에 대한 좀 더 논리적인 접근일 수는 있지만, 그 결과는 자본주의의 미래에 치명적인 암운을 던져 주는 것이었다. 즉, 자본주의의 발전이 경작토지의 확충을 가져오는 것은 필연이지만, 이로써 경작면적이 더욱 열등한 토지로 확대된 결과 단위당 생산물이 더욱 낮아지는 상황이 야기되고, 이는 다른 토지의 지대를 상대적으로 증가시키는 작용을 하게 된다. [그림 2-17]을 통해 볼 때 시간이 지날수록 오른쪽으로 더 작은 크기의 막대그래프가 계속 생김으로써 나머지 토지의 음영 처리된 부분은 더욱 커진다. 그렇다면 자본주의 생산의 성과물은 결국 지대 형태로 지주의 주머니 속으로 유입되고, 생산의 주역인 산업자본가와 노동자의 몫은 원천적으로 줄어듦으로써 전혀 납득할 수 없는 결과만이 남는다는 주장이 가능해진다.

리카르도의 분배이론의 최종적 의미가 이렇다 보니 이것이 지주의 해악을 고발하는 데는 유용할지 몰라도 분배문제의 핵심인 자본가와 노동자 간 이윤이나 임금을 둘러싼 갈등 해소에는 큰 기여를 하지 못했던 것이 사실이다.

그러나 리카르도의 차액지대론 외에도 이들 고전학파의 주장 가운데는 노동이 모든 가치창조의 원천이라고 보는 노동가치설이 있었고, 이런 점에서 노동의 투여량에 따라 분배 몫이 결정되는 분배원리가 인정될 가능성이 잔존한다는 것을 보여 주었다. 바로 이러한 가능성을 실제 구체적 이론으로 확대발전시킨 완결판이 마르크스(K. Marx)의 '잉여가치설(the theory of surplus value)'이다.

마르크스에 따르면, 모든 상품의 생산과정에 깃든 인간의 노동량은 가장 원초적인 노동단위로 평가 · 환산 · 표현됨으로써 비로소 자본주의 상품의 생산과정에서 잉여가치가 도출되는 것을 밝힐 수 있다. 또한 나아가 유통과정과 분배과정을 거치면서 이 잉여가치가 어떻게 처분되고 각 계급 간의 소득의 원천이 되는지를 해명할 수 있다고 보았다. 심지어 생산과정에 동원된 모든 기계까지도 그 기계의 생산과정을 계속적으로 소급하여 얻을 수 있는, 과거에 투여한 '죽은' 노동량의 크기에 의해 재평가 받음으로써 그것이 새로운 생산물의 가치창출에 기여하는 정도를 알 수 있다고 보았다. 그러므로 노동에서 시작하여 노동으로 끝나는 가장 극단적인 '노동가치설'의 모습이 확립된 것이다.

하지만 당시의 다른 경제학자들 가운데서는 마르크스 입장에서 볼 때 지극히 속물적이고 현상유지적인 보수적 이론3)이라고 할 수 있는 소위 '경제적 삼위일체(economic trinity)'4)의 틀이 이미 확립되고 있었다. 마르크스의 주장이 있기 훨씬 전에 이미 리카르도의 분배명제에 수정이 필요하다고 보았던 세이(Jean-Baptiste Say, 1767~1832)는 임금, 이윤, 지대가 생산물의 가치를 구성하는 것이고, 가치의 크기는 미리 결정되어 있는 것이 아니라 수입의 크기에 따라 변동하는 것이라고 주장하였다. 밀(John Stuart Mill, 1806~1873)은 생산비의 개념을 도입해 임금과 지대, 이윤을 합친 생산비가 같은 것끼리 시장에서 등가에 교환된다는 주장을 하였는가 하면, 급기야 한계혁명의 한 사람인 맹거에 이르러 이렇게 시장

---

3) 마르크스는 이런 의미에서 이러한 부류의 생각을 속류경제학(vulgar economics)이라는 용어로 표현하였다.
4) 경제적 삼위일체란 보통 생산의 3요소라고 불리는 노동, 자본, 토지에 대해 각기 그 요소가 지닌 생산에의 기여도를 인정함으로써 노동에는 임금, 자본에는 이윤, 토지에는 지대가 인정되어야 한다는 주장이다. 그리고 이렇게 임금, 이윤, 지대가 한 생산물 안에 혼연일체되어 있는 것은 마치 기독교에서 성부(聖父)와 성자(聖子), 성령(聖靈)이 하나로 통일되어 있는 것과 같다는 의미를 지닌다.

판매로 확보된 수입은 각 요소의 생산성에 따라 그 분배 몫의 크기가 결정·지불된다고 하기에 이르렀다. 그에 따르면, 이렇게 생산성에 따른 분배는 생산된 총산출물의 가치를 완전히 소진시킴으로써 어떠한 계급도 초과적 잉여를 취득할 가능성이 없게 된다고 하였다. 바로 이러한 생각이 신고전학파에 의해 '한계' 개념을 매개로 더욱 정교하게 발전되었으며, 오늘날 시장옹호론자들이 주장하는 분배이론의 핵심을 이루게 된 것이다. 그렇다면 그 내용은 과연 어떠한 것인가?

2) 수요·공급의 원리에 의한 요소별 대가의 결정

먼저 각 생산요소의 대가를 이루는 원리를 살펴보기 위해 우선적으로 적용할 수 있는 원리가 있다면 그것은 수요·공급의 원리가 될 것이다. 현상적으로 보면 결국 모든 생산요소의 거래도 역시 해당 시장에서 균형가격과 균형거래량이 결정되는 원칙에 기반을 두고 작동한다는 것을 부정할 수 없기 때문이다. 즉, 임금은 노동이라는 생산요소를 둘러싸고 노동자가 보이는 노동공급 의사와 기업가가 보이는 노동수요 의사가 맞아떨어진 점에서 결정되는 것이고, 자본에 대한 대가인 이자도 자본의 수요 측면과 공급 측면이 맞아떨어져 시장에서 형성된 가격에 불과한 것이며, 또한 지대도 한정된 토지의 공급 상태에서 그것을 필요로 하는 사람들의 수요가 어떠한지 고려하여 결정된 결과임에 불과한 것이다.

[그림 2-18]의 (가), (나), (다)는 차례대로 임금 및 이자, 지대의 시장가격 결정측면을 나타내 준다. (가)에서 알 수 있는 것은 특정한 공간, 특정한 시점에서 형성된 임금이란 각각의 임금수준에서 그 노동현장의 노동자들이 보여 준 노동력 제공 의사와 다른 한편 그 임금수준을 놓고 기업가들이 보인 노동력 구입 의사가 결과적으로 한 임금수준에서만 일치

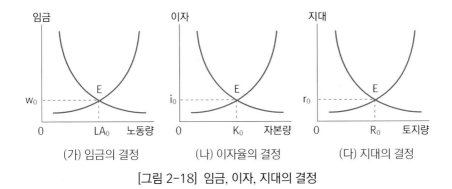

[그림 2-18] 임금, 이자, 지대의 결정

하는 균형 상태를 보여 줌으로써 더 이상의 과불급이 없는 안정된 결론
이 맺어진다는 사실이다. 그러므로 적어도 그 임금수준에서는 노동력 제
공을 원하는 사람이라면 누구나 고용됨으로써 실업의 문제가 근본적으
로 존재할 수 없다는 주장도 가능하다. 다만 그 임금수준으로는 일할 의
사가 없는, 이른바 자발적 실업(voluntary unemployment)만이 있을 뿐이
다. 이런 논리에 따르면 극단적으로 자본주의 현실에서 산업 부문 간, 지
역 간, 직종 간, 성별 간 드러나는 임금의 격차란 모두 각각의 시장에서
형성된 수요·공급의 원리에 의해 자연스레 도출된 결론일 뿐이지 결코
심각할 것이 없는 현상이다.

　나아가 (나), (다)에서처럼 다른 생산요소인 자본과 토지에 대한 대가
와 임금 간에 보이는 격차도 아무런 문제가 될 것이 없음은 마찬가지다.
자본은 한편으로는 자본을 공급하는 여유자본 소유자나 은행, 그리고 다
른 한편으로는 자본을 필요로 하는 투자자들 사이에서 형성되는 시장에
서 도출한 이자율에 따라 그 대가를 받기 마련이다. 또한 토지 역시 토지
소유주와 토지 이용자 간에 맞아떨어진 가격으로서의 지대에 따라 그 대가
를 받기 때문에 이렇게 형성된 각각의 대가란 지극히 자연스러운 것이라서
이것들 간의 크기의 대소가 문제가 될 이유는 애초부터 존재하지 않는다.

이렇게 시장원리에 따라 설명되는 분배 몫의 결정원리가 주류경제학자들 스스로에게 의문점을 던지지 않는 더 궁극적인 배경이 있다면 그것이 바로 '한계생산력설(a theory of marginal productivity)'이다.

3) 한계에 의한 분배원리의 확립

신고전학파에서 확립된 한계생산력설의 이론적 근거는 사실 이미 수요·공급 곡선을 한계의 원리에 의하여 도출한 데 내재되어 있다. 왜냐하면 앞의 [그림 2-18]의 (가)에 그려진 공급 곡선을 보면, 그 곡선의 Y값이란 그 생산시점의 한계비용에 해당하는 것이 되는데 이때 기업이 이윤극대화 조건을 충족시킨다면 결국 앞 절의 [식 2-10]과 유사한 다음 조건이 충족되기 때문이다.

노동 1단위 추가구입에 필요한 비용(MC_L) = 노동 1단위 추가구입에 의한 한계수입(MR_L) ·· [식 2-14]

이때 [식 2-14]의 좌변, 즉 노동 1단위 추가 구입에 요구되는 비용이란 노동시장에서 결정되는 임금(W)을 말하며, 우변, 즉 노동 1단위 추가 구입에 따라 얻어지는 기업의 수입이란 그 노동자가 몇 개의 추가생산(MP_L)을 가능하게 하였으며 이를 재화의 시장가격(P)대로 팔았을 때 최종적으로 얼마의 추가 수입이 확보되었는지를 나타내는 것이다. 그러므로 이는 다음 [식 2-15]로 표현된다.

임금(W) = 재화 1단위 가격(P) × 노동 1단위 추가구입에 의한 추가생산물량(MP_L) ··· [식 2-15]

그러므로 노동에 대한 대가인 임금이란 이윤극대화를 추구하는 기업에 의해서 마지막으로 고용되는 노동자의 노동이 가져다주는 생산에의 기여 정도의 크기와 직결되어 있음을 알 수 있다. 나아가 여기서 노동이란 생산요소 대신 자본(K)이나 토지(R) 등을 대입해 보아도 역시 똑같은 논리적 전개과정 끝에 결과적으로는 그들 생산요소의 마지막 단위가 가져다주는 생산에의 기여 정도에 따라 대가가 주어진다는 사실이 입증되는 것이다. 이는 우리가 일반적인 가격의 결정원리를 이야기할 때도 가격이란 소비자의 입장에서 볼 때 소비자가 소비한 모든 소비량의 총만족감 수준이 중요한 것이 아니라 그가 소비한 마지막 단위의 한계효용이 중요하였던 것과 마찬가지 원리다. 즉, 노동자의 임금이나 자본가의 이윤, 지주의 지대 역시 그 생산요소들이 동원된 양 가운데서 가장 마지막 단위의 것이 확보해 준 추가생산물의 크기, 즉 한계생산물이나 한계생산성에 따라 좌우된다는 점이다.

이제 좀 더 알기 쉬운 예를 들어 보기로 하자. 어떤 중국음식점 주인이 중국음식을 통하여 최대의 이윤을 확보하려고 노력하는 가운데 최근 일손의 부족을 느낀 나머지 새로이 종업원을 고용하려 한다고 하자. 이 주인은 당연히 인력시장에 나가 그날 하루의 일당 3만 원을 주기로 하고 '갑'이라는 사람을 쓰기로 하였다. 그런데 하루 일과가 끝나고 난 뒤 계산을 하여 보니 갑을 고용한 결과 추가적으로 얻어진 수입은 다음과 같이 계산되었다.

추가로 판매된 짜장면 양 × 짜장면 한 그릇 가격 = '갑'으로 확보된 추가수입

20그릇 × 2,000원 = 40,000원

이 경우 음식점 주인은 '갑'을 고용하여 4만 원의 추가수입을 얻어 일당 3만 원을 제하고 나서도 1만 원의 이윤이 추가되었으므로 '갑'을 고용한 보람이 있었고 이윤의 극대화를 추구하는 전제가 있는 한 이 주인은 아직 추가로 확보할 이윤이 더 있으리라는 예상하에 다음 날 또 한사람을 추가로 고용하게 되며, 그러한 과정을 반복하는 과정에서 〈표 2-2〉와 같은 명세표를 얻었다고 하자.

〈표 2-2〉 추가고용에 따른 중국음식점의 이익 및 손실표

추가 고용된 사람	지불한 일당 (원)	추가 판매된 짜장면 양 (그릇)	짜장면 한 그릇 가격 (원)	추가고용에 따른 추가수입 (원)	추가고용에 따른 추가이윤 (원)
갑	30,000	20	2,000	40,000	+10,000
을	30,000	18	2,000	36,000	+ 6,000
병	30,000	15	2,000	30,000	0
정	30,000	11	2,000	22,000	- 8,000

이 표에서 얻을 수 있는 최종 결론은 이 음식점 주인의 경우 '병'을 고용하였을 때가 최대이윤을 확보하는 상태이고 이를 넘어 '정'을 고용하면 오히려 일당만큼도 벌어 주지 못하는 상태가 된다는 사실이다.

그렇다면 이들 음식점 노동자의 일당 3만 원은 무엇과 같은가? 바로 마지막 노동자가 보여 주고 있는 생산에의 기여 정도, 정확히 말하면 그에 따른 한계생산물 수입액과 일치하고 있다. 따라서 임금은 한계생산물에 대응하는 것이라는 명제가 성립한다.

이러한 설명은 비록 하나의 음식점을 배경으로 한 것이지만 결국 이를 하나의 산업분야로, 나아가 경제권 전체로 확대하여 적용하면 그 산업분

야의, 그리고 그 경제권 전체 노동자의 임금수준이 한계생산물과 일정한 조응관계를 지닐 수밖에 없다는 것을 입증하고도 남는다. 또한 마찬가지로 이를 자본과 토지에 대해서도 똑같이 적용하면 그들에 대한 대가 역시 한계생산물과 불가분의 관계에 있음을 이해할 수 있다.

4) 한계생산력설과 복지

신고전학파가 한계생산력설을 주장하였을 때 당시까지 분배의 원리로서 막연한 정황론만이 주장되던 현실에 매우 신선한 충격을 주었던 것이 사실이다. 그러나 이것이 말하는 대로 만일 자본주의 사회에서의 소득의 기초인 생산요소별 분배 몫이 시장 안에서 그 생산요소의 한계생산물의 크기에 따라 결정된 것이라면 현실에 존재하는 모든 분배몫의 결과는 항상 정당성을 부여받게 된다.

따라서 현실에서의 고소득자는 자신의 고소득을 지극히 당연한 것으로 자부하게 되며, 또한 최저생계에도 못 미치는 임금수준에 시달리는 노동자 역시 자신의 생산성에 부합된 몫을 받는 것이므로 오로지 자신의 무능만을 탓하는 것 외에는 더 이상 항변의 여지를 찾을 수 없다.

그러나 과연 현실은 그러한가? 만일 자본주의하에서 분배의 원리가 어떤 객관적 원칙에 따라 그대로 실현되는 것이라면 소득 분배상태는 항상 공정한 것이 된다. 그렇다면 소득의 재분배, 즉 일차적인 소득 분배에 대한 인위적인 이차적 조정으로서의 그것은 아무런 설득력을 가질 수 없다. 즉, 사회복지정책의 가장 근간이 되는 소득 재분배 효과라는 명제가 정당성을 인정받을 수 없는 것이다. 이렇듯 소득 분배 원리의 타당성은 소득 재분배의 당위성과 직결되기 마련이다.

그러므로 앞서의 한계생산력설이 지닌 현실적 타당성 여부는 사회복지정책의 정당성을 확립하는 데 제1의 기초가 된다는 점에서 매우 의미 있는 부분이다.

그렇다면 한계생산력설이 논리적으로는 수미일관된 타당성을 지니는 것 같지만 그것을 인정할 수 없는 이유는 무엇인가? 그중에 신고전학파의 분배이론은 한마디로 '지적 유희'라는 비판이 존재한다. 우선 이들 자신의 논리체계 내에서 보더라도 설혹 그 설명이 맞으려면 생산요소가 일으키는 순수한 생산성 효과만을 고려해야 한다. 그런데 그것만의 독립적인 영향력의 크기를 따로 살펴본다는 것이 어려울 뿐더러, 가격을 결정하고 생산과 판매가 이루어지는 과정 안에는 매우 복잡한 작용이 존재하는 것이 사실이다. 따라서 모든 것을 무시하고 임금이나 이윤, 지대의 현 수준을 생산성에 부응한 것이라고 치부해 버리고 마는 것은 엄청난 왜곡을 바탕으로 한다고 볼 수 있다. 바로 그 전형적인 근거로 예시할 수 있는 것이 앞으로 다룰 내용인 시장실패(market failure)라고 할 수 있다.

또한 실제 임금이 결정되는 과정을 보면 시장의 수급원리를 거의 배제한 채 노동자와 자본가 간의 힘에 기초한 협상의 결과로 이루어지는 경우가 허다하고, 개개인의 소득이 결정되는 과정을 추적해 보더라도 비합법적인 경우부터 시작하여 비정상적인 경우까지 매우 다양한 경로를 통하여 그 소득이 형성되었음을 확인할 수 있다. 그런데 이를 무시하고 오로지 한계생산물 하나 때문에 모든 것이 설명되는 것처럼 주장하는 것은 현상을 합리화하는 우를 범하기 쉬운 것이다.

한편, 생산과정과 관련하여 설명하기 난해한 이러한 현실적 특성이 분배에 관해서는 그저 개개인을 하나의 단독자로 보고 그의 소득정도가 무엇에 따라 결정되는지 보려는 인적(人的) 소득결정이론을 등장시키는 계기가 되기도 하였다. 이 인적 소득결정이론으로서는 첫째, 확률적인 법칙에 의거하여 자신의 소득의 크기가 우연히 결정된다고 보는 일종의 숙명론에 가까운 우연설, 둘째, 그 자신의 여러 가지 종합적인 능력에 의거하여 자신의 소득수준이 결정될 수밖에 없다는 능력설, 셋째, 개인의 화폐소득수준이란 가치관과 행동양식이 기초가 되어 결정된 것으로서, 화폐에 대한 수단과 방법을 가리지 않는 맹목적인 추구욕이 있는 자는 부자로, 그렇지 않고 명예나 체면, 정신적 만족 등을 추구하는 자는 상대적으로 가난할 수밖에 없다는 선택설, 넷째, 한 개인의 소득수준은 그가 태어난 가계나 부모로부터 물려받는 물질적 유산상속분은 물론, 더 나아가 인맥, 학맥, 친척관계, 혼인관계에 대한 영향력 등 비물질적인 상속분이 작용한 결과라는 상속설, 그리고 마지막으로는 상품으로서의 한 개인이 지닌 특성, 즉 그의 학력, 성별, 나이, 건강정도, 업무능력 등 모든 속성이 총체적으로 작용하여 소득수준 등이 결정된다는 인적자본설 등이 거론되고 있다.

그러나 어느 한 이론도 현대 자본주의하의 소득결정 과정에 대해 현실적으로 강한 설득력을 갖고 있다고 보기는 어렵다. 이러한 난점이 존재함은 뒤집어서 생각하면 애초부터 현대 사회에서의 소득결정과정이 그만큼 복잡하고 모호한 것임을 입증하는 것일 수도 있다.

그럼에도 자본주의 내에서는 어차피 한 개인의 부란 그 개인의 노력의 결과이고 능력의 산물이라는 생각이 있음을 근본적으로 부정키는 힘들다. 한 개인이 생산과정에 참여하고 그로부터 만들어진 상품이 시장의 원리에 의거하여 객관적으로 평가받은 결과에 따라 참여자들의 분배몫이 결정됨은 어차피 인정할 수밖에 없으며, 그것이 자본주의 사회의 가장 기본적인 작동원리를 이루고 있다고 보는 것이 사실이다.

결론적으로 바로 이러한 기본적인 작동원리의 배경을 신고전학파가 제공한 것인데, 그 원리와 현실의 괴리가 얼마나 심각한 것인가에 대한 인식의 차이가 복지에 대한 인식의 차이로 나타난다고 볼 수 있을 것이다.

5. 사회적 최적

1) 소비와 생산 부문에서의 최적의 실현

시장옹호론의 대표 격인 신고전학파의 논리대로라면 이제까지 보아온 대로 소비, 생산 심지어 분배에서까지 어떤 한 균형 상태가 최종적으로 성립하게 된다. 이는 개별 경제주체인 소비자와 생산자의 입장에서 볼 때도 주어진 자신의 제약조건을 고려한 가운데 최대의 목표치를 달성한 상태가 됨을 의미한다.

그렇다면 이러한 개인의 최적 상태는 사회적으로도 최적인가? 철학적 기반으로는 공리주의를, 방법론적 기반으로는 방법론적 개인주의를 택한 신고전학파에게 이에 대한 대답은 당연히 긍정적이다. 그러나 그에 대한 구체적인 이론적 기반을 제공한 이는 파레토라고 할 수 있다.

사실 최적이나 최선이라고 하는 용어 자체는 실증주의를 표방하는 학파에겐 어울리지 않는 것이다. 그 용어는 이미 당위성이나 가치판단을 다루고 있기 때문이다. 그러나 현상 자체에 대한 해부 및 몰가치성을 전제로 하는 신고전학파에게도 자신들의 이론적 결론이 가진 상대적 우위성을 내세우기 위해서는 최소한도의 당위성을 갖추지 않을 수 없었고, 더군다나 시장원리를 근간으로 하는 자본주의를 수호하는 이데올로기의 영향력하에서는 자연히 이론의 정당성과 그것이 옹호하는 현실의 우수성을 고집하지 않을 수 없었다.

그런 점에서 파레토는 당위를 말할 구체적 기준을 제시하였는데 바로 '파레토 최적(Pareto's optimum)'이라 불리는 것이다. 즉, '최대 다수의 최대 행복'을 기본으로 하는 공리주의를 전제로 할 때 사회 구성원 중 어떤 한 개인이 다른 사람의 효용을 감소시키지 않고는 더 이상 자신의 효용을 증대시킬 수 없는 상황, 바로 그 극적인 상황을 가리켜 파레토 최적이라고 정의하였고, 그에 따르면 한 사회가 이를 달성할 수 있을 때 '가장 좋다'고 할 수 있다.

소비영역을 예로 들어 보자. 앞서 본 대로 개인이 주어진 가격 내에서 한계효용균등의 법칙에 따라 최대 만족수준을 찾아가는 과정은 이미 살펴본 것과 같다. 그러나 이것이 한 개인만의 문제가 아닌 수많은 소비자가 모여 구성하는 소비사회에도 해당될까?

이를 위하여 우리는 빵과 옷 두 재화를 소비할 수 있는 두 사람, 갑과 을이 존재하는 사회를 상정하자. 두 사람으로 구성된 사회에서 통용되는 법칙은 N명으로 구성된 사회에서도 당연히 통한다고 전제한다. 이때 각자가 지니고 있는 무차별 지도가 사전적으로 결정되어 있을 것이다. 그런데 이들 두 사람으로 구성되는 사회에서는 갑과 을에게 주어져 있는 빵과 옷의 최대소비량이 똑같이 적용된다. 따라서 갑의 무차별 지도가 그려진 곳에 을의 무차별 지도를 $180°$ 회전하여 대응시켜 놓으면 [그림 2-19]처럼 닫힌 상자가 된다.

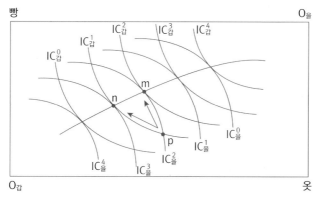

[그림 2-19] 소비에서의 파레토 최적

이 상자 내에서 볼 때 갑과 을의 무차별곡선들은 모든 좌표점 위에서 교차하겠지만, 특정한 점 p를 예로 보면, 이때 갑은 $IC_{갑}^1$의 무차별곡선이, 을은 $IC_{을}^2$의 무차별곡선이 교차하는 지점이다. 그러나 사회적으로 볼 때 점 p와 같은 곳에서는 결코 머물 필요가 없다. 왜냐하면 그 점에서는 만일 점 m으로 옮겨 갈 경우 갑에게는 원점에서 더 먼 무차별곡선 $IC_{갑}^2$으로 옮기는 것이 되므로 더 높은 만족감을 주는 것인데, 그에 반해 을은 점 p나 점 m이나 동일한 무차별곡선인 $IC_{을}^2$에 있기 때문이다. 이 과정에서 을에게는 아무런 피해도 주지 않으므로 그러한 갑의 상황변화는 갑에게는 물론 사회적으로도 더 높은 후생수준을 달성하게 해 준다. 또한 점 p는 점 n으로 옮겨 가도 아무런 문제가 없다. 이 경우 갑의 무차별곡선은 동일한 $IC_{갑}^2$이므로 갑에게는 아무런 해도 주지 않지만, 을은 $IC_{을}^3$에게 $IC_{을}^1$로 더 높은 무차별곡선에 위치하게 되므로 을에게는 더 높은 만족감 수준을 누리게 해 줌으로써 역시 사회 전체적으로도 후생수준을 높여 주는 역할을 하는 것이다. 그러나 일단 점 m과 점 n에 도달하면 그 이상으로는 한 치도 더 나아갈 수 없다. 만일 갑과 을이 점 m과 점 n에서 과욕을 부린다면 이는 각기 을과 갑의 만족수준을 떨어뜨리면서 자신의 욕심을 채우는 꼴이 되기 때문에 애초에 파레토가 설정한 기준으로 볼 때 바람직한 상황이 아니게 된다. 그러므로 상자 안의 무수히 많은 양자의 무차별곡선 교차점 중에서 오로지 양자의 무차별곡선이 접하는 점들만이 의미가 있다. 바로 파레토 최적에 해당하는 점인 것이다. 이러한 점은 하나만이 아니어서 파레토 최적 조건에 부합하는 점들의 궤적을 [그림 2-19]에서는 실선으로 보여 주고 있다.

그런데 무차별곡선의 접점이란 무엇을 말하는가? 이것은 갑과 을의 무차별곡선의 접선이 공통이라는 것이고 이는 앞의 2절에서 우리가 보아 온 대로 이들 각자가 느끼는 빵(b)과 옷(c)에 대한 대체 정도를 나타내는 것이다. 즉, 다음의 [식 2-16]이 된다.

(갑의 빵과 옷에 대한 대체 정도)   (을의 빵과 옷에 대한 대체 정도)

$$\left(\frac{MUc}{MUb}\right)_{\text{갑}} \qquad = \qquad \left(\frac{MUc}{MUb}\right)_{\text{을}} \quad \cdots\cdots \text{[식 2-16]}$$

그런데 이들 접점이 나타내는 이와 같은 조건이란 개개인이 주어진 가격 조건하에서 최대의 만족감을 달성하기 위하여 노력하는 가운데 자연히 찾아지는 조건 외에 다름 아니다. 이는 앞의 2절에서 [식 2-6]을 통해 우리가 이미 확인한 결론대로 갑도 주어진 빵과 옷 두 재화가 갖는 가격의 상대 비에 자신의 한계효용비를 일치하도록 맞추고 있고, 또한 을 역시 주어진 가격의 상대 비에 자신의 한계효용 상대 비를 일치시키고 있으므로 다음과 같은 [식 2-17]의 상황이 자연스럽게 이루어지게 마련이다.

$$\left(\frac{MUc}{MUb}\right)_{\text{갑}} = \frac{Pc}{Pb} = \left(\frac{MUc}{MUb}\right)_{\text{을}} \quad \cdots\cdots\cdots\cdots\cdots\cdots\cdots\cdots\cdots \text{[식 2-17]}$$

그렇다면 소비에서의 파레토 최적이란 사회적 차원에서 인위적인 제3자의 노력에 의하여 확보될 수 있는 상황이 아니라 각각의 소비자가 합리적으로 소비 행위를 하는 과정에서 지극히 자연스럽게 달성되는 경지인 것이고, 이런 점에서 자본주의하의 시장은 사회적으로까지 파레토가 제시한 최적의 기준을 달성해 내는 마력을 지닌 것으로 존중될 수밖에 없는 것이다.

이는 당연히 생산에도 관철되는 것으로서, 이제 사회적 차원으로 볼 때 소비와 생산 각 분야 내에는 스스로 파레토 최적이라는 가장 바람직한 상황을 달성할 수 있는 힘이 시장에 의해 존재한다는 결론에 이르게 된다.

2) 소비와 생산, 분배의 사회적 결합

어떤 이들은 이론적으로만 본다면 이 정도까지만 와도 이미 시장이 행하는 조화로운 기능을 입증하는 데 충분하고도 남음이 있다고 생각할지도 모른다. 그러나 신고전학파가 이룩한 이론적 완성도의 백미는 지금까지의 논의들이 완벽히 하나의 구도 안에서 일체화되는 경지까지 도달하는 데 있다. 즉, 이제 각기 분립적으로 다루어져 왔던, 그러면서도 각기 그 부문 내에서는 최상의 상태가 관철되어 왔던 소비, 생산 그리고 분배의 영역이 하나의 틀 안에서 통합된다는 것이다.

그런데 이 과정을 거치고 나서야 사회적으로 선택할 수 있는 가장 바람직한 유일한 한 점이 도출된다. 사실 경제학은 선택의 학문이라 불린다. 주어진 선택 가능한 여러 상황 중에서 선택하기에 가장 좋은 한 점을 도출하는 것, 그것이 경제학의 기본적인 임무이기도 하다. 그렇다면 앞에서 본 것과 같이 소비의 파레토 최적이란 하나만이 아니고 무차별곡선이 접하는 모든 상태는 다 그 최적의 조건을 충족시키는 상황이었으므로 과연 그 가운데 어느 것이 사회적으로 선택할 유일한 소비점인가? 그에 대한 대답을 찾지 않는 한 소비이론, 나아가 시장의 기능을 분석하려는 이론 틀은 결코 완성된 것이 아니라고 생각하는 것이 신고전학파의 근저에 깔린 생각이다.

이제까지 우리가 소비 부문을 고찰할 때도, 생산 부문을 고찰할 때도 상황설정은 동일하였다. 즉, 소비자는 빵과 옷 가운데 얼마를 적절히 결합하여 소비할 것인가를 생각하며 생산자 역시 빵과 옷 가운데 얼마만큼씩 생산할 것인가를 생각한다. 그렇다면 이는 개인으로서의 소비자 및 생산자의 문제의식을 뛰어넘어 한 사회 전체의 차원에서 다음 문제의식으로 연결된다.

"사회적으로 빵과 옷을 얼마나 생산하고 이를 각 구성원은 얼마씩
분배받아 소비할 것인가?"

[그림 2-20]을 통하여 이 문제의식에 대한 답을 찾아 나가 보자. 우선
사회적 최적 배분점을 찾기 위해서는 지금까지의 소비 및 생산에 관한
분석에서 나온 개념들을 사회적 차원에서 해석하기 위한 기초 작업이 필
요하다.

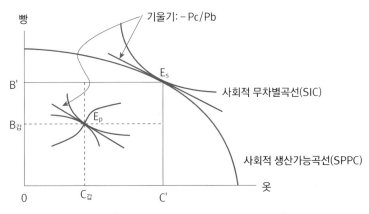

[그림 2-20] 사회적 최적 생산, 소비, 분배점의 도출

첫째로 개인의 무차별곡선을 사회적 무차별곡선(social indifference
curve, SIC)으로 확대해석하여야 한다. 즉, 사회 구성원 개개인의 의사가
기초가 되어 두 재화 간에 서로 같은 사회후생수준을 유지하는 결합점의
궤적이 어떠한 모양을 갖는지 알려 주는 이 사회적 무차별곡선은 각 점
마다의 접선의 기울기가 사회 구성원이 집단적으로 표방하는 두 재화의
한계효용의 상대 값의 크기로 표시된다.

둘째로 개개 기업에서 고려되는 생산 가능한 영역의 표현이 사회전체

를 놓고도 거론될 수 있는데, 한 사회에서 동원 가능한 노동자와 자본, 원료 등의 일정량이 있을 때 주어진 두 재화를 어떤 식으로 결합생산할 수 있는지 보여 주는 것이다. 이를 사회적 생산가능곡선(social production possibility curve, SPPC)이라 부르고 이 역시 각 점마다의 접선의 기울기를 통하여 두 재화생산에서 야기되는 한계비용의 상대 비의 크기, 궁극적으로는 가격의 상대 비와 동일한 것으로 표시된다.

만일 빵과 옷 두 재화를 소비하는 사회를 상정하였을 때 이러한 사회적 무차별곡선과 사회적 생산가능곡선이 마주치면 [그림 2-20]에서 보는 것처럼 점 E_s에서 접점이 탄생하게 되고, 이로부터 그 사회는 B' 만큼의 빵과 C' 만큼의 옷을 생산하는 것이 주어진 생산요소들을 모두 활용하는 가운데 사회적 후생수준을 최대로 달성시켜 주는 사회적 최적 생산점 및 소비점이 됨을 알 수 있다. 이제 이 사회는 B', C'의 빵과 옷을 생산하여 이를 사회 구성원 모두가 소비하게 하면 된다.

점 E_s는 시장에서 형성된 빵과 옷의 가격에 대하여 모든 생산자와 모든 소비자가 가장 합리적으로 대응한 결과물로서 성립되는 것이다. 그것에 대한 입증은 점 E_s가 지니고 있는 내부적인 속성을 검토함으로써 가능하다. [그림 2-20]에서도 확인된 것과 마찬가지로 이 접점에서는 공통의 접선을 간직하게 되어 있는데, 이때 각 곡선이 보여 주는 접선의 기울기가 갖는 의미는 앞에서 본 것과 같으며, 이를 간단히 수식으로 정리한 것이 [식 2-18]이다.

$$\overbrace{\frac{MCc}{MCb}}^{(\text{i})의\ 조건} = \underbrace{\frac{Pc}{Pb} = \frac{MUc}{MUb}}_{(\text{ii})의\ 조건} \quad \cdots\cdots\cdots\cdots\cdots\cdots\cdots\cdots\cdots\cdots \text{[식 2-18]}$$

[식 2-18]에서 왼쪽 두 변이 보여 주는 (i)의 조건이란 사회적 생산가능곡선의 성질로부터 나오는 것으로 다시 쓰면 [식 2-19]가 된다. 이는 생산의 입장에서 볼 때 동일한 1원어치의 생산에서 빵이든 옷이든 상관없이 그로부터 유발되는 비용은 동일하므로 최적의 생산점을 나타낸다.

$$\frac{MCb}{Pb} \quad = \quad \frac{MCc}{Pc}$$ .... [식 2-19]

(빵 1원어치   (옷 1원어치
생산 시 필요한   생산 시 필요한
추가적 비용)   추가적 비용)

마찬가지로 오른쪽 두 변이 보여 주는 (ii)의 조건이란 사회적 무차별곡선의 성질로부터 도출된 것으로서 이를 다시 쓰면 [식 2-20]이 된다. 여기서 소비자들이 빵이든 옷이든 1원어치의 동일한 추가적 소비를 하는 데 있어서 그로부터 유발되는 효용의 변동분은 동일하므로 이는 소비자의 입장에서도 최적의 소비점을 나타내고 있는 것이다.

$$\frac{MUb}{Pb} \quad = \quad \frac{MUc}{Pc}$$ .... [식 2-20]

(빵 1원어치   (옷 1원어치
생산 시 필요한   생산 시 필요한
추가적 비용)   추가적 비용)

바로 이 점은 무수히 많은 소비 및 생산에서의 파레토 최적점 가운데에서도 유일한 해로 등장하는 것인데, 왜냐하면 보아 온 것처럼 사회적으로 생산할 수 있는 그 많은 선택점 중 사회적 후생수준을 가장 극대화시켜 준 상태이기 때문이다. 따라서 점 E_s를 지복점(至福点, bliss point)이라고 부르기도 한다.

　그런데 주류경제학에서 보면 훌륭하게도 이러한 지복점은 사회 구성원 내의 분배문제까지도 그 답을 제시하고 있다. 예컨대, 점 E에서 결정된 대로 이 사회는 이제 B', C'만큼의 빵과 옷을 생산하고 소비하여야 한다고 하자. 그렇다면 각 구성원은 이들 빵과 옷의 생산량을 얼마만큼씩 분배받아야만 가장 최적의 상황이란 말인가? 이를 위하여 우리는 [그림 2-20]에서 □OB'EC'을 [그림 2-19]에서 본 하나의 소비상자라고 보기로 한다. 소비자는 갑과 을 두 사람만으로 구성되어 있다고 할 때, 결국 이들은 B', C'만큼의 빵과 옷의 최대소비량을 맞이하게 되며 그 상자 내에 앞의 [그림 2-19]에서와 같이 파레토 최적을 표시하는 많은 점의 궤적이 있을 수 있고 이는 모두 주어진 가격의 상대 비와 그 각자의 무차별곡선의 기울기가 동일한 조건을 구비하고 있음을 알고 있다. 따라서 이 소비상자 밖의 영역에서 점 E_s가 도출되는 데 등장하였던 접선의 기울기 ($-Pc/Pb$)와 똑같은 접선의 기울기를 가진 접점이 이 소비상자 내의 여러 파레토 최적점 가운데 E_p에서 실현된다면 바로 그 점이 가장 최적의 분배점이 된다. 즉, 이제 갑은 $OC_갑$만큼의 옷과 $OB_갑$만큼의 빵을 소비하고 을은 $C_갑C'$, $B_갑B'$만큼의 옷과 빵을 각기 소비하면서 주어진 조건에서 최대의 만족을 누린다는 결론에 도달한다. 이는 앞의 [식 2-17]에서 확인한 것을 상기한다면 지극히 당연한 귀결이 됨을 알 수 있을 것이다.

　결국 앞서의 신고전학파의 이론에 따르면, 한 사회 내에 존재하는 가격이 있다면 이 가격은 기업의 생산영역에서도, 가계의 소비영역에서도 각기 최선의 결과를 가져다주는 쪽으로 해를 찾는 데 매우 중요한 기준 역할을 하며 마침내 사회 구성원들의 분배 몫에 대해서도 해결책을 마련하는 완벽한 존재로 자리매김된다.

　그렇다고 여기서 보는 것처럼 마치 가격이 사전적으로 어떤 다른 곳에서 미리 결정된 것이고 그 가격이 기업과 가계 쪽에서의 각각의 반응을 일방적으로 유도하는 것이라 생각하면 오산이다. 그렇다면 애초에 '보이지 않는 손'에서 말하는 가격의 탄력적 변화에 의한 균형의 달성이라는 의미는 많이 퇴색할 수밖에 없다. 즉, '[식 2-18], [식 2-19] 및 [식 2-20]에서 보는 Pb와 Pc란 고정되어 있고 변화하지 않는 것인가?'하는 의문점이 제기된다는 것이다.

바로 그러한 의문을 해명하는 과정에서 우리는 가격이 가진 신축적 기능을 확인해 볼 수 있다. 예컨대, 어떤 시점에서 사회 구성원이 느끼고 있는 한계효용의 상대 비의 크기가 가격의 상대 비에 비하여 더 크다고 하자. 이때 재화는 빵과 옷 두 가지라고 가정하면 [식 2-18]의 조건 (ii)가 다음과 같이 변화된 것으로 생각할 수 있다.

$$\frac{Pc}{Pb} < \frac{MUc}{MUb} \quad \text{...} \quad \text{[식 2-21]}$$

이는 빵을 기준으로 평가하였을 때 옷의 1단위 소비에서 얻는 효용의 추가분(MU_c)이 옷 1단위의 가격(P_c)보다도 큰 것을 의미한다. 따라서 소비자들은 옷의 1단위 소비에서 이득을 보므로 이에 대한 소비를 늘리고 대신 빵의 소비를 줄이게 된다. 이에 따라 옷에 대한 수요가 사회 전체적으로 증대되므로 옷의 가격(P_c)이 상승하고 대신 빵의 수요는 감퇴함으로써 빵의 가격(P_b)이 하락하여 [식 2-21]의 좌변의 값은 커진다. 또 한편 옷의 소비가 늘어나고 빵의 소비가 줄어드는 것은 옷에서 얻는 한계효용분(MU_c)이 줄어들고 대신 빵에서 얻는 한계효용분(MU_b)이 늘어나는 것을 의미하여 앞 식에서 우변의 값은 작아진다. 결과적으로 부등호를 초래했던 유인들이 해소되므로 양 변의 값이 동일한 수준으로 변한다. 따라서 가격의 신축적인 움직임이 없다면 이는 불가능함을 짐작할 수 있다.

다시 생산영역에서도 같은 예를 들 수 있다. 빵과 옷을 생산하는 사회
에서 우연히도 두 재화의 상대가격비보다 한계비용의 비율이 더 큰 상황
이 초래되었다고 가정하여 보자. 이는 [식 2-17]의 (i) 조건식이 다음과
같이 바뀌었음을 말한다.

$$\frac{MCc}{MCb} > \frac{Pc}{Pb}$$ ··· [식 2-22]

이런 경우 이 사회에서는 빵을 기준으로 할 때 옷을 1단위 생산하는 데
드는 비용(MC$_c$)보다도 시장에서 받게 되는 가격(P$_c$)이 더 적으므로 옷을
생산할 유인이 존재하지 않는다. 따라서 옷에 대한 생산을 줄이고 대신
빵에 대한 생산을 늘릴 것이다. 이때 옷의 생산이 줄어듦으로써 시장공
급 역시 줄어들어 옷의 가격(P$_c$)이 상승하게 되고 반대로 빵의 생산은 증
대되어 그 가격(P$_b$)을 하락시키므로 [식 2-22]의 우변의 값이 작아지게
된다. 다른 한편 옷의 생산이 감소하면 옷의 단위당 생산비용(MC$_c$)이 줄
어들게 되고 빵의 생산이 늘어나면 빵의 단위당 생산비용(MC$_b$)이 늘어나
게 되므로 앞 식의 좌변의 값은 점점 더 작아지게 된다. 따라서 [식 2-22]
의 부등식은 다시 균등한 관계로 회복될 것이다.

이런 과정을 통해 보면 결국 시장에서 가격이 존재함으로써 지금까지
본 대로 소비, 생산 및 분배의 영역에 대해 균형이 성립된다는 것을 이해
할 수 있을 것이다. 바로 이러한 논리가 시장옹호주의자들이 간직하고
있는 기본 정신이며 이러한 이론적 기반이 있기 때문에 복지부문과 같은
인위적인 시장에의 개입은 오히려 근본적인 시장의 장점을 거세하고 국
민후생에 퇴행적인 결과만을 유발한다고 확신할 수 있다.

3) 복지에 대한 최적 자원배분

이러한 사회적 최적 수준을 찾는 경제학의 주요방법론은 복지 역시 사회 여건의 제약을 염두에 둘 때 가장 적절한 수준을 찾기 위한 문제의식을 기반으로 해를 찾는 데 도움을 줄 수 있다는 여지를 보여 준다.

사회복지 역시 언제나 주어진 제약조건, 예컨대 투여 인력, 투여 재원상의 한계가 있는 가운데에 가능한 한 적정한 결론을 찾아 나가야 한다. 따라서 그러한 한계를 인정하고 최선이 아니면 차선, 그것도 아니면 차차선을 찾아 나가야 한다는 점에서 앞의 분석틀은 유용하게 사용될 수 있다.

먼저, 현재 우리 사회에서 일반적으로 상충관계(trade-offs)에 놓여 있다는 사회복지에 대한 자원투여와 경제개발에 대한 자원투여가 어떻게 결합되어야 하는가 하는 점에서 앞서의 분석틀을 이용한 해답을 모색할 수 있다.

예컨대, [그림 2-21]에서 우리나라의 인적 · 물적 자원보유량을 놓고 보았을 때 사회복지와 경제개발에 자원배분을 할 수 있는 현실적인 선택

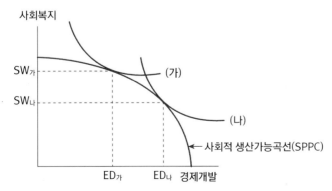

[그림 2-21] 사회복지와 경제개발에 대한 적정 선택의 경우

가능영역이 사회적 생산가능곡선(SPPC)에 의해 표시될 수 있다고 치자. 그럴 때 얼마만큼을 사회복지로, 얼마만큼을 경제개발로 쓰는 것이 가장 적절한지는 결국 국민이 사회복지와 경제개발 두 분야로부터 얻는 만족감, 즉 사회후생(social welfare)의 정도가 어떻게 결정되는지와 직결되어 있다고 본다. 바로 그러한 만족감의 충족유형을 사회적 무차별곡선으로 읽어 낼 수 있다. 그러나 이 사회적 무차별곡선의 유형은 다양하여 [그림 2–21]의 (가) 형태는 경제개발을 1단위 얻기 위해 포기하는 사회복지의 양이 (나)에 비하여 매우 작다는 점에서 사회복지를 상대적으로 중요한 것으로 생각하는 경우로 복지마인드가 팽배해 있는 사회이고, 반대로 (나)의 형태는 사회복지보다는 경제개발에 우선순위를 두고 있는 국민성향을 보여 주는 경우로 경제성장의 이데올로기가 팽배한 사회를 말한다.

따라서 [그림 2–21]에서 보는 대로 국민에게 가장 높은 사회후생수준을 실현시켜 주는 복지 및 경제개발에의 자원할애 정도가 (가)와 (나)의 경우 각기 다르게 나타나고 있다. 따라서 이 방식은 어떤 국민 경제권의 조건 내에서 국민의 선호유형을 토대로 가장 적절한 자원배분점을 찾고자 할 때 사용하는 접근법의 하나가 된다.

만일 [그림 2–22]에서처럼 우리나라의 사회복지에 대한 자원할애가 SW_{1}와 같이 매우 일천한 수준으로 결정되었다고 하더라도 이것이 국민의 의식구조 속에 사회복지에 대한 중요성이 제대로 인식되지 못하여 (나)와 같은 사회적 무차별곡선을 지닌 데서 온 결과라면 적어도 그 결과를 비난할 수는 없다. 왜냐하면 이 경우 주어진 여건 내에서 사회적 후생수준의 최대치를 구현한 결과이기 때문이다. 따라서 결과가 잘못된 것이라고 비난하기보다는 원인, 즉 사회복지에 대한 인식의 저열성이란 것을 문제시하여야 한다는 결론이다.

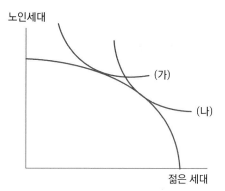

[그림 2-22] 세대 간 적정 배분의 분석

　현재 한국 사회가 아직도 고도경제성장에 대해 갖는 환상, 맹목적인 경제성장 이데올로기에의 집착 경향을 나타내는 것을 보면 이러한 접근을 통한 현실진단도 일정한 의의를 갖는다고 본다.

　이와 똑같은 논리가 노인세대와 젊은 세대 간의 소득 재배분, 현재세대와 미래세대 간의 자원배분에도 적용될 수 있을 것이다. 한 국가의 경제적 부가 생산되었을 때 이것을 현재의 노동자 계층인 젊은 세대와 과거의 기여도가 인정되는 노인세대에 어떻게 배분할 것인가, 아니면 현재의 경제적 부 가운데 얼마를 미래세대를 위하여 투자재원으로서 할애할 것인가 등은 자못 진지한 정책적 관심사가 아닐 수 없다. 그럴 때 과연 이러한 세대 간 분배의 적정한 기준은 무엇으로 할 것인가가 중요한 관건이며 경제학적 방법론은 이에 대한 원리적 해답을 주는 데 기여한다.

　이때도 역시 세대 간에 부를 나누어 줄 수 있는 결합 가능한 영역은 일종의 생산가능곡선의 형태로 주어져 있다고 볼 수 있으며, 이에 대응되어야 하는 것은 과연 사회 구성원들이 이러한 세대 간 분배를 둘러싸고 어떠한 만족감을 느끼는가를 나타내는 일종의 사회적 무차별곡선이다. 그렇다면 [그림 2-22]에서처럼 (가)와 (나), 각기 다른 무차별곡선의 모양을 보여 줄 때 (가)는 (나)에 비하여 노인세대에의 재원할애를 더 선호하는 이타주의적 사회정서를, (나)는 상대적으로 현재 생산주도 세대인 젊은 세대가 자신들의 성과물을 자신들 위주로 배분받으려고 하는 이기주의적 사회정서를 보여 준다는 점에서 최종적인 배분의 적정점도 각기 다르게 나타나고 있다. 그러나 (나)와 같은 결론은 (가)에 비하여 도덕적으로 비난받을 수 있고 사회복지의 입장에서 볼 때는 정당하지 못한 것으로 비난받을 수 있다고 하여도 기본전제를 이루고 있는 사회정서가 그와 같을 때는 과정은 물론 결론 자체에도 이의를 제기할 수 없다고 볼 수 있다.

그러므로 경제학적 방법론은 이와 같이 결론에 대한 정당 또는 부당함을 논하기 이전에 결론에 이르는 과정 자체에 오류가 없다면 있는 그대로 수용하려 한다는 점에서 객관적 접근, 중립적 태도를 유지하려고 하는 측면이 있다. 어쨌든 이러한 경제학적 접근방법이 사회복지의 논리적 · 실증적 접근에 유익한 도움을 줄 여지는 얼마든지 있다고 하겠다.

제3장

실패자로서의 시장, 그리고 복지

애덤 스미스 이후 시장이 갖고 있는 자동조절기능, 즉 가격을 통한 수급조절기능에 대한 주류경제학의 완벽한 논증은 적어도 이론적 차원에서는 끝나는 것 같았다. 그러나 20세기 들어 이론과 현실 모든 차원에서 시장이 결코 완벽하지 않다는 근거가 드러나는 역사가 다시 본격화된다. 이것을 시장실패(market failure)라고 한다. 그리고 사회복지의 경제학적 정당성은 이 시장실패에 기초하고 있다.

이 장에서는 다음과 같은 의문에 대한 답을 찾을 수 있을 것이다.

1. 시장은 이론적으로는 완벽한가?
2. 현실세계에서 벌어지는 시장의 역기능에 대해 경제학은 어떻게 답하고 있는가?
3. 사회복지와 시장실패는 어떤 연관을 갖고 있는가?
4. 사회복지는 파레토 최적을 어떻게 개선시키는가?

1. 균형이론의 이론적 실패

앞 장에서 고찰한 시장의 완벽한 기능이 현실에서 그대로 사회적 최적 상태를 구현하여 준다면 적어도 공리주의적 입장에서는 사회후생의 극대화가 실현된다고 말할 수도 있다. 그러나 실제로 현실이 이러한 최적 상황에 놓여 있다고 보기에는 우리가 매일 접하는 현실에서의 난맥상은 실로 헤아릴 수 없이 많다. 그러한 현실에서의 반증사례를 열거하기 전에 신고전학파의 균형이론이 보이고 있는 이론 그 자체의 결함을 먼저 지적하지 않을 수 없다.

물론 모든 이론이 반론의 여지를 지니고 있고, 그 반론 앞에서 어떻게 또 다른 반론을 제기하면서 자신을 지켜 나가는지에 해당 이론의 지속 여부가 달려 있지만, 이 균형이론과 관련해서는 크게 두 가지의 반론을 제기할 수 있을 것이다.

첫 번째 반론은 사회적으로 최적의 소비, 생산 그리고 분배점을 낳게 해 주는 지복점을 찾기 위하여 동원되었던 사회적 무차별곡선(SIC)의 도출 문제다. 논의를 전개할 때 이 사회적 무차별곡선이 외연상 개인의 무차별곡선을 사회적 차원으로 확장함으로써 단순하게 얻어진 것이라고 취급하였지만 실제 사회적으로 재화의 선택을 둘러싼 이 같은 일관된 선호체계가 존재하는지에 대해서는 좀 더 고찰이 필요하다.

특히 애로(Kenneth Joseph Arrow, 1921~)는 사회적 무차별곡선이 언제나 존재하는 것은 결코 아니라는 것을 입증하였다. 그가 전개한 논리는 다음과 같다. 어떤 사회에 갑, 을, 병이라는 세 사람이 존재한다고 할 때 이들이 선택할 수 있는 재화의 소비결합점이 X, Y, Z의 세 가지로 구성된다고 하자. 특히 갑, 을, 병이 그 세 가지 선택 가능한 조합에 대하여 다음과 같은 선호도를 보이는 것으로 한다.

갑: X > Y > Z
을: Y > Z > X
병: Z > X > Y
(단, 이때 '>'는 좌변항을 우변항보다 더 좋아한다는 것을 뜻한다.)

따라서 이 세 사람으로 구성된 사회의 X, Y, Z에 대한 선호체계를 밝히기 위하여 가장 일반적인 의사결정방식인 다수결원리를 동원한다고 하

면 결과적으로 다음 각각에 대하여 투표결과는

> X > Y 인 경우: 2:1로 채택
> Y > Z 인 경우: 2:1로 채택
> Z > X 인 경우: 2:1로 채택

으로 정리된다. 그러므로 이제 X, Y, Z의 최종 결과를 정리하면

> X > Y > Z > X

가 되어 순환의 오류에 빠지고 마는 것이다. 따라서 이때 이 세 가지 선택점에 대한 선호도는 결코 일관되게 결정될 수가 없는 것이다. 이를 애로는 '불가능성의 정리(impossibility theorem)'라고 불렀다. 따라서 사회적 무차별곡선이 도출될 수 없다면 사회적 최적을 논한다는 것 자체가 무의미하기까지 하다.

사회적 선호체계를 무차별곡선과 같은 접근으로 찾아내는 데서 야기되는 한계를 의식하여 실제 공공적 선택이 행해지는 가운데 발생하는 원리가 무엇인가를 추적한 이론 틀로 공공선택이론(a theory of public choice)을 들 수 있다.

이 이론은 지금까지 민주사회에서의 정부 및 국가의 성격을 만민호혜적이고 초계층적인 존재라고 가정한 것에 대한 비현실성을 지적하고 이에 대하여 매우 현실적으로 접근할 필요성을 제기한다. 이 이론에 따르면 국가를 구성하고 있는 정부관료 및 국회의원, 정치인, 나아가 국가정책에 영향력을 행사하려고 하는 수많은 이익단체는 모두 다 자본주의 사회의 행동원리인 효용극대화 원리(a principle of utility maximization)에 충

실한 존재로 여긴다. 즉, 소비자로서 자신의 효용극대화에 충실하게 행동하는 어느 공직자가 행정부서로 출근하면 갑자기 성인군자가 되어 국민복리만을 생각한다고 보는 것은 자본주의 내의 인간상에 대해 이중의 잣대를 들이대는 모순을 갖는 것이라고 보는 것이다. 그러므로 이들은 지극히 현실적인 입장에서 공공부문을 살피려 하고 그 결과 공공정책이 결정되고 수행되는 과정에 내재된 원리들을 밝히는 데 일정한 기여를 하는 것으로 평가된다.

한 가지 예로, 이러한 공공차원의 의사선택과정에서 주요한 역할을 하는 통로는 투표행위다. 그리고 투표를 둘러싸고 직접선거에서는 유권자 자신, 간접선거에서는 의회의원들을 지배하는 것은 앞서 밝힌 대로 효용극대화 원리다.

공공선택이론에서 찾아낸 집단의사결정의 원리 가운데 대표적인 것은 다수결의 원칙(majority voting principle)을 전제로 하면 중위투표자(median voter)의 입장이 언제나 관철된다는 명제다. 예컨대, 정부가 소득재분배정책을 추구할 때 상위 부유계층은 반대할 터이고 하위 빈곤계층은 찬성할 것이므로 이들 두 집단 간의 의견대립이 팽팽하기 마련인데 그 경우 결정적인 영향력은 중간계층에 의해 행사된다는 것이다.

또한 이 같은 논거에 의할 때 양당제에서의 정책공약은 언제나 중위투표자의 입장을 겨냥할 수밖에 없는 현실도 설명할 수 있다. 예컨대, [그림 3-1]에서 중위자를 위한 최선의 정책이 Gm이라고 할 때 A당의 정책공약이 굳이 이 Gm수준으로부터 떨어져서 특별히 빈민계층이나 부유

[그림 3-1] 중위투표로의 수렴과정

계층의 입장을 두둔하는 Ga에 놓이는 정책이라면 상대당인 B당은 Gm에 더 가까운 Gb'의 공약을 제시하여 중위계층의 지지를 받음으로써 선거에서 승리할 수 있다. 또한 이제는 A당이 B당에 의해 선택된 지점보다 좀 더 Gm에 가까운 공약 Ga'을 제시하면 중산층의 지지를 얻어 다시 승리하게 된다. 이런 과정이 지속되다 보면 종국에는 Gm으로 수렴할 수밖에 없다는 것이다. 1990년대 들어 유럽의 많은 국가가 명백한 우파나 좌파의 입장을 택하지 않고 중산층을 의식한 정책공약을 내놓고 있는 것도 이러한 점에서 보면 매우 흥미로운 사실이 아닐 수 없다.

따라서 이러한 공공선택이론이 말하려는 것은 추상적인 수준의 사회적 최적상태가 어떻게 도달되는지보다 차라리 실제 공공차원의 정책결정과정에 초점을 맞추는 것이 좀 더 실용적이고 현실설명력이 높다는 것이다.

두 번째 반론은 과연 파레토최적이라는 것이 성립되느냐의 문제다. 비록 파레토 최적이라는 최선의 세계(the first-best world)가 존재할 수 있다고 하더라도 그 경지는 오로지 유일한 한 점으로서 달성 조건의 수가 매우 많고 내용 역시 매우 까다롭다. 예컨대, 우리가 앞 절에서 본 것과 같이 한 사회의 재화 가격 간의 상대 비가 모든 사람의 한계효용의 상대 비와도 일치하여야 하고 또한 생산부문의 한계비용의 상대 비와도 일치하여야 한다면, 그 사회 구성원의 수가 무수히 많고 재화도 무수히 많을 때 등식조건을 구성하는 변은 수없이 많을 수밖에 없다. 이때 혹 어느 한 변만이라도 예외적인 상황을 갖게 되어 이탈된다든지 나아가 두 변, 세 변, 네 변, …… 등으로 그 예외상황의 수가 많아질 때 과연 어떻게 이들 간의 우열을 가릴 수 있는지 의문이 드는 것은 당연하다.

이러한 의문을 가졌던 랭커스터(K. Lancaster)와 립시(R. Lipsey) 같은 일군의 학자들은 최적의 조건이 모두 충족되지는 않은 상황에서 차선의 세계(the second-best world)란 가급적 이탈되는 최적조건 수가 적은 상태가 아니겠느냐는 상식적 예상을 완전히 뒤엎은 주장을 하였다. 그들에 따르면, 불행하게도 '차선은 없다'는 것이다. '차선의 이론(the second-best theory)'이라 불리는 이 이론의 핵심은 역설적이게도 최선 다음의 차선은 상정할 수 없다는 주장이다. 최적조건에서 하나가 예외가 되든, 2개가 예외가 되든, 심지어 100개가 예외가 되더라도 어차피 무결점의 최적상황이 아닌 바에는 나머지 속에서 차선을 찾는다는 것은 아무 의미가 없다는 것이다. 이는 소위 '전부 아니면 전무(all or nothing)'라는 생각과 유사한 결론을 주장한다. 만일 이 이론이 사실이라면 파레토 최적의 현실적인 구현에 매우 심각한 한계를 노출시키는 것이 아닐 수 없었다.

따라서 신고전학파가 심혈을 기울여 구축하여 놓은 균형이론의 체계는 이론적으로 심각한 반론에 부딪히게 되었고, 이로써 일견 논리적인 완벽성을 구가하던 이론체계인 것 같지만 한편으로 보면 실현가능성이 거의 없는 '지적 유희'에 불과한 것이라는 비난을 면하기가 어렵게 되었다.

더군다나 이 이론체계가 현상옹호적이고 현실합리적인 면모의 극치를 보여 주는 것으로 비난받게 된 점은 초기 분배 상태에 대한 타당성의 고려가 전혀 없기 때문이다. 먼저 앞 장의 분배에서의 균형을 다룬 [그림 2-19]에서는 파레토 최적을 나타내는 궤적선을 찾아내었지만 그것들이 효율적인 이유는 그 외의 점에서부터 그들 궤적선의 한 점으로 오는 동안, 예컨대 점 p에서 점 m, 점 n 등으로 오는 동안 다른 사람의 효용을 해치지 않는 범위에서 나머지 사람의 효용이 증대된다는 논리였음을 상기할 필요가 있다. 그러나 바로 초기의 점 p로 양자의 분배 상태가 결정된 것을 단순히 초기조건으로서 받아들여야 하는지 여부, 그리고 초기의 분배 상태가 대단히 불균등한 경우 가난한 사람의 효용을 고정시킨 채 부자의 효용만을 증가시키는 상황이라도 용납되어야 하는지 여부 등이 문제시되지 않을 수 없다.

만일 자본주의가 초기 본원적 축적과정에서 보인 바와 같은 폭력적이고 급속한 자본축적을 통하여, 심지어 천민자본주의가 횡행하는 곳에서와 같이 비도덕적이고 불법적인 방법의 자본축적을 통하여 한 개인의 부와 가난이 결정된 상태라 할 때 그것을 초기조건으로 무조건 인정하고자 하는 것은 정의롭지 못한 상황이 아닐 수 없다. 또한 가난한 사람의 만족감을 변화시키지 않고도 부자의 만족감이 증대될 수만 있으면 된다는 발상의 한계는 빈곤의 상대적 개념이라는 용어만 도입하여도 그 타당성을 인정하기 어려우며, 나아가 개인효용이 타인의 소비수준과 긴밀히 연결되어 있다는 효용의 상호의존성이라는 명제를 고려할 때 더욱 명백해진다.

이러한 분배문제의 한계에 대하여 신고전학파적 입장을 계속 옹호하는 발상으로 등장한 것이 노직(R. Nozick)으로 대표되는 재산권학파다. 그들에 따르면, 한 개인에게 재산의 형성이 '취득상의 정당성(justice in acquisition)'과 '이전상의 정당성(justice in transfer)'에 기초한 것이라면 아무런 문제가 없다고 본다. 전자는 정상적인 소득을 말하고 후자는 정당하게 취득된 부에 대한 상속을 말하고 있다. 이들에 의하면, 이 두 가지 외에 어떤 원리에 의한 재산의 취득도 정당화될 수 없고, 정부도 불법적으로 취득된 재산에 대하여만 재분배시킬 명분이 있고, 만일 그렇지 않다면 정부의 조세징수도 하나의 도적행위와 같다고 간주된다.

재산권학파는 자본주의 사회의 법률이 정하는 범주 내에서 이루어진 모든 것, 그리고 다음 세대로의 상속까지 인정해야 한다고 본다. 즉, 법률에 기초한 재산권 형성을 근간으로 삼아 그 외의 불법적 재산 형성이 아니라면 모든 소유를 인정해야 한다고 주장함으로써 자본주의 사회에서 발생하는 소득의 불균등에 대해서도 문제시할 소지가 거의 없는 것으로 인식한다. 그러나 법지상주의적인 이러한 주장은 합법을 가장한 비합

법적인 재산 형성 과정, 비합법 안에서의 정당한 재산권 행사 등이 매우
많은 현실을 감안할 때 이 역시 현상옹호론적 입장에서 한 치도 벗어나
지 않은 것임을 인정하여야 할 것이다.

　어쨌든 신고전학파 균형이론의 정치성(精緻性) 및 엄밀성은 동시에 이
론적 결함을 지적받으며 많이 퇴색되었다고는 하지만 그들 스스로의 기
본 입장과 결론은 그 이후 여러 가지 전개방식을 통하여 새롭게 장식되
고 진화하였다. 따라서 앞서의 몇 가지 근본적 문제점에도 불구하고 균
형이론은 여전히 경제학의 주류를 형성하고 있고, 특히 그들이 구사한
방법론은 여전히 유용성을 자랑하고 있어서 주어진 조건에서 가장 효율
적인 경지를 찾아내야 하는 현실적인 모든 부문에 적용 가능한 분석수단
이 되고 있다.

2. 균형이론의 현실적 실패

　균형이론이 이론적으로 쌓아 올린 성과에 대한 거센 도전은 그들 주장
이 발을 딛고 서 있는 현실에서도 제기된다. 특히 시장경제가 현실에서
운영되어 온 역사를 고찰하거나 당장 현실의 경제상황에 조금만 관심을
기울인다면 지금까지 논한 시장의 순기능은 어디까지나 하나의 이론적
지향점 또는 이상형에 불과한 것임을 알 수 있다. 이렇게 시장의 순기능과
는 대조되는 역기능적 측면을 경제학에서는 한마디로 '시장실패(market
failure)'라고 부르고 있다.

　원리적으로는 시장이 인간의 경제생활에 대한 모든 주요한 문제를 가
장 합리적이고 효율적으로 해결해 주어야 함에도 현실에서부터 이것을
방해하는 요인들이 필연적으로 도출되고 있는 것이다. 따라서 이러한 요

인들에 적절히 대처하지 않는다면 시장을 통한 방임주의는 극심한 사회적 왜곡을 낳게 되고 종국적으로는 사회후생의 극대화도 기대할 수 없는 상황이 온다고 말할 수 있다. 시장실패를 야기하는 구체적인 예란 독점시장의 출현, 자연독점(natural monopoly)의 존재, 외부성(externality)의 존재, 공공재(public goods)의 출현, 정보의 불완전성 등이다.

또한 바로 이러한 시장실패 요인들이 현실에 엄연히 존재함을 인정함으로써 비로소 시장에 대한 인위적 개입, 특히 사회복지정책의 실현이 정당성을 확보하게 되는 것이다. 그런데 주목할 것은 바로 이러한 시장실패의 사유가 제거되고 시장의 역기능이 제거되어 가는 과정은 애초에 파레토 최적이 훼손됨으로써 사회적 후생의 극대화가 이루어지지 못하던 현실을 복구시키는 결과를 낳는 것이므로, 그러한 구체적인 시장원리 복구정책의 일환으로 전개되는 사회복지정책은 단지 당위론적 정당성만을 확보하던 경지에서 진일보하여 사회적 효율성을 제고하는 기능을 인정받게 된다는 점이다. 그러므로 이러한 시장실패의 근거가 확고히 인정될수록 이제 사회복지는 더 이상 당위의 영역에만 머물지 않고 효율의 영역에서도 새롭게 그 의의를 부여받게 된다.

그렇다면 실제로 시장실패는 존재하는 것이고 타당성을 지니는 것인지 살펴보기로 하자.

1) 독점의 출현

선진자본주의의 발달과정을 보았을 때, 19세기 후반부터 자본이 거대자본의 성격을 띠면서 그 규모가 엄청난 수준에 도달하게 되자 주식회사처럼 소액자본을 사회적으로 규합하는 새로운 양식의 기업형태가 등장하게 된다. 그러나 그러한 대규모의 자본조달력을 갖추지 못한 자본가는 진출할 수 없으므로 자연스럽게 자본가로의 입신은 소수에게만 허락되었다. 아울러 경쟁에서 패퇴한 자본은 생존한 자본에 흡수되면서 한 시장을 하나의 기업이 독점해 버리는 현상이 독일과 미국 등지에서 전형적인 모습으로 나타났고 이러한 독점의 등장은 역설적이게도 자유경쟁을 제일의 원리로 삼는 자본주의 발전과정에서 도래된 필연적인 결과로 나타나게 되었다.

경쟁의 결과 적자생존 법칙에 따라 등장한 이러한 독점자본의 출현은 단순히 한 기업체가 어떤 제품의 생산을 독점함으로써 형평에 맞지 않는다는 비난 이상으로 많은 사회적 부작용을 야기하였다. 따라서 이에 대한 인위적인 견제를 하지 않는다면 자본주의의 생명력인 경쟁의 원리, 시장의 논리가 더 이상 작동하지 못하는 상황이 고착된다는 우려를 낳게 되었다. 그 결과 19세기 말엽부터는 미국을 중심으로 이를 규제하는 법률과 각종정책이 등장하였으며 이는 오늘날의 현대자본주의 국가에서도 정책의 근간이 되고 있다.

그러면 독점적인 생산이란 어떤 문제를 갖는 것인가? 독점의 폐해는 독점의 형성 자체에서 초래되는 것과 독점의 유지로부터 초래되는 것, 두 가지를 나누어 볼 필요가 있다.

먼저 독점의 형성 자체가 주는 폐해는 무엇인지 살펴보자. 일반적으로 생각할 때 독점은 불공정성을 낳는 기초가 되며 사회적으로 볼 때 경제력이 한 기업이나 소유주에게 집중됨으로써 공평하지 않은 측면이 있기 때문에 좋지 않은 것으로 이해되고 있다. 물론 이러한 지적도 근본적으로는 틀리지 않다. 굳이 우리나라와 같이 소유와 경영이 분리되지 않은 채 정부의 각종 특혜 조치를 바탕으로 문어발식 경영을 통해 다양한 부문에 광범위하게 걸쳐 기업 활동을 하는 재벌들이 자행해 온 각종 정경유착의 역사나 지나친 경제력 집중의 폐해를 거론할 필요도 없다. 독점의 위치에서 한 기업이 생산하는 것은 분명 치열한 경쟁으로 야기되는 불편의 감수나 살을 에는 자기노력 없이 매우 유리하고 편안한 생산여건을 갖추게 한다. 여기서 더 나아가 경쟁할 때보다 더 많은 이윤을 가져다 준다면 독점의 매력은 엄청난 것이 아닐 수 없다.

사실 기업이란 이윤을 추구하는 경제주체이고, 경쟁시장에서 유일한 최종승자가 된 자로서 당연히 누려야 할 보상이 바로 독점기업이 누리는 이윤이라고 보면 그다지 문제시될 것이 없다는 논리도 가능하다. 따라서 독점의 폐해를 입증하기 위해서는 단순히 그들이 이윤을 많이 남긴다는 사실의 지적으로는 불충분하다. 독점이윤(monopoly profit)의 실체가 무엇이며 원천이 어디에 연유하는 것인지를 해명하지 않으면 안 된다.

독점의 폐해(1): 이를 위해서는 우선 독점시장과 완전경쟁시장이 지니는 조건의 차이부터 이해하여야 한다. 〈표 3-1〉이 보여 주는 것처럼 경쟁시장하의 기업은 무수히 많은 수요자와 공급자가 만나 형성시키는 균형가격을 당연한 것으로 인지하고 그 가격을 기초로 자신의 생산조건과 견주어 이윤이 남겠는지 아닌지를 판단한다. 그리고 계속 시장에 남을 것인지 아니면 퇴장할 것인지를 결정하게 된다. 이때 경쟁시장에서의 기업은 한계수입, 즉 1단위 더 판매하는 데서 오는 수입의 증가분이 주어진 가격 자체가 되어 이윤의 극대화 조건도 다음과 같이 정리된다.

$$가격(P) = 한계수입(MR) = 한계비용(MC)$$

이 경우 경쟁기업에게 남는 초과이윤은 없다. 왜냐하면 만일 정상이윤 외에 추가적으로 얻는 이윤이 더 있다면 여타 산업에 진출해 있는 기업들이 유입되어 공급물량이 늘어나 가격이 하락함으로써 초과이윤이 해

〈표 3-1〉독점시장과 완전경쟁시장의 비교

항목＼시장	독점시장	완전경쟁시장
소비자 수	무수히 많음	무수히 많음
생산자 수	1개	무수히 많음
생산자의 위상	가격결정자(price-maker)	가격수용자(price-taker)
가격 수준	독점일 때가 가격 수준이 더 높다.	
생산량 수준	독점일 때가 더 적게 생산된다.	
이윤	초과이윤(extra profit) 존재	정상이윤(normal profit)만 존재
가격의 기능	경직적	탄력적
기업의 이윤 극대화 조건	한계수입(MR) = 한계비용(MC)	가격(P) = 한계수입(MR) = 한계비용(MC)

소되고 만다. 반대로 정상이윤도 확보하지 못할 정도로 가격 수준이 낮
아 생산자에게 매력이 없으면 이번에는 산업 내에 진출해 있던 기업들이
퇴장하기 시작하고 공급물량이 부족한 상태까지 이르러 이번에는 가격
이 다시 상승하여 잔존해 있는 기업들에게 정상이윤 정도는 확보하는 수
준을 보장하게 된다. 결국 이때 가격의 신축적인 기능은 처음 애덤 스미
스가 명명한 '보이지 않는 손'의 전형을 보여 주는 셈이다.

　그러나 독점기업의 가장 큰 매력은 우선 기업 자신이 가격을 결정할
수 있는 유일자로서의 위치에 있다는 것이다. 독점기업은 자신의 비용
조건하에서 최대의 이윤을 확보할 수 있는 지점, 즉

$$한계수입(MR) = 한계비용(MC)$$

이 달성되는 때의 생산량이 얼마인지를 염두에 두면서 그때 수요자들이 지불할 용의가 있는 가격 수준을 책정하여 시장에 공급함으로써 결과적으로 최대의 독점이윤을 확보할 수 있게 된다.

그렇다면 이 독점이윤은 왜 정당하지 않은가? 그 해답은 완전경쟁과 비교하는 과정에서 찾을 수 있다. 즉, 완전경쟁시장이었다면 독점기업이 누렸을 초과이윤은 더 낮은 가격에 더 많은 양을 소비할 수 있었던 소비자의 잠재적 이득에 해당하는 것이었다는 점에 주목하지 않을 수 없다. 독점이 된 뒤에 기업은 자신의 이윤극대화만을 추구하고 이 과정에서 자연히 높은 가격을 통하여 이윤을 추구하다 보니 공급량 또한 줄이는 것이다. 결과적으로 독점이윤의 원천은 바로 소비자의 손해를 전제로 하였기 때문에 독점은 사회적인 폐단을 낳는 것이다.

그러나 소비자든 독점기업가이든 다 같이 경제권의 구성분자라 할 수 있고 그에 따라 기업가의 이윤이 되었다 해도 분배과정에서 임금이나 이윤, 지대의 형태로 소비자에게 환원된다면 그다지 나쁠 것이 없다는 반론이 제기될 만하다.

이러한 논리를 반박하기 위하여 [그림 3-2]를 살펴보자.

독점의 폐해(2): 어느 경제권에서 치약이 완전경쟁 상태에서 생산된 적이 있었다고 하자. 이때 이 치약의 가격은 치약시장에서 전체 공급자와 수요자가 모여 결정한 P_c 수준이었다고 하자. 그렇다면 이러한 경쟁 상태에서 기업의 생산수준은 결국 주어진 가격 수준이 한계비용과 일치하는 지점인 E_c가 되고 이때 해당 기업의 생산량은 Q_c가 될 것이다. 그런데 무수히 많았던 경쟁 생산자들을 물리치고 이제 한 기업이 독점적인 지위를 확보하였다고 하자.

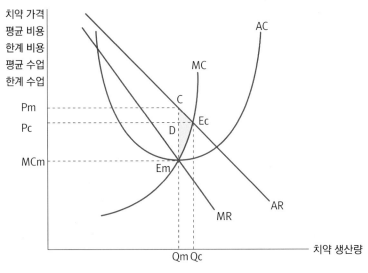

[그림 3-2] 독점의 폐해 – 사회적 후생의 손실

이때 기업은 원래 치약의 수요자들이 가지고 있는 정상적인 형태의 우하향하는 수요 곡선을 놓고 자신의 비용 조건과 견주어 최대이윤점을 찾게 된다. 그런데 이런 경우 한계비용과 일치하여야 할 한계수입곡선은 수요 곡선의 아래쪽에 더 빠른 기울기를 갖는 형태로 존재하게 되어[1] [그림 3-2]에서 볼 때 이 독점기업의 치약생산량은 공급 곡선에 해

---

1) 일반적으로 독점기업이 직면하는 한계수입곡선은 수요자들이 보이는 수요 곡선으로부터 도출된다고 한다. 그것을 간단히 수식으로 설명하면 다음과 같다.

$$MR(Q) = d\{TR(Q)\}/\, dQ$$

로 표현할 수 있는데, 이때 총수입인 $TR(Q) = P(Q) \times Q$이므로

$$MR(Q) = d\{P(Q) \times Q\}\,/\, dQ$$
$$= P(Q) + Q \times dP\,/\, dQ$$
$$= P(Q) \times [1 + (Q/P) \times (dP\,/\, dQ)].$$

그러므로 한계수입곡선 $MR(Q)$는 가격과 수요량의 관계를 보이는 수요 곡선 $P(Q)$에

당하는 한계비용곡선과 우하향의 한계수입곡선이 마주치는 지점인 Em
이 되고 그때의 생산량 Qm이 적정생산량이 된다. 그리고 그때 시장에서
받을 수 있는 가격 수준은 수요 곡선에 의하여 확인되는 것과 같이 Pm
수준이 된다. 또한 독점이윤의 규모는 시장에서 단위당 받게 되는 가격과
생산에 필요한 평균비용의 차이에 따라서 결정되므로 □MCmEmCPm으
로 표현된다.

　그러므로 완전경쟁하의 가격 수준에 비하여 높고 생산량은 오히려 줄
어든 수준이라는 앞의 첫 번째 폐단이 증명된다.

　그러나 이에서 더 나아가 두 번째 폐단을 말하기 위해서는 빗금친
△CEmEc에 주목할 필요가 있다. 2장에서 언급한 대로 완전경쟁시장에
서 선분 PcEc와 수요곡선(직선 AR) 사이는 소비자들이 자신이 느끼는 한계
편익에 비하여 상대적으로 낮은 가격을 지불함으로써 누리는 소비자잉
여에 해당하는 부분이다. 또한 선 PcEc와 공급 곡선(곡선 MC) 사이는 기
업의 입장에서는 그들 자신의 한계비용보다 더 높은 가격을 받으므로 누
리는 생산자잉여에 해당하는 부분이다. 그러나 독점이 되고 난 뒤 생산
량이 완전경쟁일 때의 Qc에서 Qm으로 줄어든 결과, 그중 □MCmEmCPm
에 해당하는 부분은 소비자잉여와 생산자잉여 중 독점기업에게 넘겨준
부분이지만 △CEmEc에 해당하는 부분은 소비자에게도, 그리고 생산자
에게도 귀속되지 않은 채 사회적으로 유실된 부분이 되고 만다. 바로 이
△CEmEc 만큼의 과거 소비자잉여에 해당하던 부분이 독점으로 인해 사

뒷항인 [1 + (Q/P) × (dP/dQ)]를 곱한 것으로 표현할 수 있는데, 일반적으로 수요 곡
선의 기울기는 음의 값을 가지므로 dP/dQ < 0이라고 볼 수 있고 따라서 뒷항이 음이
므로 MR(Q) < P(Q)의 관계를 갖는다고 볼 수 있다. 결국 한계수입곡선은 언제나 수요
곡선보다는 아래쪽에 위치한다는 것을 의미한다.

회적으로 순전히 유실된 부분이라는 점에서 독점은 사회적으로 해악을 끼쳤다고 본다. 이는 주류경제학의 입장에서 볼 때도 매우 자명한 사실로 인식되어 독점이 나쁜 이유로 가장 강조되는 부분이기도 하다.

그렇다면 독점 자체가 주는 폐해 말고도 기업의 입장에서 볼 때 이렇게 매력적인 독점의 지위를 계속 유지하는 데서 오는 폐해란 무엇일까를 보기로 하자.

최후의 승리자가 누리는 전리품으로서의 독점이윤은 승리자가 계속하여 승리자의 위치를 고수하게 만드는 가장 강력한 유인의 역할을 한다. 한 번 독점의 단맛을 본 기업은 결코 쉽사리 독점의 위치를 포기하지 않으려고 한다. 따라서 기업은 음성적인 혹은 양성적인 각종 노력을 행하는데, 심지어는 탈법, 불법적인 시도까지 하게 된다.

독점의 폐해(3): 대표적인 사례로 약탈가격(predatory pricing)의 설정을 들 수 있다. 앞서 한 치약 생산자가 독점이윤을 누리고 있는데 그 이윤을 탐내는 또 다른 기업이 치약시장에 진출하기 위하여 움직이고 있다고 하자. 이미 독점지위를 선점한 기업의 입장에서는 용납할 수 없는 경쟁자의 대두 상황이 벌어지려고 하는 것이다. 이때 기존 독점기업은 새로운 진출자가 본격적으로 제품을 출하할 때를 기다리고 있다가 상대기업의 제품이 유사한 수준의 가격표를 붙이고 시장에 나오는 찰라, 이제까지 누린 독점이윤이 있어 일정기간의 손해는 감수할 여력이 되므로 갑자기 생산원가에도 못 미치는 낮은 가격의 제품을 시장에 출하시킨다. 따라서 기존 가격만을 생각하고 이윤을 기대하였던 신진기업은 엄청난 타격을 받고 곧 생산을 중단하며 시장에서 퇴장할 수밖에 없을 것이다. 물론 현행 독점금지법상으로 감시의 대상이 되고 있는 이 약탈가격은 독점기업이 가장 즐겨 쓰는 무기인 것만은 사실이다.

이밖에도 원료시장을 독점하여 잠재적인 진출기업을 막는다든지, 유통조직을 선점하여 타 기업의 판로를 봉쇄한다든지의 방법 등 비합리적이고 비합법적 수단이 동원되어 독점을 유지하려는 노력은 사회적으로 감시되어야 할 행위일 수밖에 없다고 볼 수 있을 것이다.

독점의 폐해(4): 그러나 독점이 성립된 사회에서 가장 경계해야 하는 독점의 폐단은 인위적으로 독점의 지위를 누리려고 노력하는 가운데 비생산적인 부문으로 투입되는 인적, 물적 자원의 낭비분이 발생한다는 점이다. 경제학 분야에서는 특히 이러한 점에 유의하는 특정학자들이 지대추구행위이론(a theory of rent-seeking activities)을 주창하고 있어 매우 흥미롭다.

원래 지대(地代, rent)란 협의로는 토지가 생산에 기여한 대가로 주어지는 것을 의미하지만 광의로 해석하면 지대는 공급이 제한된 생산요소에 대한 대가 모두를 일컫는다. 그러므로 후자의 의미에 따르면, 어떤 독특한 장기를 지닌 연예인에게 주어지는 보수도 지대요, 비범한 재능을 지닌 경제 활동가에게 주어지는 대가도 지대에 해당한다고 볼 수 있다.

그런데 여기서 말하는 지대추구행위란, 공급이 제한된 독점적인 상황을 인위적으로 추구하는 행위, 그리고 결과적으로는 그로부터 독점적 이윤과 같은 초과이득을 챙기려는 인위적인 노력을 말한다. 이러한 행위가 현대 자본주의 사회에는 특히 정치적인 이권을 중심으로 매우 광범위하게 잔존하고 있다고 보이는데, 대표적인 예가 이익단체들이 자행하는 로비활동이라 할 수 있다. 이들 로비활동의 목적이란 주로 입법과정이나 정책결정과정에서 특정집단에게 배타적인 기득권을 인정하여 주는 것, 예컨대 변호사, 약사, 한의사, 사회복지사 등 전문 직종은 물론 철강 산업, 자동차산업, 농업 등등의 산업분야에 이르기까지 특별한 혜택이 주어지도록 하는 것으로 이것이 비생산적인 낭비분에 해당된다는 것이다.

지대추구행위이론의 대표주자인 터럭(G. Tullock)에 따르면, 옛날 중국의 과거제도가 전형적인 지대추구행위라고 예시된다. 왜냐하면 배타적인 특정 소수의 정치 입문객만을 뽑아내는 과거시험은 결과적으로 소수의 독점적인 정치인만을 허락하고 따라서 그들은 과거에 급제한 이후 엄청난 물질적, 비물질적 혜택을 독식한다. 때문에 과거제도에 대단히 많은 지망생들이 몰려드는데 결국 떨어져 버리는 인재들과 그들이 쏟은 정열과 소비한 물적 재화 등 모두가 사회적인 낭비에 속한다는 것이다. 필요 이상으로 진입이 규제되므로 진입에 성공한 자에게는 엄청난 특혜가 주어질지 모르지만 진입을 둘러싸고 일어나는 과잉경쟁은 결과적으로 쓸데없는 사회적 자원의 유실을 낳으며 오히려 이러한 인적·물적 재원이 다른 생산적인 부문으로 투여되면 얻을 수 있었던 생산물까지 생각하면 이로 인한 사회적 폐해는 대단하다는 것이다.

이러한 예는 오늘날 한국 사회의 치열한 고시제도에도 적용되며 나아가 각종 정치자금 및 뇌물의 수수를 중심으로 충분히 실감할 수 있는 면이 있다. 또 비단 정치권을 둘러싼 것만이 아니라 교육제도, 각종 인허가권의 취득과정, 촌지수수과정 등에서도 폭넓게 엿볼 수 있는 문제이기도 하다.

그렇다면 짐작할 수 있는 것처럼, 독점기업가는 독점이 한 번 성립되고 나면 필연적으로 독점을 유지하려는 노력을 파상적으로 전개하고 이는 틀림없이 정치권과 연계되어 합법적인 범주의 로비활동이든, 아니면 음성적인 뇌물의 수수활동이든 각종 노력이 경주될 수밖에 없다. 이는 앞서 본 것과 같이 독점이 온존되는 데서 계속 발생하는 사회적 후생의 유실분만이 아니라 이러한 방만한 인위적인 지대추구활동에서 생기는 비생산적인 낭비 분까지 초래하므로 이중의 손실이 야기된다고 할 수 있다.

결국 이러한 각종 사회적 해악을 낳는 독점의 존재 자체를 막아야 함에도 불구하고 자본주의 사회가 경쟁을 전제로 한 것임과 동시에 항시 독점이 탄생될 개연성이 있다는 역설은 시장의 균형론을 제시한 자들에게 매우 곤혹스러운 점이 아닐 수 없다. 사회적 최적점의 도달과는 거리가 먼 독점의 존재가 자본주의의 피할 수 없는 숙명이라는 사실이 그들에게는 매우 부담스러운 현상으로 인식되지 않을 수 없는 것이다.

더군다나 인위적인 독점의 출현은 법적, 제도적 견제와 감시로 막고 그 폐해를 최소화할 수 있지만 자연독점과 같이 산업의 속성상, 기술체계의 특성상 불가피하게 독점의 지위를 누리는 경우가 있음이 드러남에 따라 그들의 곤혹스러움은 도를 더해 갈 수밖에 없다. 여기서 자연독점이란 생산기술의 속성상 평균비용곡선이 독특한 추세를 보이는 경우를 말한다. 우리가 생산이론에서 보았던 것처럼 일반적으로 모든 생산영역에서의 평균비용의 동향이란 처음에는 생산성의 증가로 감소하다가 일정 수준의 생산지점을 통과하면 그 뒤부터는 생산성도 떨어지게 되고 당연히 단위당 생산비 수준도 상승하게 되어 밑으로 오목한 형태의 곡선이 되는데, 이에 비하여 이 자연독점의 경우는 [그림 3-3]에서 보는 것처럼

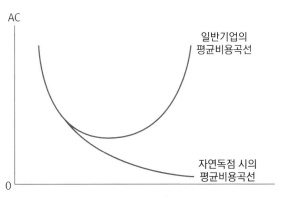

[그림 3-3] 일반기업과 자연독점 경우의 평균비용곡선

평균비용이 생산량이 증가할수록 계속 감소하는 추세를 보이는 것을 특징으로 한다.

자연독점의 전형적인 예는 전기산업이라고 할 수 있다. 전기의 경우 처음에 발전소를 건설하고 철탑을 세워 전력을 도심으로까지 연결하고 다시 전주와 전선을 가설하여 가정으로 배달하는 과정을 거친다. 초기에는 요구되는 단위당 비용이 매우 크겠지만 전력사용가구가 늘수록 추가되는 비용이란 전주에서 새로 가입한 가정까지 연결하는 전선의 추가 설치비 외에는 별다른 것이 없으므로 평균비용은 점점 떨어지게 된다. 바로 이것이 자연독점이며, 이와 비슷한 경우로 전화 및 수도·통신 산업 등이 열거될 수 있을 것이다.

이러한 자연독점의 경우 맨 처음 진출한 기업이 갖는 상대적인 우위성은 자못 크다. 미리 수요자들의 요구량을 선점하여 그에 부응하는 생산량을 기록하는 선발 기업이 있으면 이미 그 기업의 평균비용수준은 상당히 하락되어 있는 것이고 국민소득의 증대에 따라 요구량이 늘어나면 날수록 점점 더 유리한 비용 조건이 전개된다. 그러나 또 다른 임의의 후발 기업이 있다 해도 그는 선발주자의 유리한 비용 조건을 단숨에 따라잡기란 거의 불가능하여 선발 기업의 독주는 계속될 수밖에 없다. 따라서 자연스럽게 독점상황이 연출되고 이때의 독점기업은 독점이윤을 마음껏 향유할 수 있지만 달리 제재할 방도는 없다.

이제까지 소개한 여러 가지 근거를 종합하여 볼 때, 사회적인 후생의 극대화에 방해가 되고 더군다나 가격의 경직성까지 초래하여 신축적 가격기능 작동에 의한 최적상황의 구현에 결정적인 장애가 되는 독점기업의 출현은 자본주의의 불가피한 현상이다. 그러므로 시장에 의한, 시장의 균형성립의 주장과는 달리 시장의 실패요인은 엄존한다는 것이 입증된 것이라고 하겠다.

2) 외부효과의 존재

시장이 균형의 조작자라고 보는 관점에서는 결과적으로 시장이라는 무대 위에서 수요자가 보이는 편익의 측면과 공급자가 보이는 비용의 측면이 모두 노출되고 그로부터 모든 참여자가 만족하는 해가 도출된다는 생각이 기본이라고 할 수 있다. 그러나 실제 그러한 기본전제에는 심각한 함정이 내재해 있다고 지적된다.

쉬운 예를 하나 들어 보기로 하자. 김포평야에서 김 씨라는 농부가 오랫동안 쌀농사를 지어 생활을 해 왔다고 가정하자. 그런데 최근 들어 김 씨에게는 무척 당황스러운 상황이 벌어졌다. 즉, 과거에 비하여 일을 게을리하는 것도 아니고 비료를 덜 쓰는 것도 아니요 종자에 문제가 있는 것도 아닌데 단위당 쌀 수확량이 과거와 같지 않아 소득이 줄고 생활형편이 전보다 못해진 것이다.

김 씨는 신중히 원인을 추적하여 본 결과 농업용수로 쓴 한강물이 매우 심각히 오염된 것이 주 원인임을 알 수 있었고 한강오염의 주범은 상류에서 유출되는 독성이 강한 공업폐수라는 결론에 이르게 되었다고 하자. 그렇다면 상류의 신발공장에서 활동하는 기업가는 자신의 생산과정에서 야기된 피해를 복구하는 것을 고려하지 않았으므로 상대적으로 부당한 이득을 올린 것이고 김 씨는 자기 탓도 아닌 이유 때문에 상대적으로 부당한 손해를 보았다고 할 수 있다. 결국 김 씨가 지은 쌀농사는 명시적인 범주에서만 영향력이 행사되는 것이 아니라 이와 같이 매우 광범위한 영역에서 알게 모르게 영향을 받는 것이다. 이를 우리는 생산의 상호의존성이라고 말한다.

또 다른 예로, 박 씨는 양봉업자다. 박 씨는 아카시아가 울창한 곳을 찾아서 벌을 치고 수익을 올리는데 얼마나 수익을 올리느냐는 박 씨 개인의 노력에 달려 있는 것은 물론 지금으로부터 20~30여 년 전 육림사업이 얼마나 진행되었느냐에 달려 있는 것도 사실이다. 따라서 양봉업에 영향을 미치는 변수도 육림사업까지를 포함할 정도로 매우 광범위하게 확대된다. 특히 이 경우는 앞서의 농부 김 씨와는 대조적으로 다른 부문으로부터 눈에 보이지 않는 이익을 얻는 경우라고 할 수 있으나 생산의 상호의존성에 해당하기는 마찬가지다.

우리는 이렇게 생산, 심지어 소비에서까지 상호의존적인 여지를 갖고 있는데, 이를 일컬어 외부효과(external effect) 또는 외부성(externality)이라고 부르고, 특히 김 씨의 경우처럼 다른 부문으로부터 피해를 주고받는 경우를 외부비경제(external diseconomy), 박 씨를 둘러싸고 벌어지는 경우처럼 다른 부문으로부터 이득을 주고받는 경우를 외부경제(external economy)라고 각기 정의하고 있다.

이런 외부효과가 시장의 실패요인으로 꼽히고 있는 것은, 순수한 시장 자체에서는 외부효과가 사전에 충분히 고려되지 않은 채 단순히 수요·공급의 원리에 의하여 균형가격과 균형수량을 결정하고 만다는 모순이 있기 때문이다. 즉, 생산활동에 참여하는 자들은 오로지 사적 비용(private cost)을 중심으로 하여 공급 곡선을 결정하고 이로부터 자신의 기준에서 보는 적정가격과 적정생산량만을 생각하는 경향이 있다는 것이다. 그러나 진정으로 한 사회에서 어떤 생산이나 소비가 이루어질 때 작용하는 모든 외부효과를 고려하면 당연히 그에 걸맞은 사회적 비용(social cost)을 중심으로 적정가격과 거래량이 결정되어야 한다. 이와 같은 사실을 [그림 3-4]를 통하여 확인하여 보기로 하자.

[그림 3-4]의 (가)는 농부인 김 씨에게 피해를 준 한강 상류의 신발공장의 기업가가 대면하는 신발시장의 수요, 공급 곡선을 보여 주고 있다. 신발시장에서는 김 씨와 같은 피해자가 있는 것을 고려하지 않고 자신들

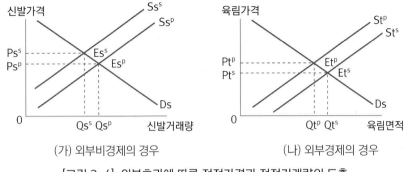

[그림 3-4] 외부효과에 따른 적정가격과 적정거래량의 도출

의 사적비용만을 염두에 둔 공급 곡선 Ss^p를 도출하여 대응되는 신발의 수요 곡선 Ds와 반응한 뒤 Es^p의 균형점을 도출하므로 이로부터 각기 균형가격과 수량인 Ps^p와 Qs^p를 갖게 된다. 그러나 이렇게 도출된 균형점은 신발 생산이 사회적으로 일으키는 피해를 반영하지 않는다. 만일 신발시장에서 끝내 그들이 유발하는 피해를 복구하는 비용을 자체 처리하지 않는다면 오염된 한강의 정화는 정부가 세금의 일부분을 들여 행할 수밖에 없고 이는 원인제공자가 비용을 부담하지 않고 엉뚱하게 피해자인 국민이 비용을 부담하는 부당한 상황이 되고 만다.

바로 이때 순수한 시장의 존재만으로 이와 같은 모순된 상황을 타개하리라고 기대하기는 어려우므로 시장 이외의 존재인 정부가 개입할 필요성이 대두된다. 원래 신발공장에서 스스로 내부정화장치를 통하여 오염폐수의 방출을 정화한다거나, 아니면 오염된 강물을 정화하는 비용을 부담시키는 쪽으로 반응한다고 했을 때 이들은 단위 생산량당 비용이 종전에 비하여 상승할 것이다. 따라서 Ss^p보다는 위에 존재하는 Ss^s 곡선이 새롭게 대두되고 이는 사회적 비용을 기반으로 한 것이라 말할 수 있다. 그때 도출되는 새로운 균형점은 Es^s가 되고 이로부터 찾아지는 사회적 의미의 균형가격과 수량은 Ps^s, Qs^s가 되므로 종전의 개인적 비용을 기초로 하였을 때보다 더 높은 가격과 더 적은 거래량을 보여 주게 된다. 즉, 기업 개별적인 차원에서는 사회적인 차원을 고려했을 때보다 과잉생산을 하였다고 볼 수 있다. 결국 정상적인 상태가 되려면 더 높은 가격을 통하여 신발을 생산하는 과정에서 유발시킨 피해를 보상하는 비용을 내부화해야 함을 보여 주는 것이다.

최근 들어 환경파괴적인 제품을 생산하는 경우, 예컨대 깡통음료를 생산하는 경우 깡통이 자연 상태에서 썩지 않고 존재하므로 이를 수거하는 것이 필요하고 이 수거비용을 깡통음료에 미리 포함시킴으로써 생산자와 소비자 모두가 거래과정에서 자연스럽게 사회적 피해를 복구하는 비용을 조달하게 만드는 발상 자체가 이에 부합되는 전형적인 예라고 할 수 있다. 이럴 경우 부과되는 수거비용만큼 가격은 상승하게 되고 따라서 환경피해상품이 과잉생산되는 것을 막으며 소비자들의 과도한 소비도 억제하는 효과를 발휘할 수 있는 것이다.

[그림 3-4]의 (나)에서는 거꾸로 어떤 생산활동이 다른 생산활동에 도움을 주는 외부경제의 경우로서 앞서의 양봉업자 박 씨에게 이득을 준 육림분야를 구체적인 예로 들 수 있다.

만일 양봉업자가 이득을 본 부분을 육림분야에 환원하지 않고 개인적인 차원에서 이윤으로 간주해 버리고 말면 공급 곡선 St^p와 수요 곡선 Dt와의 교차점인 Et^p가 균형점이 되고 이는 각기 Pt^p, Qt^p에 해당하는 가격 및 거래량을 보여 주게 된다. 그러나 육림과 같은 외부경제를 일으키는 재화는 생산 및 소비가 더욱 장려될 필요가 있는데 개인적인 비용 조건하에서는 결과적으로 과소생산, 과소소비되고 마는 측면이 인정된다.

따라서 이제 양봉업자와 같이 육림으로부터 이득을 보는 자가 이득의 일부를 육림사업을 위하여 내놓는다고 하면 (나)의 그림에서처럼 공급 곡선은 St^s로 아래쪽에 새로이 생기게 되고 따라서 Et^s하에 더 많은 거래량 Qt^s과 더 낮은 가격 Pt^s을 도출하게 만든다. 비로소 사회적 차원의 적정 가격과 거래량을 찾은 것이다.

우리 일상생활에서 이러한 외부효과가 존재하는 경우는 무수히 많다. 실제 모든 생산과 소비가 다 해당된다고 말하여도 과히 틀리지 않을 정도로 일상에서 일어나는 외부효과는 비일비재한 것이다.

소비의 경우도 자기 자신의 효용은 자기 자신이 직접적으로 소비하는 재화의 양은 물론이고 개인의 성향에 따라서는 이웃집, 아니 사회 전체적으로 타인이 소비하는 재화의 양이 매우 민감하게 영향을 미치는 경우도 얼마든지 상정할 수 있다. "사촌이 땅을 사면 배가 아프다"는 우리의 속담이 극명하게 그것을 지적하여 주고 있다. 소비에서도 상호의존성이 존재하는 것이다.

따라서 자본주의 시장권을 둘러싸고 벌어지는 생산과 소비 활동 안에서 이 같은 무수히 많은 외부효과가 존재할 때 시장의 순기능만을 믿고 방임적인 태도를 취한다는 것은 엄청난 왜곡의 발생을 초래할 수밖에 없을 것이요, 결코 사회적 최적상태와는 부합되지 않는 상황이 도래할 것이다. 그러므로 정부가 조세나 벌금의 방법으로 사회적 비용과 개인적 비용 간의 차이를 회수하여 피해를 입거나 이득을 준 부문에 보조금이나 이전금의 형태로 보전을 하여 주는 것은 매우 정당한 것이며 동시에 사회후생의 증대와도 직결되어 있는 것으로 간주할 수 있다.

결론적으로 외부효과의 존재는 시장이 실패할 수밖에 없음을 입증하는 중요한 논거가 됨에 틀림없다.

3) 공공재의 존재

우리는 매일 홍수처럼 밀려드는 상품에 압도당하면서 살고 있다. 소비를 위하여 상품을 사는지, 상품이 있기에 소비를 하는지 모를 정도로 상품의 공세에 시달리면서 살고 있다 해도 과언이 아닐 것이다. 그런데 이렇게 시장을 통하여 사고파는 모든 재화는 가만히 볼 때 어떤 공통의 특성을 지니고 있다고 할 수 있다.

물론 가장 큰 특징은 시장에서 거래되는 재화에는 가격이 존재한다는 것이다. 가격이 없으면 시장에 진출하여 교환을 할 필요가 없다. 즉, 교환을 전제로 한 상품에는 언제나 재화의 가치를 표현하는 가격이 존재한다. 그러나 이러한 현상적 특성에서 나아가 내면적 특질을 보면 두 가지 주요한 속성이 있음을 깨닫게 된다.

첫째, 모든 재화는 그 재화의 소비를 둘러싸고 경합적(競合的)인 여지를 지니고 있다. 왜냐하면 하나의 재화는 한 명의 소비자의 직접적인 욕구를 충족시켜 줄 수 있기 때문이다. 한 그릇의 쌀밥이 있을 때 갑과 을 중 갑이 먹게 되면 갑의 배가 부르고 따라서 갑의 욕망이 채워지는 대신 을의 포만감을 달성하는 데는 아무런 도움이 되지 못한다. 그렇기 때문에 우리는 모두 경쟁적으로 재화를 소비하려는 운명에 처하게 된다.

둘째, 모든 재화는 배제적(排除的)인 소유권이 확립되는 것이 필연적이다. 일단 어떤 재화에 대하여 소유권을 확보하면 다른 어떤 사람도 소비 및 소유를 못하도록 하는 것이 법률적인 보호 아래에서도 가능한 일이며 또한 실질적으로도 타인의 소비 및 소유를 배제시키는 데 큰 어려움을 느끼지 않는다.

우리가 일상생활에서 별다른 생각 없이 사고팔면서 소비하고 있는 많은 재화가 결과적으로 앞의 두 가지 고유한 성격을 지니고 있음을 깨닫는 것은 그리 어렵지 않다. 그러나 과연 가격이 존재하고 시장에서 거래 가능한 상태로 있는 모든 재화가 이와 같은 성격을 지니고 있는 것일지는 한 번쯤 깊게 생각해 보아야 하는 질문일 것이다.

　어떤 동네에 골목길이 있다고 하자. 그런데 이 골목길은 매우 좁다랗고 길고 가로등도 없기 때문에 골목길에 살고 있는 사람들의 불안감은 매우 컸다. 드디어 이 골목 안에 기거하는 집 A의 대표부터 집 M 대표까지 한자리에 모여 대책을 강구하는 회의를 시작하였다. 그리하여 평소 이 골목길이 각종 비행이 저질러지는 온상이었고 누구나 심한 공포와 불안감을 느껴 왔음을 공감한 끝에 가장 좋은 대비책으로 골목길을 환하게 비추도록 가로등을 세우는 데까지 의견이 모아졌다. 이제 남은 일은 가로등을 세우는 데 각 가구가 얼마씩 비용염출을 하도록 할 것인가만 남았다. 그러나 이들 간의 회의는 결국 이 부분에 와서 난항을 거듭하게 된다. 예컨대 집 A의 대표자는 자신들은 다른 집들보다 적게 이용하므로 당연히 가장 낮은 비율로 설치비를 부담하여야 한다고 주장하고, B 역시 그에 동의하며, 이어서 C는 비슷한 논리로 자신도 A나 B보다는 많이 그러나 나머지보다는 당연히 적게 내야 한다고 주장하게 될 것이다.

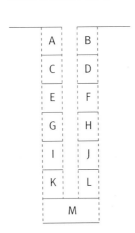

[그림 3-5] 공공재의 설명 예

그러나 이러한 논리대로라면 좀 더 높은 비율로 비용을 부담해야 하는 K, L, M은 결코 그러한 논리에 순순히 동의하지 않을 가능성이 많다. 그들은 나름대로의 논리를 개발하여 가구원수에 따라 차등배분을 하자든지, 집에 늦게 귀가하는 사람이 많은 가구부터 많이 내자든지, 아니면 간단히 모든 집이 공평하게 부담하자든지 등 각기 자신들 편의대로 주장이 난무할 수 있다. 급기야는 자리를 박차고 일어나 모임 자체가 무산되고 말 것이다.

그렇다면 왜 이러한 결과가 나오는가? 이것에는 가로등이 일종의 독특한 특성을 지닌 재화이기 때문이라 할 수 있다. 우선 누군가 가로등을 몇 개라도 설치하고 나면 가로등의 특성상 설치비용을 부담하지 않은 사람이 설치한 사람의 이용에 큰 불편을 주는 것이 아니므로 소비를 둘러싸고 경합적일 필요가 없다. 또한 굳이 설치하지 않은 사람이 이용하는 것을 원천적으로 막을 방법도 없는, 즉 배제적이지도 않는 속성이 가로등에 적용되는 것이다. 따라서 설치비용을 부담하지 않은 자도 염치불구하고 적당히 이용하는 것이 항시 가능하다는 판단이 대부분의 사람에게 인식된다. 이렇듯 가능하면 비용을 부담하는 대열에서는 이탈하고 반대로 혜택을 받는 대열에는 앞장서려고 하는 유혹을 받게 되는 재화를 우리 일상생활에서 의외로 많이 발견할 수 있다.

이와 같이 경합성 및 배제성의 특징을 갖는 일반적인 재화, 다른 말로 사적 재화(private goods)와는 대조적으로, 비경합성(non-rivalry) 및 비배제성(non-exclusiveness)을 주요 속성으로 하는 재화를 공공재(公共財, public goods)라고 부른다. 이 공공재는 분명 사적 재화와는 다른 성격을 갖고 있으므로 시장에서의 거래에서도 여러 가지 다른 모습을 보여 준다.

먼저 이들이 시장에서 사적 재화와 똑같이 거래된다면 무임승차자(無賃乘車者, free rider)가 등장하게 된다. 앞의 예에서 나온 바와 같이 부담은 안 하고 혜택만 향유하려는 자들인데, 비배제성을 특징으로 갖고 있는 공공재의 경우 이들을 원천적으로 봉쇄할 수 없으므로 이들이 존재하는 한 시장에서 정상적으로 거래되기가 어렵다.

그러므로 당연히 도출되는 또 다른 특성은 공공재가 시장에서 거래될 때는 필연적으로 적정수준보다도 과소 공급될 수밖에 없다는 점이다. 왜냐하면 자신이 느끼는 한계편익만큼 비용을 지불할 의사를 보인다면 아무 문제가 없지만 공공재의 경우는 되도록 자신의 한계편익을 숨기고 가급적 적은 비용만을 감당하려는 속성이 있으므로 실제 공급에 필요한 비용의 조달이 어려워 자연히 적정한 수준에 비하여 적은 양만이 생산 공급된다.

따라서 만일 시장의 기능을 과신하여 모든 재화의 거래 시 항상 적정수준의 조달이 보장될 것이라고 말한다면 이 공공재의 존재 하나만으로도 그러한 주장의 오류를 지적하기에 충분할 것이다. 왜냐하면 우리 주위에 이같이 공공재에 속하는 경우가 너무나 많기 때문이다.

주위에서 흔히 볼 수 있는 예로는 공용지에 가꾸어진 화단, 밤에 뱃길을 유도하는 등대, 도로나 공원, 정화된 공기, 국방의 존재 등을 들 수 있다. 이들의 경우 여러 사람이 소비를 한다고 하여 한 사람 한 사람의 욕구 충족에 방해가 되는 것도 아니며 또한 그에 따른 추가적인 비용부담이 있는 것도 아님은 물론 재화조달에 기여하지 않았다고 소비대열에서 배제시키는 것도 실제적으로는 불가능한 경우에 속하기 때문이다.

물론 어느 재화든지 일정한 수준을 넘어서면 동시에 많은 사람이 별 불편 없이 소비를 하기에는 한계를 느끼는 경지에 도달한다. 공원의 경우도 일정 수준까지는 산책하는 사람들끼리 서로 방해를 받는다고 생각하지 않지만 대단히 많은 사람들이 모이는 경우에는 사정이 달라지므로 이런 상태를 혼잡재(混雜財, congested goods)라고 부르기도 한다. 그러나 그러한 상태는 소비자의 수가 매우 많은 경우에 가능하므로 보통의 논의에서는 크게 고려하지 않는다.

여기서 한 가지 지적하지 않을 수 없는 것은 사회복지 역시 공공재라는 사실이다. 사회복지제도가 한 번 성립되면 이는 비경합적이고 비배제적인 성질을 가지고 있으며 무임승차자의 문제까지도 그대로 발생한다. 한때 세간을 공포에 떨게 하였던 지존파(至尊派)를 예로 들어 보기로 하자. 흉포한 지존파가 우리 사회에게 여러 가지 경종을 울려 주었는데 그 가운데 하나는 우리나라의 사회보장제도가 좀 더 발전하여 이런 사태를 미연에 방지하여야 한다는 것이다. 어릴 적 가난이나 해체가정의 고통에서 삐뚤어진 심성을 지닌 채 사회에 대한 증오심으로 가득 찬 이들이라 하더라도 좀 더 발달한 사회복지제도를 통하여 사전에 생활조건이 개선되고 적절한 사회복지서비스를 통하여 정상화될 수 있었다면 지존파의 탄생은 없었다.

이런 취지하에 한 사회복지사가 열악한 환경에 놓인 아동의 복지를 위하여 후원금을 모금하기로 하였다고 하자. 그는 가장 먼저 지존파가 노렸던 일부 최상류계층에게로 달려가 취지를 설명하고 후원해 줄 것을 청하였다고 하자. 실제 그 사회복지사가 좋은 성과를 거두었겠는가? 물론 최상류계층에 해당하는 사람 중에는 선뜻 후원금을 내는 사람도 있겠지만 대부분의 대상자들이 생각하는 것은 무임승차자다. 그가 그렇게 행동하는 이유는 어차피 자신이 굳이 사회복지제도 확충을 위해 물질적으로 동참하지 않는다고 하더라도 누군가에 의하여 성사가 될 것이고 그로부터 사회복지제도 확충의 성과가 일어나면 자신은 혜택만을 누리면 되는 점을 간파하기 때문이다.

결국 사회복지제도는 일단 성립된 제도하에서는 많은 사람들이 동시에 혜택을 볼 수 있다는 점과 국민 누구나 수혜조건이 되면 서비스혜택을 필요즉응(必要則應)의 원칙에 따라 주어야 한다는 점이 공공재로서의 요소를 갖추고 있다고 보인다.

어쨌든 어떤 재화가 공공재적인 성격을 갖고 있다면 단지 시장에서의 자발적인 교환만으로는 적정량이 거래되지 못하므로 이러한 재화에 대해서는 정부가 조달의 책임을 맡는 것이 더 바람직하다. 특히 무임승차자의 문제 등을 고려하자면 정부는 조세의 형태로 재원을 마련하여 가장 적정한 공공재의 수준까지 공급하는 자세가 필요하다. 실제 국방이나 도로건설, 항만 또는 등대의 건설 등을 정부가 나서서 조달 공급하는 이유가 바로 여기에 있다고 하겠다.

이로부터 우리는 시장을 통해서 균형이 도달될 수 없는 또 다른 현실의 반증사례를 확인하였다고 볼 수 있다.

4) 정보의 불완전성

시장에서 소비자와 생산자가 활동하는 데 정보의 중요성은 새삼 강조할 필요가 없을 만큼 모든 분야에서 강조되고 있다. 여기서 시장실패의 요인으로서 정보 측면이 갖는 문제점은 주로 정보의 실상이란 것이 누구나에게 똑같이 공유되는 것이 아니라는 것에서부터 시작된다.

예를 들면, 어떤 보험회사가 암보험 상품을 개발하여 시장에 내놓았다고 하자. 그리고는 고객을 확보하고 계약을 체결한 뒤 드디어 암에 대한 보험지급이 이루어지기 시작하였을 때 전혀 예기치 못한 상황을 맞이할 수 있다. 암은 어느 정도 유전적인 성격이 인정된다고 전제하면 사람들은 어느 정도 자신의 가계에 암의 유발률이 어떤지를 알고 있고 그것에 기초하여 볼 때 암 발생률이 가계 혈통적으로 매우 높은 사람들만 가입자로 구성되기 쉽다. 따라서 예상했던 것보다 가입자들 가운데에서 실제 암 발생률이 훨씬 높고 보험회사의 수지는 맞지 않게 되어 이 상품은 없어지든지, 아니면 보험료를 높게 책정하여 가입자들이 가입을 꺼리게 되어 암에 대한 대처를 제대로 할 수 없게 만드는 결과로 귀결될 것이다.

결국 이러한 상황이 초래되는 원인은 정보가 공급자와 수요자 간에 똑같이 공유되지 않기 때문이다. 앞서 암보험의 경우 공급자인 암보험회사는 결코 한 개인의 건강에 관한 지식을 당사자보다는 잘 알 수 없었던 것이다. 이런 경우를 정보의 비대칭성 내지 불완전성이라고 부른다. 이렇게 정보가 대칭적이지 못하게 존재함으로써 빚어지는 시장의 착란을 역선택(逆選擇, adverse selection)이라고 한다. 따라서 이러한 재화의 조달은 전적으로 자발적 교환의 장인 시장에서 해결할 수 없게 된다.

한편, 정보시장의 불완전성은 다른 형태로도 나타난다. 우리가 자동차보험이나 화재보험을 들었을 때, 보험에 가입하지 않았던 경우와 비교하여 보면 자동차사고나 화재사고 발생에 대하여 경각심이 떨어지는 것이 사실이다. 불행히도 사고가 발생하였다고 하더라도 보험으로 대처하면 된다는 생각이 안이한 생활태도를 유발하게 될 것이다. 이런 경우를 도덕적 해이(道德的 解弛, moral hazard)라고 부른다. 이때도 결과는 보험회사의 보험지급비 규모가 기대보다 월등히 늘어나게 되어 보험 상품이 없어지든지, 아니면 보험료가 매우 높아져 적절한 위험대책효과가 작용하지 않게 된다. 따라서 시장을 통한 적절거래의 기대는 무산되는 것이다.

바로 이러한 정보를 둘러싼 여러 속성도 시장실패를 입증하는 주요 요소로 거론하기에 충분할 것이다.

5) 시장실패와 사회복지와의 관계

지금까지 살펴본 시장실패의 근거들은 균형이론의 한계를 지적하는 의미도 갖지만, 다른 한편으로 보면 하나하나의 근거들이 모두 사회복지부문과 긴밀한 연관관계를 지니고 있음을 짐작할 수 있다.

첫 번째 독점의 경우를 보면, 독점이 누리는 초과이윤 분을 정부가 조세의 형태로 환수하고 독점의 존재로부터 피해를 본 소비자 및 중소기업에게 환원시켜 주는 것이 마땅하다면 소득재분배의 효과를 지닌 공적부조정책은 단순히 생존권적인 차원에서만 정당한 것이 아니고 이러한 시장실패의 복구차원과 연결되어 있다고 말할 수 있을 것이다.

두 번째 외부성의 경우를 보면, 좀 더 폭넓은 해석의 여지가 있다. 소비와 생산에서의 상호의존성이 사실이라면 높은 수준의 소비를 하는 자와 기업가들에게 소득재분배 차원에서 복지세나 특별소비세를 물려 이를 사회복지의 재원으로 활용하는 것이 얼마든지 설득력이 있게 된다. 특히 부자들의 과시적 소비는 가난한 사람들의 효용을 감소시키므로 부유한 자들의 소비 자체가 가져다주는 외부비경제적인 영향은 복지정책을 통하여 적절히 중화되지 않으면 안 될 것이다.

또한 무주택빈민계층에게 임대주택을 공급해 주는 것도 외부효과와 무관하지 않다. 우리나라의 경우 많은 이들이 무주택자로 전락한 것에는 70년대부터 투기열풍을 통하여 엄청난 전매이익을 누려 왔던 복부인을 비롯한 토지 및 주택소유자들의 소행도 연관이 있다고 보면, 현재의 무주택빈민계층에게 주택급여를 제공하는 것은 일종의 외부비경제를 중화시켜 주는 정당성을 갖는 것이라고 할 수 있다.

결국 누진적 성격을 지닌 복지세의 부과로 복지재원을 확충하고 각종 사회복지정책을 충실히 실행해 나가는 것은 이러한 외부효과를 중화시켜 줌으로써 오히려 사회전체의 효율을 증대시키는 의미를 갖는 일이기도 하며 아울러 실패된 시장의 결과를 최적의 상태로 복원시켜 주는 의미까지 갖는다고도 할 수 있다.

세 번째 공공재의 경우를 보면, 사회복지정책을 둘러싸고 의미심장한 시사점을 던져 준다. 사회복지가 공공재라는 것에 동의하는 것은 민간에 의한 공급과 재원조달이 어렵다는 것을 인식하는 것이 되고 따라서 적정한 사회복지수준의 확보는 정부의 책임하에 이루어져야 한다는 결론이 쉽게 도출된다.

최근 한국의 사회복지 현실에서 볼 때 가급적 민간의 재원을 많이 확보하여 부족한 정부재원을 대체하려는 경향이 있지만 이것이 국가책임 회피라는 따가운 비판을 면하지 못하고 있는 현실이다. 그러나 경제학적인 관점을 추가하여 보더라도 사회복지가 공공재라는 기초사실을 안다면 이러한 정책이 가져올 위험성, 즉 민간부문에서 과소 공급될 수밖에 없음을 직감하게 된다. 따라서 이러한 정책의 결과가 가져올 부정적인 모습을 상상하기에 충분하다.

이와 관련하여 가치재(價値財, merit goods)라는 새로운 용어를 이해하여 보자. 보통 한 재화의 소비가 굉장히 중요하고 결과적으로 유익함에도 불구하고 미처 소비자들이 그 중요성을 깨닫지 못하고 과소소비를 하는 경우가 있는데 이러한 재화를 가치재라고 부른다. 국가는 온정주의(paternalism)의 차원에서 이러한 재화의 소비를 적극 유도할 필요가 있는데, 교육이 가장 전형적인 예가 될 것이다. 국가가 의무교육이라는 제도를 통하여 모든 국민이 가급적 기초교육을 이수하도록 하고 더 나아가 고등교육까지도 장려하는 것은 교육의 가치가 지대한데도 국민 개개인의 입장에서는 여러 가지 사유로 그것의 의의만큼 소비하려고 들지 않는데 기초하고 있다. 사회복지도 사실 이와 유사한 면이 있다. 사회복지제도의 정착이 한 인간이 사회적 위험(social risks)으로부터 보호받아 안정된 삶이 수준을 유지하게 된다는 점에서 매우 중요하고 가치 있는 일임에도 불구하고 국민은 단순히 당장 자신이 부담해야 할 몫이 늘어난다는 점에서 주저하기 마련이다. 이때 정부가 온정주의적인 입장에서 이를 장려하고 적극 소비를 권장할 책무가 있는 것이다.

네 번째 불완전 정보를 보면, 사회보장체계 내의 중요한 영역인 사회보험이 왜 등장해야 하는지를 이해하는 데 도움이 된다. 결국 역선택의 문제를 해결하기 위하여 사적인 보험시장이 아니라 건강보험과 같은 사회보험이 등장한 것이며 아울러 도덕적 해이를 적절히 제어하기 위한 방책이 강구되어야 할 필요성이 제기됨도 알 수 있다.

지금까지의 논의를 통해 우리는 시장의 실패를 복구하여 사회적인 후생수준을 개선하고 시장의 효율성을 도모하는 수단으로서의 사회복지제도가 갖는 의의를 이해할 수 있었다. 사회복지가 '당위'의 영역만이 아니라 '효율'의 영역에서도 얼마든지 존재의미를 가질 수 있다는 결론이 가능할 것이다.

제4장

국민경제와 사회복지

한 국가의 경제에서 국민총생산액은 어떻게 형성되고 측정되며 결정되는지 이해하는 것을 경제학에서는 거시경제학(Macro Economics) 분야로 분류한다. 특히 이 분야는 국가의 재정 정책이나 금융 정책이 어떤 역할을 하는지 설명해 주는 것으로서 사회복지정책이 갖는 의의를 뒷받침해 준다.

1. 국민총생산(GNP)의 개념은 무엇이고 어떻게 측정하는가?
2. 한 국가경제에는 어떻게 수요-공급의 원리가 적용되는가?
3. 케인스정책의 핵심은 무엇이며, 유효수요관리정책은 어떤 의미를 갖는가?

1. 국민경제 분석과 수요 · 공급의 원리

일반적으로 경제권을 구성하는 부문은 소비, 생산, 분배, 나아가 유통 등으로 구분한다. 2장에서 소비자나 생산자 등의 개별 경제주체가 영역 내에서 어떤 행동원리하에 자신들의 경제행위를 행하고 있는지에 대하여 살펴보았다. 이러한 과정은 각 상품시장 내의 작동원리를 추적한 것으로서 흔히 미시적 접근(micro approach)이라고 한다.

이와 같은 접근 방법은 자본주의의 상품과 시장에 대한 분석을 하는데 정밀함과 논리성이란 측면에서 커다란 기여를 하였지만 실제 국민경제 내의 총산물 수준과 총소득의 수준을 있는 그대로 파악하고 그것의 증대를 꾀하기 위하여 노력하는 데는 그다지 큰 유용성을 주지 못한다는 한계도 존재한다.

그러한 한계가 가장 분명하게 드러난 때는 1930년대 대불황이 엄습하였던 시기라고 할 수 있다. 앞의 균형이론에서 살펴본 것처럼 시장경제의 탄력적인 가격조정 과정이 궁극적으로는 개별 시장에서는 균형을, 그리고 나아가 사회전체에는 파레토 최적을 낳는 것이라고 환상적인 이론체계를 통해 입증하였지만 실제 구체적인 개개인 및 국가경제 전체의 경제조건을 나타내는 소비량 전체나 국민소득 수준이 불행하게 낮은 상황, 즉 불황이라 불리는 상황이라면 실제로는 아무 소용이 없는 것이다. 따라서 불황 및 실업에 대하여 지대한 관심이 있었던 케인스의 등장을 계기로 실제 국민생산량과 국민소득 수준 전체를 파악하고 그 생산수준 및 소득수준을 나타낼 수 있는 국민경제 전체 차원의 접근 방법, 즉 거시적 접근(macro approach)이 등장하기 시작하였다.

이 거시적 접근 방법에 따르면, 한 국가의 경제권 내에 존재하는 모든 시장거래 상품 모두를 하나의 생산액과 하나의 가격체계 안에서 다룰 수 있다고 전제한다. 이렇듯 개별적으로 하나씩 존재하는 값들을 하나의 변수 안에 집계한 총계변수(總計變數, aggregate variables)의 대표적인 예는 국민총생산(gross national product, GNP), 국민소득(national income, NI), 물가(price), 소비량, 투자량, 이자율, 화폐량 등이다. 특히 중요한 것은 물가와 국민총생산으로서, 이들은 마치 개별시장에서 가격과 상품거래 수량이 대응하는 것처럼 국민경제 전체에서는 이들 두 변수가 대응하면서 한 국가의 경제수준이 구체적으로 어떠한지를 파악하는 데 핵심적인 내용을 제공할 수 있다는 점이다.

그러나 한 국가의 경제 전체를 대상으로 하는 거시적 접근에서도 수요·공급의 원리가 기본이 됨은 물론이다. 개별시장에서 거래되는 각 재화에서의 가격들이 가중 평균되어 한 국가의 경제권에 유일한 가격역할을 하는 물가는, 경제권 전체에서 파악할 수 있는 총수요(aggregate demand) 와 총공급(aggregate supply) 두 측면이 만나 결정한다고 할 때 기본적으로 거시적 접근도 수요 · 공급의 분석틀을 벗어나지 않음을 짐작케 한다.

[그림 4-1]과 같이 한 국가 국민경제의 균형 국민총생산량(Ye)과 균형 물가수준(Pe)도 총수요 곡선과 총공급 곡선이 결정하는 것이다. 그렇다 면 국민경제의 분석도 궁극적으로는 수요, 공급 두 측면에 대한 이해에 따라서 이루어진다는 것은 명확하다. 다만 과연 이들 총수요와 총공급을 결정하는 것이 개별시장에서의 한 재화를 둘러싼 수요측면과 공급측면 의 결정요인과 어떤 점이 얼마나 다른지가 이해의 관건이 될 것이다.

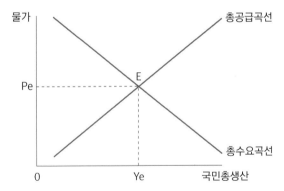

[그림 4-1] 국민경제에서의 국민총생산량 및 물가 수준의 결정

국민경제에서 총수요, 총공급 측면의 결정요인을 보기 위하여 우리는 다음 [그림 4-2]를 이해할 필요가 있다. 우선 총수요 곡선에 영향을 미치 는 주요한 측면은 다음과 같이 세 가지로 나뉜다.

첫 번째, 생산물수준으로서 생산물 자체에 대한 수요가 얼마인가가 중 요하다. 국민경제 전체로 볼 때 화폐 등의 이차적인 부문을 고려하지 않

[그림 4-2] 총수요와 총공급의 결정요인

은 가장 원초적인 수요량은 생산물 그 자체에 대한 수요의 크기가 되는데, 일반적으로 이러한 수요는 각 경제주체, 즉 가계, 기업 및 정부 등에서 제각기 그들의 수요량이 결정된다고 본다. 예를 들면, 가계가 주로 생산물에 대해 수요욕구를 느끼는 경우는 그것을 '소비(consumption, C)'하기 위함이며, 기업이 또한 수요욕구를 느끼는 경우는 '투자(investment, I)'를 위함이고, 아울러 정부는 '정부 지출(government expenditure, G)'을 행하기 위하여 국민경제 내에서 생산된 재화에 대한 수요를 일으키고 있다고 본다.

따라서 다음과 같은 정의식이 성립된다.

총수요(AD) ≡ 가계의 소비(C) + 기업의 투자(I) + 정부의 정부 지출(G) ·· [식 4-1]

그러나 개개의 상품에 대한 수요에서는 볼 수 없었던 독특한 면이 국민경제 전체의 총수요시장에서는 성립하는데, 바로 화폐의 존재다. 따라서 두 번째로 고려하여야 하는 것은 화폐부문에서의 동향이다.

원래 화폐란 인류의 경제생활에서 가치의 측정기능과 교환의 매개기능을 위하여 자연스럽게 등장된 특수상품이라고 할 수 있다. 이를 화폐의 본연적 기능이라고 부른다. 그러나 화폐가 이 두 가지 기능을 수행하며 발달해 오는 과정에서 몇 가지 기능이 파생되어 나왔다. 그중 하나가

가치의 저장수단이다. 이는 화폐를 당장 지불하지 않고 소지하고 있을 때 화폐를 통하여 구매할 수 있는 힘은 그대로 보전·유지됨을 말하는 것으로서 우리의 일상생활에서 매우 당연시되는 기능이기도 하다. 이외에 장래에 지불이 이루어져야 할 때 그것을 표현하는 기준으로 화폐가 동원되기도 한다.

이러한 본연적 기능과 파생적 기능 가운데 국민경제의 총수요 형성과 관련하여 주목되는 것은 가치저장 기능이다. 한 사람이 화폐를 보유하는 목적에는 여러 가지가 있는데 상품을 사기 위해 화폐를 소지하는 것은 교환의 매개기능에 초점이 맞추어진 것으로서 이는 앞의 첫 번째 설명에서 나왔던 생산물에 대한 수요량과 정확히 일치되는 양의 화폐량이 대응되는 것으로 나타난다. 그러나 사람들은 결코 상품을 사기 위해서만 화폐를 소유하는 것이 아니다. 예를 들면, 현대경제에서 사람들이 흥미를 느끼는 주식투자에서 볼 수 있듯이 적기에 수익률이 높은 금융상품을 원하는 만큼 사기 위해 일정량의 화폐를 지니고 있는 경우도 있다. 바로 이러한 경우가 화폐를 가치의 저장수단으로 사용하는 것인데, 만일 수익률이 높은 금융상품이 많이 등장하면 거래를 위한 화폐량이 줄어들어 생산물에 대한 수요량이 줄어들 수 있다. 바로 이와 같은 경로를 통하여 화폐량이 국민경제권에 대한 수요량에 영향을 미치는 것이다.

세 번째로 들 수 있는 것이 금융시장의 움직임이다. 앞의 두 번째 부분을 설명하는 가운데 거론되었지만 금융상품의 존재는 국민경제의 수요량과 밀접한 관계를 지닌다. 주식이나 채권 등의 금융상품은 주로 국민경제 내의 이자율 동향에 따라 그 가격이 상대적으로 평가된다. 즉, 이자율이 높으면 금융상품의 미래가치가 떨어져 현재가격도 상대적으로 낮게 평가된다. 따라서 이자율을 매개로 한 금융상품의 존재가 실물부문과 화폐부문으로 연결되어 있다.

한편, 국민경제의 총공급 곡선을 설명하는 가운데 등장하는 변수로는 개개 상품의 공급과정에서 대두되는 것처럼 동일한 요소들이 등장한다.

첫째, 국민경제 전체에서 동원되는 노동량 수준이다. 국민경제에서 각기 행사되고 있는 이질적이고 서로 다른 공간에서의 노동량들이 노동시간과 같은 일률적인 단위로 환산되어 그 투여량에 따른 총생산물 수준을 대응시킬 수 있을 때 총공습 수준과 노동량과의 일정관계가 총공급 곡선 안에서 표현된다.

둘째, 국민경제 전체에서 동원되는 자본량 수준도 총공습 수준과 긴밀한 관계를 지닌다. 국민경제 내에 산재해 있는 이질적인 자본량을 일률적인 화폐단위도 환산하여 표현할 수 있을 때 이 자본량과 총공급량 수준과는 일정한 대응관계가 있음을 상정할 수 있고 이것이 또한 총공급 곡선에 반영될 것이다.

결국 국민경제의 총공급량 수준을 Q_N이라고 한다면

$$Q_N = f(L_N, K_N) \quad \cdots\cdots\cdots\cdots\cdots\cdots\cdots\cdots\cdots\cdots\cdots\cdots\cdots\cdots [식 4-2]$$

단, L_N: 국민경제의 총노동량 수준, K_N: 국민경제의 총자본량 수준을 뜻함

로 표현될 수 있다. 다만 이때 한 가지 유의할 사실은 노동량은 단기적으로 공급량 자체가 신축적으로 변화할 수 있지만 자본량은 단기에서는 신축적인 변화가 불가한 것으로 본다는 점이다. 이를 놓고 노동은 가변요소(可變要素)라고 하며, 자본은 고정요소(固定要素)라고 한다.

지금까지 살펴본 것과 같이 거시적 접근에 따른 국민경제의 흐름 분석에서도 기본적인 수요·공급의 원리가 유용하게 동원되며 이를 토대로 한 국민경제의 거래총량인 국민총생산물(GNP) 수준을 파악할 수 있는 기초전제가 마련됨을 알 수 있다.

2. 국민총생산물의 결정

1) 경제주체들 간의 상호관계

　현대자본주의의 국민경제권을 분석함에서 가장 주목하여야 할 것이 있다면 소비의 주체로서의 가계와 생산의 주체로서의 기업, 그리고 소비 및 생산을 동시에 담당하는 정부, 이들 3자의 관계가 어떻게 연결되어 있는가다.

　과거 자유방임의 사상이 득세하였을 때는 정부의 존재가 큰 의의를 지니지 않았으나 케인스경제학 이후 정부의 적극적 경제개입정책의 당위성이 확립된 뒤로는 정부가 가계와 기업의 존재와 더불어 매우 중요한 역할을 행하는 것으로 간주된다. 이들 세 주체 안의 상호관계를 정리한 것이 [그림 4-3]이다.

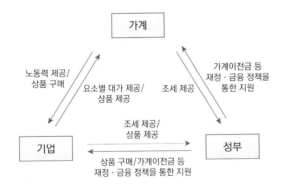

[그림 4-3] 가계 · 기업 · 정부의 상호관계도

　먼저 전통적인 경제주체의 두 축이었던 가계와 기업은 생산을 둘러싼 가장 전형적인 상호관계를 설정하고 있다. [그림 4-3]에서와 같이 우선 가계는 생산요소의 핵심인 노동을 비롯하여 자본 및 토지를 제공하고 그 대가로 기업으로부터 각기 임금, 이윤, 지대를 받는다. 아울러 그것으로 기업에서 생산하는 상품을 구매할 재원으로 삼고 당연히 기업은 스스로가 생산해 낸 상품을 가계에 제공하게 된다.

이러한 전형적인 관계와 함께 정부는 가계와 기업으로부터 받은 조세로 기업이 생산한 상품을 구매하여 소비자로서의 기능을 담당하는 한편, 가장 기본적인 정책인 재정정책과 금융정책을 통하여 가계에는 이전금 (transfers), 그리고 기업에는 보조금(subsidies) 등을 지원하거나 직접적으로 경제에 개입하는 역할을 한다. 또한 정부는 이 과정에서 공공재 등을 직접 생산하는 등 생산자로서의 기능도 수행하게 되는 것이다.

바로 이러한 3자의 상호관계 속에서 생산과 분배, 유통 및 소비가 이루어지는 기초가 형성되며 거시적 접근에서의 주요 관심사인 국민총생산의 규모가 결정되는 과정을 밟게 된다. 그렇다면 이제까지 우리가 사용하여 온 국민총생산, 즉 GNP란 어떤 개념을 가진 것인지를 살펴야 할 것이다. 개념에 대한 정확한 인식없이 국민총생산이란 용어를 사용하는 경우 불필요한, 때로는 중대한 오류가 발생할 수도 있기 때문이다.

2) 국민총생산의 개념

국민총생산이라는 용어처럼 경제발전과정에서 초미의 관심이 되는 용어는 흔치 않을 것이다. 그러나 이 용어는 매우 엄밀하고 까다로운, 그런 가운데에서 일정한 한계를 지닐 수밖에 없는 것이기도 하다.

우선 원론적인 개념의 국민총생산을 그 특성을 통하여 정의를 내려 보면 다음과 같다.

첫째, 한 국민경제 안에서[1]

둘째, 일정 기간 동안[2]

셋째, 새로이 생산된 최종생산물을[3]

넷째, 시장가치로 평가한 총액[4]이 국민총생산이라는 것이다.

따라서 농부가 밀을 심고 농사를 지은 뒤 추수를 하여 제분업자에게 팔면 그는 그것을 밀가루로 만들고 이를 제빵업자가 빵으로 만들어 소비자에게 최종 판매하는 간단한 상황을 예로 들어 〈표 4-1〉과 같은 구체적인 수치를 적용할 수 있다고 하자.

〈표 4-1〉 단순 경제에서의 국민총생산물 계산과정

항목 \ 생산물	생산물 I	생산물 II	생산물 III
생산물	밀	밀가루	빵
생산주체	농부	제분업자	제빵업자
생산시점(1년 중)	7월	10월	12월
총생산액	500	800	1,200
총생산액 누계액	500	1,300	2,500

(계속)

---

1) 이때 '한 국가 영역 안에서'라고 조건이 바뀌면 국내총생산(Gross Domestic Product, GDP)이 된다. 따라서 GDP는 속지주의(屬地主義)에 따른 개념이며, 반면에 GNP는 속인주의(屬人主義)에 따른 개념임을 알 수 있다.

2) 이때 '일정기간 동안'이라 함은 대개 회계연도에 따른 1년간을 말하는 것이 일반적이다.

3) GNP의 특징은 당해연도에 생산된 모든 생산물을 포섭하는 것이 아니라 중간투입물을 제외한 순수한 부가가치분만을 포섭하고 있는 점이다. 따라서 최종소비재의 합 또는 매 생산과정에서의 부가가치분만을 계산하여야 한다.

4) GNP에 계상되는 재화들은 약간의 예외를 제외하면 모두 시장가격으로 평가됨을 전제로 한다. 따라서 시장에서 거래되지 않는 것은 기본적으로 GNP에 포함되지 않는다.

항목＼생산물	생산물 I	생산물 II	생산물 III
부가가치액	500	300	400
부가가치누계액	500	800	1,200
최종생산물 총액	–	–	1,200

이로부터 알 수 있는 것은 위와 같은 단순경제에서 1년 동안 일어난 전 생산 과정 동안 1,200의 국민총생산액이 발생되었다는 것이다. 즉, 생산물 I 단계인 밀의 생산 시에는 총생산액 500이 모두 순수한 부가가치생산액이 된다. 만일 파종비용이 있었다면 차감되었을 것이지만 단순한 경우를 상정한 여기서는 그러한 상황을 배제하였다. 생산물 II 단계인 밀가루의 생산 시에는 전단계의 밀 500을 들여와 800의 밀가루를 만들었으므로 300의 부가가치가 생산되었고, 마지막으로 최종소비재인 빵을 만든 생산물 III 단계에서는 밀가루 800을 원료로 하여 1,200의 빵을 만들었으므로 순수한 부가가치는 400에 이르게 된다. 그러므로 생산물 I, 생산물 II, 생산물 III의 단계마다 500, 300, 400 등의 부가가치가 파생되었으므로 1년 동안 모두 1,200의 새로운 생산물이 이 국민경제권 내에서 만들어졌고 결국 이는 최종생산물인 빵 1,200의 가치 안에 고스란히 녹아있음을 알 수 있다.

이와 같이 단순한 국민경제권 내에서 생산된 순수한 생산물의 규모를 파악하는 원리를 기초로 하면 실제 국민경제권 내에서 이루어지는 부가가치 생산물의 총합도 접근할 수 있다. 다만 현실 국민경제에서의 부가가치 생산물을 파악하는 데는 좀 더 복잡한 여지를 가질 뿐이다.

현실 국민경제에서 부가가치 생산물은 단순히 '생산'되는 것에 그치는 것이 아니라 누군가가 '지출'하여 최종 사용처에서 사용되며, 또한 그러한 수요의 원천은 부가가치 생산물의 생산과정에서 각 생산요소별로 '분배'된 대가로 이루어진다. 따라서 생산물을 필요로 하는 경제주체들은 그 생산물의 규모와 같은 크기에 해당하는 것을 지출하기도 하고, 다른 한편으로는 생산에 기여한 경제주체들에게 분배하기도 한다. 그에 따라 우리는 한 국가의 부가가치 생산물의 총합은 생산의 측면에서도, 지출의 측면에서도, 그리고 분배의 측면에서도 똑같이 파악될 수 있음을 알 수 있다. 이를 '삼면등가(三面等價)의 법칙'이라 하며 간단히 [식 4-3]으로 나타낼 수 있다.

생산국민소득 ≡ 지출국민소득 ≡ 분배국민소득 ·········· [식 4-3]

[식 4-3]을 알기 쉽게 그림으로 나타내면 다음 [그림 4-4]와 같이 될 것이다.

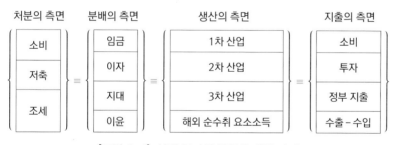

[그림 4-4] 삼면 등가의 법칙에 대한 이해

① 생산 측면에서의 국민총생산: [그림 4-4]에서 우선 가장 근간이 되는 것은 생산의 측면이 될 것이다. 한 국가 국민경제 내에서 어느 정도의 부가가치가 생산되었는지는 그림에서와 같이 전형적인 1, 2, 3차 산업 부문을 추적함으로써 가능하다. 이때 각 산업 부문에 해당하는 구체

적인 산업들은 다음과 같다.

1차 산업: 농업, 임업, 어업, 수산업

2차 산업: 광업, 제조업

3차 산업: 건설업, 전기 · 가스 · 수도 · 통신업, 도 · 소매업, 사업서비스
업, 사회서비스업, 개인서비스업 등

따라서 이러한 구체적 산업분야에서 생산된 부가가치의 양이 GNP 규모
파악의 기본이 된다. 다만, 이때 이러한 각 산업분야에 대한 추적만 하면
이는 국내총생산, 즉 GDP에 그치므로 국민총생산이 되기 위하여 자국인
이 해외에 가서 요소소득으로 벌어들인 것(예: 해외 취업자의 소득, 해외투
자에 대한 이윤 등)을 더하고 반대로 외국인이 국내에서 벌어들이는 요소
소득(예: 외국인이 국내에서 받는 임금 및 이윤 등)을 제함으로써 얻어지는
소위 해외 순수취 요소소득 부분을 고려해 주어야 한다. 결국 [식 4-4]로
정리된다.

생산국민소득 ≡ 1차 산업에서의 부가가치액

　　　　　　+ 2차 산업에서의 부가가치액

　　　　　　+ 3차 산업에서의 부가가치액

　　　　　　+ 해외 순수취 요소소득 ················ [식 4-4]

② **지출 측면에서의 국민총생산:** 앞에서 살펴본 생산 측면에서의 국민총생
산물을 필요로 하는 사람들은 누구인가라는 질문을 던졌을 때 다음과
같은 네 가지 수요주체를 거론할 수 있다. 우선 [식 4-1]에서 거론된
것과 마찬가지로 첫째는 가계로서, 그들은 주로 소비(C)를 하기 위하

여 당해연도에 생산된 재화에 대해 지출을 행한다. 둘째는 기업으로서, 그들은 생산에 필요한 원료와 자본의 구입을 투자(I)라는 명목으로 구입하게 된다. 따라서 투자지출이 이루어지는 것이다. 셋째는 정부로서, 정부의 단순소비지출 및 투자지출이 합산되어 정부 지출(G)로 표현되며 이것이 당해연도 생산분에 대한 정부의 구매분이 되는 것이다. [식 4-1]에서는 언급하지 않았지만 엄밀히 말하면 넷째로 해외부문을 열거할 수 있다. 당해연도 생산분에 대하여 해외부문에서 지출하는 것으로는 수출(export, X)을 들 수 있다. 즉, 수출하는 양이란 결국 그만큼 해당국가에서 생산된 재화가 구매되는 것을 말하므로 해외부문의 수출은 국내생산물에 대한 지출로서의 의미를 지닌다. 그러나 이때 동시에 고려하여야 하는 것이 수입(import, Im)이다. 수출이 국내생산분에 대한 수요라고 하면 수입은 외국에서 생산된 재화에 대한 수요이므로 같은 지출이지만 이는 오히려 국내총생산물의 수요와는 정반대의 입장을 지닌다. 따라서 수출분에서 수입분을 제외함으로써 순수 해외부문에서 발생하는 지출분을 계산할 수 있다. 그렇다면 앞의 [식 4-1]은 [식 4-1]'로 수정되며 이것이 한 국민경제의 총지출 또는 총수요분을 표현하는 식이 될 것이다.

총수요(AD) 또는 지출국민소득
$$\equiv \text{가계의 소비}(C) + \text{기업의 투자}(I) + \text{정부의 정부 지출}(G)$$
$$+ \{\text{수출}(X) - \text{수입}(Im)\} \cdots\cdots\cdots\cdots\cdots\cdots [\text{식 } 4\text{-}1]'$$

③ 분배 측면에서의 국민총생산: 공급된 양이 있으면 생산비용의 개념에 입각하여 반드시 그 양만큼의 대가가 생산요소별로 주어진다는 것은 이미 여러 차례 언급하였다. 따라서 [그림 4-4] 또는 [식 4-5]에서처럼

분배국민소득의 크기는 임금, 이자, 지대 및 이윤의 총합분과 동일하다.

$$\text{분배국민소득} \equiv \text{임금} + \text{이자} + \text{지대} + \text{이윤} \quad \cdots\cdots\cdots\cdots [\text{식 } 4-5]$$

그러나 여기서 주목하여야 할 점은 [그림 4-4]의 가장 왼쪽에 위치하는 '처분'에 관한 부분이다. 각 생산요소의 제공자에게 주어진 요소별 대가는 궁극적으로 가계의 수입원이 되고 이는 결과적으로는 소비를 하든지, 저축을 하든지, 아니면 세금의 형태로 정부에게 제공하든지 할 수밖에 없다. 따라서 생산국민소득의 양은 분배국민소득을 거쳐 처분의 측면까지 고려하면 소비(C), 저축(saving, S) 및 조세(tax, T)의 합과 동일해짐을 알 수 있다. 따라서 다음의 [식 4-6]으로 정리된다.

$$\text{총공급(AS)} \equiv \text{소비(C)} + \text{저축(S)} + \text{조세(T)} \quad \cdots\cdots\cdots\cdots\cdots [\text{식 } 4-6]$$

이와 같이 생산, 지출 및 분배의 측면으로부터 국민총생산규모를 살펴볼 수 있다는 것은 거시적 입장에서 국민경제의 흐름을 이해하는 데 결정적으로 도움이 되는 동시에 국민경제의 특징을 분명히 보여 주는 것이기도 하다.

한편, 지금까지 설명한 국민총생산의 개념은 다시 몇 가지 분해과정을 거쳐 다양한 하위개념으로 나뉜다. 감가상각의 개념을 도입한 국민순생산(Net National Product, NNP), 임금, 이자, 지대 그리고 이윤의 실제적인 원천이 되는 국민소득(National Income, NI), 법인 기업 차원에서 다루어지는 것을 제외하고 순수하게 가계차원으로 할애되는 소득분을 다룬 개인소득(Personal Income, PI), 그리고 최종적으로 소비만을 위하여 남겨진 소득의 일정부분을 가리키는 가처분소득(Disposable Income, DI) 등이 바로 그러한 하위개념에 해당한다. 하위개념들이 도출되는 구체적인 과정을 간단히 보면 아래의 [식 4-7]이 되고, 또한 이들이 나타내는 각각의 범주의 차이를 보면 [그림 4-5]가 될 것이다.

$$
\begin{array}{l}
\text{GNP} \\
-\ \text{감가상각분} \\
\hline
\text{NNP} \\
-\ \text{간접세} + \text{보조금} \\
\hline
\text{NI} \\
-\ \text{법인세} - \text{사내유보금} + \text{이전금} \\
\hline
\text{PI} \\
-\ \text{직접세} \\
\hline
\text{DI}
\end{array}
$$

··· [식 4-7]

* 단, 실선은 배제되는 항목이며 점선은 포함되는 항목임.

[그림 4-5] 국민총생산과 하위개념 간의 범주의 관계도

3) 국민총생산의 결정원리

국민총생산의 수준 자체가 어떻게 결정되는가에 대하여 케인스경제학은 다음과 같은 기본 생각을 토대로 하고 있다.

먼저 이제까지 살펴본 것처럼 국민경제전체에서 볼 때 크게 수요(또는 지출) 측면과 공급(또는 생산) 측면이 각기 다르게 파악될 수 있는데, 이는 앞의 [식 4-1]'과 [식 4-6]으로 정리되고 결국 이 두 식은 동일한 국민총생산규모를 단지 다른 측면에서 나타낼 뿐이므로

$$C + I + G + (X - IM) \equiv C + S + T \quad \cdots\cdots\cdots\cdots\cdots\cdots \text{[식 4-8]}$$

의 항등식이 성립된다.

그러나 케인스가 주목하였던 것은 삼면등가의 법칙에 따라 언제나 성립되는 이러한 항등식이 아니라 실제 수요와 공급 간의 관계였다. 그에 따르면 한 국민경제의 수요 측면에서 중요한 것은 단순한 '수요(demand)'가 아니라 실제로 구매의사가 동반된 '유효수요(effective demand)'[5]이므로 이 유효수요의 개념을 도입하여 앞의 식을 새롭게 해석할 필요가 있다고 보았다.

---

5) '유효수요'와 '수요'가 다른 점은 전자는 구매의사와 능력이 동시에 겸비된 것임에 비하여 후자는 구매의사만이 고려되었다는 데 있다. 일반적으로 수요 곡선을 그릴 때 나타나는 수요량은 엄밀히 말하면 주어진 가격하에서 구매 및 판매를 원하는 양만을 의미하고 있다는 점에서 유효수요와는 뚜렷이 구별된다. 즉, 단지 수요량만을 보면 무일푼인 사람이 빵집에 들러 빵 가격을 보고 그 자신의 머릿속에서 그려지는 구매량을 나타내는 데 그치는 것이고, 반면에 유효수요량의 입장에서 보면 그가 실제 돈을 내고 살 수 있는 구매량을 말한다는 점에서 구별된다. 케인스는 국민경제 전체에서도 이와 같은 관점을 관철시켰다.

그렇다면 특히 [식 4-8]의 좌변 중에서 투자(I)항목에 주목할 필요가 있다. 이 정의식에서 말하는 투자는 회계장부상 재고까지 고려한 사후적(ex post) 개념에 근거하므로 앞서 말한 '수요' 개념에 해당하는 것이고, 반면에 이를 '유효수요' 개념에 입각하여 보면 각 기업에서 사전적(ex ante) 개념에 의해 연초에 세운 투자계획대로 실제 구매 지출하는 양으로서의 투자(I')을 도출할 수 있다고 본다.

그러므로 이러한 사전적 개념의 투자 I'을 사후적 개념의 투자 I 대신으로 대체할 때 비로소 [식 4-8]은 정의식이나 항등식이 아닌 방정식의 성격으로 변모하여 이제 적절한 조건이 충족될 때에만 성립하는 조건식의 의미로 바뀐다. [식 4-9]가 이를 말해 주고 있다.

$$C + I' + G + (X - IM) = C + S + T \quad \cdots\cdots\cdots\cdots\cdots\cdots\cdots [식\ 4-9]$$

따라서 이와 같은 유효수요의 의미로 지출국민소득 측면을 바꾸면 때로는 유효수요량보다 생산량이 많은 '불황(deflation)'의 상황이 오기도 하고, 때로는 유효수요량이 과잉되는 '인플레이션(inflation)'의 상황이 초래되기도 하며, 두 측면이 정확히 맞아떨어지는 '균형'의 상태도 오게 된다는 풍부한 현실설명력이 구비되는 이론상의 장점이 부여된다. 이것이 케인스의 거시경제이론의 가장 핵심이요, 기초인 것이다.

이러한 이론 틀로 보면 1930년대의 대공황이란 [식 4-9]의 좌변항의 총 수요량이 우변항의 총 공급량에 비해 현저히 부족하여 초과 공급된 상태임에도 유효수요가 스스로 증대될 움직임이 경제권 내에 존재하지 않음으로써 장기적으로 그러한 불황의 조짐이 계속될 수밖에 없었던 것이라고 해석되는 것이다.

그렇다면 이와 같은 장기적인 경기침체 상황이 계속될 때의 해결책은 무엇인가? 당연히 이에 대한 해답은 유효수요를 인위적으로라도 증대시키는 것이다. 그렇다면 유효수요를 인위적으로 증대시키는 방법은 무엇이겠는가?

앞의 균형식 [식 4-9]를 그림으로 다시 나타내면 [그림 4-6]과 같이 공통항목인 소비량 C를 중심으로 (I + G + X – IM)과 (S + T)가 동일하여야 하는 상황으로 풀이된다. 즉, [식 4-10] 또는 [식 4-10]'으로 정리되는 것이다. 단, 이제부터 투자를 나타내는 I는 사후적 투자가 아닌 사전적 투자를 뜻한다고 전제한다.

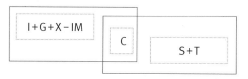

[그림 4-6] 국민경제의 균형 조건

$$I + G + X - IM = S + T \quad \cdots\cdots\cdots\cdots\cdots\cdots\cdots\cdots\cdots\cdots \text{[식 4-10]}$$
$$I + G + X = S + T + IM \quad \cdots\cdots\cdots\cdots\cdots\cdots\cdots\cdots\cdots\cdots \text{[식 4-10]'}$$

[식 4-10]이나 [식 4-10]'에서 균형을 유지하는 데 관건이 되는 것은 민간부문인 투자량 I와 저축량 S, 정부부문인 정부 지출량 G와 조세량 T, 해외부문인 수출 X와 수입 IM의 대소 관계가 어떻게 되는가다. 그러나 사회주의처럼 중앙으로부터의 계획된 경제운영원리를 택하지 않는 한 유효수요를 진작하기 위하여 정부가 I, S, X, IM 등에 결정적인 영향력을 행사하는 것은 상상할 수 없다. 이들은 모두 민간경제에 속하기 때문이다. 그러므로 정부가 조절할 수 있는 항목인 정부 지출량 G와 조세량 T만이 총유효수요량을 총공급량과 일치시키기 위하여 시장경제원리를 근

본적으로 부정하지 않는 범위에서 정부가 동원할 수 있는 대표적 수단이 된다.

따라서 케인스경제학에서 말하는 유효수요관리정책이란 정부 지출과 조세수입의 차를 적절히 인위적으로 조정하는 것이다. 예컨대, 불황과 같이 유효수요량이 결핍될 때는 정부가 조세수입보다도 재정 지출량을 크게 하는 적자재정을 운영하고, 지나친 호황으로 인플레이션이 진행된 다면 조세수입량을 오히려 더 크게 하는 흑자재정을 운영하는 정책의 기조를 유지하면 되는 것이다. 이로써 정부가 경제상황을 원하는 지점으로 유도하기 위한 미세조정(fine tuning)을 행할 수 있는 이론적 기초가 제공되었으며, 케인스경제학이 고전학파와는 달리 실제 거시경제 차원에서 일어난 문제들에 대하여 적극적인 해결사로서의 위력을 발휘하게 되는 근거가 마련된 셈이다.

이렇게 거시적인 이론 틀이 성립되자 시장을 옹호하는 신고전학파의 계승자들은 균형이 항상 스스로 보장되는 것이 아니라 특수한 조건에서만 가능하다는 주장의 케인스경제학을 비판하고 나섰다. 1장에서 거론한 것과 같이 이들은 통화주의, 공급중시의 경제학, 합리적 기대가설론 등을 통해 새로운 경제이론의 장을 거시적 차원으로 옮겨 왔고 이들 이론의 핵심은 케인스가 주장한 정부의 적극적인 경제정책의 효과성에 관한 논의로 모아졌다. 그리고 이러한 정부 정책의 효과성에 대한 판단의 준거는 거시경제적인 의미의 균형이 달성되는지의 여부로 귀결되고 만다.

이에 대한 이들의 논의는 매우 넓은 영역과 복잡한 양상을 띠고 전개되어 왔지만, 케인스주의자와 신고전학파의 계승자 사이의 입장의 차이는 [식 4-10]' 안에 응축되어 있다. 말하자면, 케인스경제학에서는 정부 변수를 고려하기 전에 식 안에서 균형을 유지하기 위한 관건인 민간부문 내의 핵심변수인 투자 I'과 저축 S는 각기 다른 곳에서 결정되기 때문에 같은 규모가 보장될 수 없으며, 그렇기에 정부가 G와 T를 통하여 그 괴리를 메꾸어야 한다고 생각한다. 즉, 그들은 투자는 기업이, 저축은 가계가 하기 때문에 I'과 S가 동일한 가능성은 매우 희박하다는 것이다.

이에 비하여 신고전학파의 계승자들은 생각이 다르다. 보통 투자란 자금시장에서의 수요의 측면이고, 저축이란 동일시장에서의 공급에 해당하기 때문에 이 두 부문은 자금시장의 균형을 결정하는 양 날에 해당한다. [그림 4-7]에서 보듯이 이들 수요·공급 부문에 따라 결정되는 균형가격이 이자율(interest rate)이고, 결국 하나의 균형이자율 수준에 대하여 동일한 양의 자금수요량인 투자규모와 자금공급량인 저축규모가 대응되어 I'과 S는 언제나 I'*, S*로 같을 수밖에 없으므로 굳이 정부가 개입해서 해소해 주어야 할 괴리분이 애초부터 존재하지 않는다는 입장인 것이다.

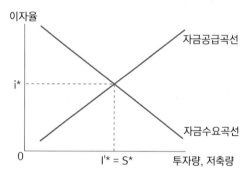

[그림 4-7] 자금시장에서의 투자와 저축의 동시결정 과정

또한 이들이 각기 거시경제차원의 균형을 이루는지의 여부에 대한 근본적 입장의 차이를 나타내는 주요 근거 중 하나는 노동시장에서 찾아볼 수 있다.

케인스경제학에서는 광범위하게 존재하는 실업자도 적절한 정부의 유도책을 통하여 노동시장에 다시 유입됨으로써 국민경제의 총공급 수준을 늘리는 데 기여한다. 정부가 행하는 재정, 금융정책이란 종국적으로 총공급 수준을 변동시키게 되어 민간부문으로는 돌파되지 않았던 불황과대량실업의 국면이 정부에 의해서 타개될 수 있다는 주장이다. 즉, 정부가 균형을 회복한다는 것이다.

반면에 고전학파는 애초에 시장의 기능이 정상적으로 작동하기만 하면 노동시장에서의 실업이란 한 사회에 필연적으로 존재하는 자연실업률(natural unemployment rate) 규모만큼만 있을 뿐이지 그 이상도 그 이하도 존재하지 않는다고 본다. 따라서 정부가 공연히 재정정책과 금융정책을 행사한다면서 통화량 관리에 실패한다면 정부가 의도하였던 궁극적인 총공급량의 증대를 통한 GNP의 증대는 오지 않고 오히려 인플레이션이라는 해악만 온다고 생각한다. 즉, 민간경제에서는 스스로 생산할 수 있는 최대 규모를 언제나 생산·공급하고 있으므로 균형은 항시 관철된다는 입장이다.

결국 경제학의 흐름 내에서 일관되게 팽팽한 대립관계를 보여 왔던 시장기능의 옹호와 거부가 계속되는 가운데 각종 정부 정책에 대한 입장도 대립되는 추세 속에서 서구 자본주의 경제권에서 행해지는 복지정책도 같은 맥락의 입장 차이를 보이고 있는 것이다.

제2부

경제학 응용편

현실의 복지정책에 대한 경제학적 해석

제5장

빈곤의 경제학

인류의 역사는 국부 증대의 역사이자 빈곤 감소의 역사다. 그러나 아직도 빈곤과 관련해서는 인류가 결정적인 해결책을 강구하지 못한 채 지구상 많은 인구가 빈곤에 의해 고통받고 있다. 경제학에서 빈곤에 대해 어떤 해법이나 분석 기법을 발달시켜 왔는지 보는 것은 공공부조정책, 더 나아가 사회복지정책 전반에 걸쳐 이해의 폭을 넓혀 줄 것이다.

1. 우리나라의 빈곤에 대한 연구 동향은 어떠한가?
2. 빈곤의 규모를 측정하는 다양한 기법, 객관적 빈곤선, 주관적 빈곤선, 절대적 빈곤선, 상대적 빈곤선 등은 무엇인가?
3. 빈곤의 해소책으로 등장하는 부의 소득세 등은 어떤 원리를 갖고 있는가?

1. 빈곤의 의미

현재 한국 사회에서 빈곤이 갖는 의미는 매우 각별하다. 불과 두 세대 전만 해도 빈곤은 매우 일상적이고 사회 전반에 만연한 것이었으며, 우리의 역사 자체가 극빈(克貧)의 역사였다고 할 만큼 선조의 기록에서 그에 대한 처절한 흔적이 나타나고 있다.

그렇지만 소위 '조국근대화'의 기치를 높이 든 60년대 이후 불과 30여 년 만에 한국 사회는 상대적인 풍요 및 과잉소비를 누리며 대량소비사회로 급속히 편입되고 있다. 더군다나 1990년대 초반 세계무역기구(World

Trade Organization, WTO)가 등장한 것을 정점으로 상품의 수입이 더욱 자유로워진 것에 힘입어 백화점과 시장의 진열대에 수많은 종류의 상품이 산더미처럼 쌓여 있어 많은 소비자를 유혹하고 있다. 또한 폭증하고 있는 외식산업은 과거 세대가 주린 배를 쥐고 초근목피하였던 한을 후대에서 풀어 보려는 듯 소위 '보복적 소비'라 일컬을 만큼 범람하고 있다.

이제 우리 사회에서 절대적 빈곤을 논하는 사람은 괜스레 현실을 과장되게 부정적으로만 보려는 감상주의자로 치부되며, 오직 상대적인 빈곤만을 걱정하면 되는 단계라고 이야기한다.

그러나 굳이 많은 사상가를 열거할 필요 없이 19세기 프랑스의 푸뤼동(Pierre-Joseph Prud'hon, 1809~1865)이 말한 것처럼 '빈곤은 풍요의 산물이며, 최근 미국 사회의 새로운 빈곤의 면모를 찾아내고자 하였던 해링턴(Michael Harrington)이 지적하였듯이 '빈곤은 대량적인 경제·사회의 변모의 결과'라는 점에서 우리 사회의 이러한 풍요와 엄청난 변모 속에 빈곤이 당연히 존재한다고 보아야 한다.

실제로 정부가 그들의 기초생활을 보장하는 공식적인 빈곤인구, 즉 2013년 현재 4인 가구의 경우 월 154만 원 이하로 부양자의 경제적 능력이 없는 이들이 전인구 대비 3.1%, 160만 명에 이르러 우리 사회 빈곤의 진면목을 말해 주고 있다.

그럼에도 불구하고 한국 사회에서 빈곤에 대한 적극적 관심이 이렇게 빨리 퇴조하는 듯한 느낌을 갖는 것은 빈곤에 대한 한국인의 이중적인 정서 때문으로 보인다. 한국 사회가 매우 단기간에 근대화에 성공하여 자본주의 사회로 급속하게 편입되는 과정에서 당연히 수반되는 현상이기도 하겠지만, 결국 우리는 빈곤에 대한 연민과 멸시의 상반되는 두 가지 정서를 공존시키고 있다.

먼저 연민의 정서란 유교적 전통과 공동체적인 농경사회의 유습에서 기인하는 것으로서, 빈민을 긍휼히 여기고 그들의 고통을 자신의 아픔으로까지 인식할 수 있는 정서를 말한다. 이러한 정서가 아직도 한국의 사회복지시설에 성금 및 기부금을 쌓이게 하고 소년소녀 가정 세대 및 불치병에 신음하는 가정에 대한 온정의 손길이 끊이지 않게 하는 동력이 된다.

그러나 빈곤에 대한 멸시의 감정이란 빠른 속도로 앞의 정서를 대체해 나가는 또 하나의 국민감정으로서, 우리 사회가 그간 밟았던 천민자본주의(賤民資本主義)의 경험과 어울려 매우 빠르게 자리 잡아 나가고 있는 전혀 다른 감정에 속한다. 실제 본인의 부는 그다지 합리적이고 이성적인 이윤추구의 과정을 통하여 형성된 것이 아님에도 자신의 부에 대하여 지나치게 집착하고, 상대적으로 자신보다 우위에 있는 부의 소유자에겐 굴복하면서도 그렇지 못한 자에게는 그들의 무능력과 게으름, 불건전한 인생관 등을 이유로 매우 냉소적인 시선을 던지는 습성이 고착되는 것이다. 따라서 가난은 궁극적으로 개인의 책임이므로 본인의 능력과 수고를 기반으로 조성된 자신의 재산 중 일부가 그런 빈곤한 사람들을 위해 희생되는 것에 대하여 매우 부정적으로 생각하게 되기 마련이다.

이러한 빈민에 대한 일종의 애증(愛憎)의 정서가 교차하는 가운데, 사회복지계를 비롯한 한국의 사회과학계 내에서조차 빈곤연구에 대한 '빈곤' 현상을 보여 주고 있다. 이와 같은 부족한 연구 성과를 좀 더 자세히 보자면 몇 가지 측면으로 나눌 수 있다. 첫째는 빈곤의 현상에 대한 기술적(記述的) 연구 분야다. 이는 빈곤의 현 단계를 파악할 수 있는 가장 적합한 접근으로서 빈곤지역 및 빈곤가구의 사례조사 등이 있다. 그러나 이러한 분야의 연구는 오히려 과거 민주화 운동의 과정에서 빈민운동을 전개하였던 단체나 기관이 거둔 성과 정도에서 중단되어 최근에는 거의 연구 성과를 접하기 힘들다.

둘째는 빈곤에 대한 정의(定義)와 측정에 관한 연구 분야다. 가장 대표적으로는 과연 누구를 빈민으로 정의할 것이며 그러한 정의에 따를 때 빈곤의 규모가 얼마인가에 초점을 맞춘 접근이 될 것이다. 이 부분은 빈곤정책의 수립과 집행을 위하여도 매우 중요한 것이라서 그나마 어느 정도 성과물이 있음을 확인시켜 주는 분야다. 그렇지만 진정으로 연속적이고 체계적인 연구 성과가 있다고 표현하기 어려운 상황에 놓여 있는 것이 사실이다. 우선 우리나라의 빈곤선 또는 최저생계비에 대한 추계 하나만 보더라도 동일한 방법론을 통하여 매년 시계열자료의 성격을 지닌 통계값이 풍부히 존재하지 않는다.

공공부조정책을 주관하고 있는 보건복지부의 산하연구기관에서조차 최근에 와서 3년마다 최저생계비를 산출하면서 그 중간연도의 최저생계비는 기준연도로부터 매해 물가상승비를 고려하여 당해연도의 최저생계비로 간주하는 방식을 채택함으로써 빈곤선 추계의 근본적인 열악함을 보여 준다. 더욱이 과거 독재정부는 경제성장의 양지(陽地)만을 부각시키는 데 열성적이었지만, 반대로 치부라고 생각되는 음지(陰地)로서의 빈곤은 굳이 분석하고 싶지도 않았다. 더 나아가 그에 대한 연구와 분석 자체를 억제하는 듯한 분위기를 만든 것이 1970년대와 1980년대의 상황이었으므로 이러한 충실치 못한 연구 성과의 뿌리는 오히려 깊다.

셋째는 빈곤의 해소와 극복과 관련된 정책 및 사회적 차원의 대책에 관한 연구 분야다. 이 분야에 대해서는 정부의 정책이 나름대로 존재하였던 덕분에 각종 정부출연 연구기관의 성과물들이 상대적으로 많이 존재한다고 할 수 있다.

이제 이렇듯 우리 사회 및 학계의 빈곤에 대한 부족한 관심과 연구결과를 반성하며 빈곤에 대한 정확한 인식과 파악, 그로부터의 적절한 해소책이 진지하게 모색되어야 할 것이다. 결국 국부(國富)를 증진시키는 것은 바로 국빈(國貧)을 감소하는 것과 동전의 양면을 이루고 있는 동일한 과업이라는 것을 인정하는 것이 빈곤에 대한 적극적 인식과 대응을 위해서는 매우 긴요하다.

경제학이 특별히 물질생활의 여러 문제에 대하여 대응하기에 적합한 방법론과 분석수단을 지니고 있다는 점에서, 그리고 바로 애덤 스미스 이후 꾸준히 국부(國富)를 증대시키는 데 주요한 학문적 목적을 두었다는 점에서 빈곤에 대한 분석에 유용한 시사점을 줄 것이라는 기대는 매우 지당하다고 할 수 있다. 특별히 앞서의 두 번째 및 세 번째 과제에 대하여 경제학이 타 학문에 대하여 적어도 훌륭한 분석틀을 갖고 있다고 보아야 한다. 그렇다면 이후의 절에서 그에 관한 논의를 계속하여 보기로 한다.

2. 빈곤의 규정 및 측정

빈곤 자체가 국가사회나 국민경제 내에서 문제시되는 것에 비하여, 실제로 무엇이 빈곤이고 누가 빈곤대책의 대상인지에 대한 개념은 그다지 명확히 잡아내기가 쉽지 않다. 한 예로, 빈곤이 단순히 경제적인 소득의 차원에서만 파악될 수 있는 것이라고 하여 빈곤에 대한 정책을 집행한다면 다음과 같이 크게 두 가지 문제가 등장한다.

첫째, 소득이 낮은 것이 반드시 구제의 대상인가 하는 것이다. 어떤 사람이 소득이 거의 없고 일정한 주거지가 없이 떠돌아다니는 자(homeless)이지만 일정한 틀에 박힌 생활이 아니라는 점에서 매우 행복하고 유유자적한 생활을 한다고 하자. 이들에 대하여 중앙정부나 지방자치체가 빈민으로 간주한 정책을 펴기 위해 주거보장을 해 주고 기본적인 소득을 보장한다고 하여도 이들은 자신의 행복 증진에는 도움이 되지 않는다고 생각하고 기피할 것이 뻔하다. 물질만능의 세태 속에서 물질적인 욕구충족을 거부하는 자들은 얼마든지 나타날 수 있다.

둘째, 어떤 개인의 삶의 가치를 경제력으로 보는 것 자체가 잘못된 접근일 수 있는 것이다. 예컨대, 갑과 을 두 사람이 있는데 갑은 취미가 등산이나 낚시이므로 개인적으로 시간이 많이 나고 자유롭게 시간을 쓸 수 있는 자유직업가라고 하자. 그의 연봉은 1천만 원 정도이나 자신이 누릴 수 있는 시간적 여유를 충분히 확보하고 있다는 점에서 크게 불만으로 여기지 않는다. 을은 연봉 3천만 원을 받고 있는 영업직 사원이지만 매일 계속되는 영업실적에 대한 독촉과 고객유치에 대한 강박관념으로 하루하루를 지옥으로 생각하고 살고 있다. 이런 두 사람에 대하여 정부가 경제적인 소득 확보능력만을 기준으로 하여 을로부터 세금을 거두어 갑에게 준다고 하면 이것이 과연 정당한 정책으로 평가받을 수 있겠는가 하는 문제가 얼마든지 제기될 수 있다.

따라서 최저한의 인간다운 생활을 하기에 어려움이 있는 사람만을 정부의 빈민정책의 대상으로 삼고 나머지 물질적 욕구와 정신적 욕구 사이의 선호관계는 개인적인 영역에서 조화시켜 나가라고 주장하는 냉철한 경제학자의 주장을 받아들인다 하더라도 소위 '최저한의 인간다운 생활'이란 것을 무엇으로 측정하며 구체적인 내용을 무엇으로 구성할 것인지의 두 번째 문제는 여전히 숙제로 남게 된다.

바로 이러한 두 번째의 문제에 대한 학문적 해결책은 다각도에서 꾸준한 성과로 전개되고 있다. 그것을 우리는 빈곤선(poverty line)을 설정하는 문제로 이해할 수 있다. 빈곤선의 추정방식은 간단히 다음과 같이 구분할 수 있다.

```
┌ 객관적 빈곤선 ┬ 절대적 빈곤선
│              └ 상대적 빈곤선
└ 주관적 빈곤선
```

우선 객관적으로 빈곤선을 추정하려는 작업으로서 절대적 빈곤선 추정방식이 가장 고전적이고 오래전부터 시도되어 온 것이다. 자본주의제도의 번성에도 불구하고 실업상태에 놓인 무산대중의 비참한 생활상을 고발해 온 19세기 말 영국의 사회사상가인 채드윅(Edwin Chadwick), 웨브 부부(Martha B. Webb & Sidney J. Webb) 등이 절대적 빈곤에 대해 관심을 기울인 대표적인 사람이다.

이 방식의 발상은 매우 간단하다. 생존에 필요한 열량을 미리 계산하여 이것을 확보하기 위한 가장 일상적인 음식물 구성 품목 및 수량을 규정한 뒤 각각에 대한 구매가격을 곱하면 음식물비로 소요되는 최소한의 비용이 개산(槪算)된다. 마찬가지로 주거 및 피복, 보건, 나아가 기타 다른 최소한의 필요 품목 및 수량을 추출한 뒤 가격을 곱하여 각기 주거비 및 피복비, 보건의료비, 잡비 등의 최소비용이 도출된다.

이러한 절차를 거치는 절대적 빈곤선의 추정 결과는 접근 방식의 구체성에도 불구하고 필수품목 및 수량에 대한 자의성(恣意性) 또는 임의성이 있음을 부정하기 어렵다는 치명적인 단점이 존재한다. 따라서 기술적인 측면에서도 논란이 많을 수밖에 없는 이 방식은 시대가 변하여 절대적인 빈핍의 문제가 지닌 의미가 축소되면서 여러 가지 접근방법의 지원을 받으며 발전되었다.

기술적인 측면에서의 보완은 엥겔방식의 등장이 대표적이다. 이 방식에 따르면, 흔히 말하는 엥겔계수 ϵ가

$$\varepsilon = 음식지출비 / 총가구지출비 \quad \cdots\cdots\cdots\cdots\cdots\cdots\cdots\cdots [식 5-1]$$

인 점에 착안하여 음식물에 지출하는 최소한도의 비용 크기만을 알면 다른 항목의 포함 또는 배제에서 오는 자의성의 논란을 벗어나 최소한의 생계비 전체를 찾아낼 수 있다고 생각한다. 즉, [식 5-1]에서부터 최저생계비는 최저음식지출비와 엥겔계수와의 다음과 같은 관계를 통해 계산된다.

$$최저 생계비 = 최저 음식지출비 / \varepsilon \quad \cdots\cdots\cdots\cdots\cdots\cdots [식 5-2]$$

이러한 방식에 따를 때 음식물 외의 부분을 추적하는 데서 발생하는 자의성이라는 오류를 방지할 수는 있다. 그러나 엥겔지수는 한 사회 내의 소득계층별로 달라서 최저생계비를 도출할 때 어떤 소득계층의 값을 적용하여야만 올바른가도 논란거리의 하나다. 이와 관련하여 '엥겔법칙 정지방식'의 발상법도 등장하는데, 이 방식은 저소득자일수록 엥겔계수가 커진다는 엥겔법칙은 일정소득 이하가 되어 버리면 더 이상 적용되지 않는다는 사실에 주목한다. [그림 5-1]에서처럼 Y* 이후의 저소득자인 경우에는 오히려 엥겔지수가 작아지는데 이는 극도의 빈핍으로서 다른 기초생활비를 위하여 음식비마저도 삭감하여야 하는 상태라고 봄으로써 이렇게 엥겔법칙이 더 이상 성립하지 않는 임계점의 소득을 최저생활비로 간주하는 방식도 제시되고 있다.

그러나 객관적으로 빈곤선을 도출하려는 방식 내에서 빈곤의 상대성에 주목하는 방법들도 제시되어 왔다.

$$U = U(자신의 소비, 타인의 소비) \quad \cdots\cdots\cdots\cdots\cdots\cdots [식 5-3]$$

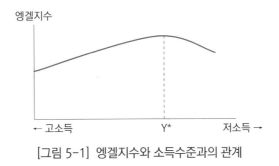

[그림 5-1] 엥겔지수와 소득수준과의 관계

[식 5-3]과 같이 효용함수를 정의하면 자신의 소득이 타인의 소득과 비교하여 상대적으로 크게 뒤떨어지면 그에 따른 불쾌감은 커지고, 반대로 다른 이들보다 잘살게 되었을 때는 그에 따른 자족감에 흐뭇해하는 것을 알 수 있어 효용의 상호의존성을 기초로 한 것이라 볼 수 있다. 이럴 경우 빈곤감에 대한 인식 정도도 타인과의 소득의 격차에 의해서 영향을 받을 수밖에 없다. 이러한 상대적인 빈곤선의 측정방법을 구상한 대표적 예는 타운젠드(Peter B. Townsend, 1928~)가 있다.

그는 제2차 세계대전 이후 영국의 빈곤 개념을 절대적인 것에서 상대적인 것으로 바꾸는 데 공헌하였는데, 종래에 베버리지가 주장한 국민최저선(national minimum)은 전문가가 자의적으로 계산한 생존가능 수준에 불구하며 빈곤자의 실제 생활실태를 제대로 고려한 결과는 아니라고 보고 빈곤선 선정기준과 빈곤자의 생활실태의 괴리를 문제시하였다. 특히 인류학적인 지적 전통을 접목한 그는 건강이나 생활문화와 같은 비물질적인 부문에서의 격차에 관심을 갖고 그 결과 상대적인 박탈감에 주목하게 되었다.

바로 이 상대적 박탈감의 개념이 상대적 빈곤의 접근을 대표하는 것이다. 타운젠드에 따르면, 인간은 사회적 동물이므로 직장이나 가정, 지역과 같은 다양한 사회관계 속에 살면서 자신에게 특정한 역할이 기대되기를 바라는 것과 마찬가지로 소비생활의 수준에 대해서도 기대하게 마련이다. 이에 절대적인 생활필수품의 항목과 함께 문화적인 필수품 등을 정의하기에 이르렀고 1979년 『영국의 빈곤(*Poverty in the United Kingdom*)』이라는 저서에서 박탈접근법이라는 체계를 완성하였다.

그는 빈곤에 대한 추정에는 육체적인 생존을 뛰어넘어 심리학적 행복, 사회복지적 측면 등으로 접근할 필요가 있어서 이를 총괄하여 지역사회의 통상적인 생활양태(style of living)라고 표현하고 이것을 측정하기 위한 수단으로 60여 개의 지표를 제시하였다. 따라서 이 지표를 기초로 하여 어떤 사람이 그 지표 중 하나가 결핍되었다면 박탈점수(deprivation score)를 부여하고, 이렇게 산출된 점수들을 합산한 후 이 점수가 소득수준과 비교할 때 급격히 떨어지는 지점의 소득을 빈곤선으로 결정한다.

이 방식은 상대적인 빈곤의 개념을 구체적으로 시도한 의의가 인정되며, 소득 이외의 변수들을 고려하여 빈곤을 측정하였다는 장점이 있다. 그러나 그가 제시한 60개의 지표가 과연 객관적인 빈곤측정변수로서의 설득력이 있는지 여부와 박탈점수가 급격히 떨어지는 점의 존재 여부, 그리고 가족규모별 빈곤수준 제시의 어려움 등 나름대로의 한계를 지니고 있다.

빈곤선의 측정에서 상대적인 접근법의 여지를 더욱더 발전시켜 사회구성원 개개인이 의식하고 있는 빈곤선 자체를 끄집어내어 주관적인 빈곤선을 도출하는 방식이 대두되기도 한다. 이는 면접조사나 설문의 방식을 통할 수도 있고 대표적인 시민의 의견을 기초로 할 수도 있으나 이때 가장 관건이 되는 문제점은 과연 직접 의견을 들은 각각의 빈곤선 수준을 어떻게 하나의 대표 값으로 나타내는지다. 그저 단순 평균을 낸다거나 중앙값, 최빈값 등으로 대신하는 것도 결코 바람직한 방법이 아님은 너무도 분명하다. 이러한 한계에 대하여 수리적인 접근을 거쳐 비교적 명확한 논리성을 갖춘 방식을 네덜란드의 레이던대학교에서 개발하였다. 이를 우리는 레이던(Leiden)의 빈곤선이라고 부른다.

　이 방식에 따르면, 빈곤의 개념을 생각할 때 가장 중요한 것은 각 개인의 주관적 최저생계비가 자신의 소득수준과 연관되어 있다는 사실이다. 구체적으로 예를 들면, 개인의 주관적 최저생계비는 다음 [식 5-4]와 같이 구성된다.

$$\underline{Y_i} = a + b \times Y_i \quad \text{[식 5-4]}$$
단, $\underline{Y_i}$는 주관적인 최저생계비 수준, Y_i는 소득수준이며 $a > 0$임.

　그렇다면 일반적으로 소득이 높은 사람의 최저생계비는 자신의 소득수준보다 밑에 있을 것이고, 소득이 낮은 사람의 것은 그의 소득보다 위에 있게 된다. 따라서 이러한 상하향의 편기(bias)를 제거하는 지점으로 어느 특정한 소득하에서 자신의 소득과 최저생계비가 같은 점이 있을 것이며 바로 이 점을 사회적으로 통용 가능한 최저생계비 수준으로 인식하고 도출한다. 이를 간단히 그림으로 나타내면 [그림 5-2]가 된다.

　구체적인 도출방식은 일반적으로 설문조사방식을 택하여 자신의 소득과 주관적인 최저생계비에 대한 통계자료를 수집하고 그 자료를 기초로 앞

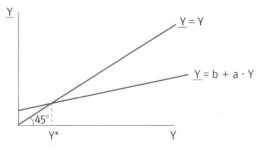

[그림 5-2] 레이던 방식에 따른 빈곤선

의 식을 추정한 뒤, 먼저 계수 a와 b의 값을 구한다. 앞의 식에서 $Y_i = Y_i$를 대입하여 풀면 $Y_i = a/(1 - b)$의 식으로 구해지므로 계수 값만 추정되면 구체적인 Y_i 값을 구할 수 있다(pp. 197–198 참고).

이 방식은 절대적 빈곤선추정법에는 연구자의 자의성이 개입되는 단점, 그리고 상대적인 빈곤선추정법 역시 상대적 격차를 발견해 낸다는 것이 용이하지 않은 단점이 있는 데 비하여, 조사시점의 경제수준, 생활수준, 문화수준 등을 종합적으로 고려하여 조사대상자가 느낀 최저생계수준을 토대로 한다는 점에서 우수한 방법으로 간주된다. 단, 레이던 방식을 따를 때 각자의 주관적인 희망사항이 많이 반영되기 마련이므로 도출된 최저생계비 수준이 다른 방식에 따를 때와 비교하여 과대평가되는 경향이 있다. 현재 이 방법을 공공부조의 공식적인 빈곤선으로 이용하는 국가는 거의 없으나 연구자들에게는 자주 이용되기도 한다.

이렇게 다양하게 빈곤선을 측정하는 방법이 있으므로 상호보완적으로 빈곤수준을 결정하는 데 이용하는 방식으로 빈곤한 자의 범주를 따지고 그 규모를 추정하여야 할 것이다.

3. 빈곤의 해소

머리(Charles Murray)는 빈곤의 해소는 매우 간단한 문제라고 말한다. 사실 빈곤은 화폐소득의 부족을 말하고 그것의 중요성이 과대하게 부각되는 면이 있다고 한다. 왜냐하면 물질적인 부문의 결핍이 가장 쉽게 눈에 띄기 마련이고 따라서 화폐만으로 문제가 해결될 수 있다는 관점에서 정책적인 배려를 유인하며, 이와 동시에 빈곤이란 용어는 마치 '생존에 대한 위협'으로 인식되는 분위기를 연출하는 등의 여러 요인이 작용하기 때문이라고 본다. 그러나 오히려 빈곤은 단순히 돈이 없을 뿐 다른 이들과 크게 구별되지 않지는 않는 것인 반면, 진정으로 문제시되어야 할 것은 화폐보다도 훨씬 커다란 범주에서의 결핍이 이루어지고 있는 하층민(underclass)의 존재라는 주장이다.

머리의 이러한 지적에도 불구하고 일반적으로 빈곤층과 하층민이 일치한다. 경제 능력의 결핍과 비경제 능력의 결핍은 무엇이 원인이고 결과인지 정확히 입증하기 어렵지만, 대부분 동시에 한 대상에게 일어나고 있다는 점에서 빈곤해소의 중요성은 무시할 수 없다.

현실에서 실제 빈곤에 대한 일치된 개념 및 범주를 찾기가 쉽지는 않다고 하여도 빈곤의 해소라는 책무는 현대 어느 국가의 정부에서도 찾아볼 수 있는 주요 정책의 하나다. 따라서 절대적이든 상대적이든 가난으로부터 국민 전체를 구제하려는 노력은 어느 시대 어느 정부에서도 명시적으로 부정되어 본 적이 없다. 그러나 과연 어떤 구체적인 빈곤해소를 위한 수단이 존재하며 효과적이고 바람직한 것이겠는가?

1) 현금 지급에 의한 공적 부조

빈곤구제를 위한 정책 수단은 여러 가지가 있지만 경제적 능력의 결핍 상태에 빠진 사람에게 직접적인 현금지급을 통해 국가 차원의 원조를 해주는 것이 가장 일반적이다. 앞의 2장에서 소비자의 만족 극대화 추구원리를 설명하는 동안 일반적으로 현물보다는 현금일 때 더 높은 만족수준을 얻을 가능성이 있음을 보여 주었다.

그러나 현금지급의 방식에도 간단치 않은 문제가 존재한다. 일반적으로 현금급여 위주의 공적 부조를 수행할 때는 다음과 같은 문제가 대두될 수 있다.

첫째, 공적 부조의 속성상 수혜자격 유무를 가리기 위하여 경제적 능력을 조사하는 자산조사(資産調査, means-test)를 행하기 마련인데, 이때 빈곤계층에 속하는 사람들이 느끼는 굴욕감 및 낙인감이 실제 급여대상자를 발굴하는 데 제약요인이 되고 있다. 일본의 경우 1981년 한 조사에 따라서 실질적인 극빈계층 중 공적부조대상자로 포착되는 정도가 25.1%에 불과하다는 충격적인 보고가 있기도 하였다.

둘째, 수혜대상자의 입장에서 보면 오히려 근로소득이 생기면 생길수록 그만큼 부조액이 감소한다면 빈곤선수준으로 귀착되기는 마찬가지여서 군이 자신이 스스로 노동을 행사할 이유가 많지 않다. 차라리 노동행사의 수고 없이 국가가 최소한도의 생활수준을 자동 보장하는 것을 훨씬 바람직하게 생각한다는 점에서 종래의 보충급여방식은 근로의욕을 현저히 저해시킬 수 있다.

셋째, 보충급여제도를 실시하는 대부분의 국가에서는 조세정책의 일환으로 소득세의 면제기준을 세워 놓고 기준 이상 소득에 대해서만 소득세를 부과하고 있다. 그런데 이 기준소득에 미치지도 못하면서 공적 부조의 대상자로 지정되지도 않은 중간의 생략된 계층의 입장에서 보면 상대적인 불이익을 느끼기 마련이다.

넷째, 빈곤선 이하의 대상자 모두에게 동일한 금액을 지불하면 공공부조로 생활하는 사람들 사이에도 애초에 대상자 자신이 지니고 있었던 소득의 존재 정도에 따른 차이는 해소되지 않고 그대로 잔존한다. 간단히 말해 최극빈 계층 내에서도 소득 불공평이 여전히 남는다는 것이다.

이를 위하여 대부분의 국가에서는 현금의 차등보조방식을 도입하고 있다. 우리나라도 1996년부터 매우 적은 차등지원 폭에도 불구하고 이를 시행하기 시작하였으며, 이후 2000년 10월 1일부터 발효된 국민기초생활보장제도에서는 이러한 차등지원의 원칙을 적극적으로 반영하였다.

물론 이 차등보조방식을 시행하는 대전제는 전 국민을 위시하여 빈곤계층의 소득원이 모두 노출되어 있어 빈곤선으로부터의 괴리분이 얼마인가가 비교적 투명하게 확보되어 있어야 한다는 점이다. 주지하다시피 우리나라의 소득 파악률은 매우 저조하여 저소득계층의 소득이 음성적 또는 비공식적으로 이루어진다는 점에서 더욱 파악하기 힘든 실정이므로 과감한 차등지원의 실시가 매우 어려운 상황이다.

그러나 원리적으로만 본다면 보충급여제도의 형식을 택할 경우 국가재정 부담이 얼마 정도 소요되는지의 문제는 몇 가지 통계학적 지식만을 기초로 할 때 어렵지 않게 추정할 수도 있다. 이는 다음과 같은 몇 가지 일련의 단계를 밟으면 된다.

첫째, 1인, 2인, 3인, …… 등의 가구규모별 빈곤선을 추정한다.

둘째, 각 가구규모별 소득 분포 상태를 알아낸다. 이는 통계청이 매년 발행하는 『도시가계연보』나 몇몇 연구결과를 통하여 얻은 결과를 이용할 수 있다.

셋째, 이제 앞서의 분포가 통계학에서 말하는 특정의 분포상태, 예컨대 정규분포(normal distribution) 상태를 보인다면 빈곤선 이하에 해당하는 확률분포도상의 면적이 얼마인지를 계산해 낼 수 있다. 이를 해당 가구규모의 전체 가구 수에 곱하면 빈곤선 이하 가구의 규모가 추정된다.

넷째, 공적 부조를 통하여 빈곤선에 해당하는 소득 모두를 지원하여 주는 것이 아니고 부족분에 대하여 보충급여 형태의 지원을 하는 것이므로 빈곤선 이하 가구의 평균소득을 해당 분포의 표준편차와 전체 평균을 통하여 추정한 뒤, 빈곤선과의 괴리분만큼을 도출한다.

다섯째, 이제 앞의 괴리분을 보충급여 수혜가구 수로 곱하면 해당 가구규모에의 공공부조지출액이 계산된다.

여섯째, 이와 같은 작업을 각 가구규모별로 똑같이 수행하여 합산하면 보충급여제를 택할 경우 정부가 투여하여야 하는 재원의 경우가 추산되어 이를 복지재정 확보의 객관적 근거로 삼을 수 있다.

2) 부(負)의 소득세

이러한 문제들에 대응하기 위한 방법으로서 부의 소득세(negative income tax)에 대한 논의가 제기되고 있다. 부의 소득세란, 어떤 일정한 소득수준의 이하의 가구에 대하여 그 기준소득과 현재 달성되고 있는 가구소득과의 차이에 대하여 일정한 비율을 곱한 액수를 공적 부조로서 제공하는 것을 말한다. 이는 보통의 소득세는 소득 중 일정액을 정부에게 납부하여야 하는 것과는 반대로, 부의 소득세는 일정한 미달 금액 중 일부를 거꾸로 정부로부터 받는다는 점에서 부(負, negative)의 소득세가 되는 셈이다.

그러나 소득보장의 한 방법으로 주장되는 부의 소득세는 단순히 정부로부터 부의 세금을 받는다는 의미만은 아니다. 예컨대, 정부가 일률적으로 모든 국민에게 국민의 최저소득을 보장할 수 있는 금액이라 여겨지는 10만 원을 지불하여 준다. 그런 뒤 모든 소득에 대해 일정률, 예를 들어 20%에 해당하는 소득세를 징수한다고 하자. 그러면 월 50만 원의 소득을 누리는 자에게는 정부가 그에게 준 금액과 자신의 소득세액이 같아 상쇄되고 그보다 낮은 소득을 버는 자는 사실상의 정부보조를 받은 것인 반면, 50만 원 이상을 상회하는 소득을 버는 자는 결국 양(陽, positive)의 세금을 낸 것과 같이 된다. 바로 이러한 방식이 우리가 여기서 말하는 부의 소득세가 말하는 전형적인 예가 될 것이다.

그렇다면 원론적인 의미에서 부의 소득세가 갖는 효과를 보기로 하자. 먼저, 정부의 공적 부조 급여액 TI는 다음과 같이 정의된다.

$$TI = t \times (Y^* - Yi) \cdots\cdots\cdots\cdots\cdots\cdots\cdots\cdots\cdots\cdots [식 5-5]$$
단, t: 부의 소득세율, Y^*: 기준이 되는 가구소득, Yi: 가구 i의 소득을 말함.

만일 정부에서 공적 부조 대상자라 하더라도 근로의욕을 고취시켜 더 나은 생활상태가 되도록 유도하려면 그가 소득이 약간 생긴다고 하여 그만큼의 부조액 삭감으로 상쇄시키는 방식의 보충급여제도를 실행할 수는 없다. 따라서 빈곤선을 상회하는 일정소득, 예컨대 면세기준점이 되는 소득 $Y_{T=0}$까지 보장되도록 유도할 필요가 있을 때 [식 5-5]는 다음과 같이 변형된다.

$$TI = t \times (Y_{T=0} - Yi) \cdots\cdots\cdots\cdots\cdots\cdots\cdots\cdots\cdots\cdots [식 5-5]'$$
단, $Y_{T=0}$는 면세기준점이 되는 소득을 말함.

여기서 가장 중요한 것은 부의 소득세율인 t의 값을 얼마로 하느냐다. 이때 공공부조를 받으면서도 근로소득을 통하여 달성할 수 있는 소득수준을 면세기준점으로 한다면 t의 크기는 빈곤선이 되는 소득(Y_m)과 면세기준점이 되는 소득수준($Y_{T=0}$) 사이의 상대 비가 되어 [식 5-6]으로 표현되며 이는 [그림 5-3]의 (가)에서 보는 것과 같이 X축 상의 $Y_{T=0}$과 Y축 상의 Y_m, 두 크기의 상대 값이 되는 것이다.

$$t = Y_m / Y_{T=0} \cdots\cdots\cdots\cdots\cdots\cdots\cdots\cdots\cdots\cdots\cdots\cdots [식 5-6]$$
단, Y_m: 빈곤선이 되는 소득수준

(가)의 그림에서 알 수 있는 것은 이와 같은 부의 소득세를 택할 때 빈곤선 Y_m을 기준으로 하여 공적 부조를 행할 때와 비교하여 음영 처리된

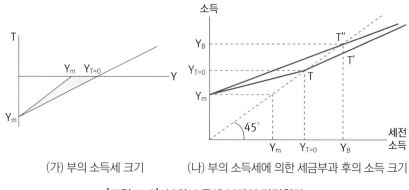

(가) 부의 소득세 크기   (나) 부의 소득세에 의한 세금부과 후의 소득 크기

[그림 5-3] 부의 소득세 부과의 결정원리

부분만큼의 공적 부조 증가가 있게 됨을 의미한다. 더군다나 $Y_m \sim Y_{T=0}$ 사이의 가구에게 아무런 혜택이 없던 것과 달리 각기 소득에 대응하는 부가적인 급여가 제공되는 이점이 있다. 따라서 국민대중은 이분되어 정부로부터 소득을 보조를 받는 자와 반대로 세금을 내는 자로 구성되고 그들의 최종적인 소득수준은 (나)의 그림에서 보는 것과 같이 선분 Y_mTT'이 된다. 이때도 역시 (가)에서 음영 처리된 부분만큼의 소득증가 액은 정부가 이제까지 지급하던 현금급여를 소득이 생기는 만큼 상쇄하던 종전과는 달리, $t \times Y$ 만큼은 상쇄하고 $(1 - t) \times Y$만큼은 돌려주는 형식으로 근로의욕을 부추김으로써 개인의 소득이 증대한 것을 표시하여 주고 있다. 아울러 면세점 가까이 있던 자들도 종전에는 아무런 명시적 혜택을 받지 못하였으나 이제는 그 역시 나름대로 정부로부터 부의 소득세 혜택을 보게 된다.

각자가 누리는 최종소득의 크기를 정리하여 보면 다음과 같다. 우선 부의 소득세하에서 한 개인이 누리는 최종소득의 크기는 자신의 근로소득액과 정부의 부의 소득세에 따른 이전소득액, 두 부분으로 구성된다. 결국 [식 5-7]에서 보여 주는 것과 같이 최종소득은 정부가 보장하는 빈

곡선 수준의 소득액(Y_m)과 자신의 근로소득 중 개인에게 잔류하는 부분
$((1 - t) \times Y)$으로 분해될 수 있다.

$$\text{최종소득 } Y_a = \text{자신의 근로소득액 } Y + \text{이전소득액 } TI$$
$$= Y + t \times (Y_{T=0} - Y)$$
$$= t \times Y_{T=0} + (1 - t) \times Y$$
$$= Y_m + (1 - t) \times Y \cdots\cdots\cdots\cdots\cdots\cdots [\text{식 } 5-7]$$

이러한 부의 소득세의 장점은 근로소득이 개개인마다 다를 때 정부가
이전소득을 행하고 난 후에도 모든 사람의 최종소득이 각기 차등적인 여
지를 계속 보여 주고 있어 일면 매우 긍정적이고 공정하다는 점이다. 이
를 우리는 프리드먼의 방식이라고 부른다.

그러나 이러한 방식에도 한계는 존재한다. 즉, 면세점 이하의 소득에
서 세금으로 귀속되는 비율, 즉 한계세율은 $(1 - t)$인 데 비하여 면세점
이하의 소득에 적용되는 한계세율은 t가 되어 [그림 5-3]의 (나)에서 선
분 $Y_m TT'$이 하나의 직선이 아니라 각기 기울기가 다른 두 직선의 결합
형태를 취하고 있는 것으로 나타난다는 점이다. 따라서 면세점을 기준으
로 한 두 집단에 적용되는 조세부담 정도가 다르다는 점이 문제시된다.
이러한 점을 고려하여 토빈(J. Tobin)의 방식에 따른 또 다른 부의 소득세
부과 방식은 아예 (나)의 그림 가운데 선분 $Y_m T''$이 될 수 있도록 일관된
한계조세율 0.5를 적용하는 것이다. 이때 임계점이 되는 소득수준은 Y_m
의 두 배인 Y_B가 됨은 쉽게 짐작할 수 있다.

물론 부의 소득세율 t가 높을수록, 아니면 한계세율 $(1 - t)$가 낮을수
록 정부의 공적 부조 재정규모는 적게 된다. 예컨대, 만일 $t = 1$이라면
$Y_{T=0}$가 Y_m과 일치하게 되고 이때는 통상적인 보충급여 형태로 머무는 것

을 의미한다. 그러나 이제 t가 1보다 작아질수록 $Y_{T=0}$는 Y_m으로부터 분리되어 멀어지고 음영 처리된 부분의 면적도 늘어나 정부 부담액이 많아짐을 알 수 있다.

이러한 부의 소득세는 굳이 빈곤선 이하의 계층인지에 대한 자산조사를 거칠 필요가 없고 단지 정부가 생각하는 빈곤선과 면세기준점을 고려하여 책정한 부의 소득세율에 따라 공공부조 혜택을 주면 된다는 점에서 낙인감으로 인한 저포착율이나 행정비용의 과다투여 등이 극복된다는 장점이 있다.

따라서 1장에서 소개한 대로 프리드먼은 현물급여까지 포함되어 있는 사회복지 급여를 이와 같이 간편한 부의 소득세제로 일원화하면 모든 사람이 일정소득수준 이상을 누릴 수 있고, 정부조직의 비대화나 낭비도 막을 수 있으므로 가장 적절한 제도라고 주장하였다. 그러나 빈곤이 단순히 저소득의 문제만은 아니라는 점에서, 그리고 여전히 근로의욕을 상실하는 계층을 완전 제거할 수는 없다는 점에서 프리드먼의 견해에 동조하지 않는 의견이 강력히 제기되고 있는 것도 사실이다.

레이던 방정식의 이론적 근거

　　레이던에 의한 빈곤선의 추정방식은 한 개인의 주관적인 최저생계수준은 자신의 소득수준과 관계가 있다는 가정에서부터 출발한다. 한 사회의 빈곤선 역시 절대적 빈곤선에서 가정하는 것처럼 사회 평균소득수준의 변화와 무관한 것이 아니라 그 집단의 평균소득수준이 상승하면 따라서 올라가는 것이다. 이를 '빈곤선의 소득탄력성'(income elasticity of poverty line)이란 개념으로 설명하면

$$\eta_p = \frac{\frac{\Delta y_{min}}{y_m}}{\frac{\Delta y}{y}} = \frac{\Delta y_{min}}{\Delta y} \times \frac{y}{y_{min}} \quad \cdots\cdots\cdots\cdots\cdots\cdots\cdots\cdots\cdots\cdots\cdots [\text{식 1}]$$

으로 나타낼 수 있다.

　　[식 1]을 통해 우리는 두 가지 개념을 생각할 수 있다. 첫째는 한계빈곤감성향(marginal propensity to feel poorness, MPFP)으로서 이는 소득의 추가적인 증가분에 대하여 빈곤선의 상승분은 얼마큼인가를 보여 준다. 즉, Δy_{min} / Δy이다. 일반적으로 이는 0보다 크고 1보다 작다. 둘째는 평균빈곤감성향(average propensity to feel poorness, APFP)으로서 y_{min} / y로 표현되고 자신의 전체소득 가운데 주관적 빈곤수준이 차지하는 비중을 말한다. 이는 0보다 큰 양수로서 1을 초과할 수 있다. 왜냐하면 사회적인 빈곤선 이하에 있는 자들은 자신의 소득이 주관적인 최저생계비 이하에 있기 때문이다. 그렇다면 [식 1]은 아래의 [식 2]로 정리된다.

$$\eta_p = \frac{\frac{\Delta y_{min}}{y_m}}{\frac{y_{min}}{y}} = \frac{\text{MPFP}}{\text{APFP}} \quad \cdots\cdots\cdots\cdots\cdots\cdots\cdots\cdots\cdots\cdots\cdots [\text{식 2}]$$

여기서 MPFP < APFP이므로 $0 < \eta_p < 1$이 됨을 알 수 있다. 즉, 빈곤선의 소득탄력성은 1보다 작은 양수로서 소득이 증가할수록 증가하는 경향이 존재함을 입증하고 있다.

이를 그래프로 그리면 [그림 1]이 되며, 이는 빈곤선을 나타내는 함수식이 [식 3]과 같음을 보여 준다.

$$y_{min} = \beta_0 + \beta_1 y + u \quad \cdots\cdots\cdots\cdots\cdots\cdots\cdots\cdots\cdots\cdots \text{[식 3]}$$

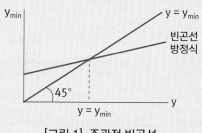

[그림 1] 주관적 빈곤선

결국 각 가구마다 자신의 소득수준에 따라 최저생계수준을 산정하고 있는데 이때 가구마다의 서로 다른 빈곤선수준을 상하 편기로서 제거해 주기 위해서는 자신의 소득이 사회적인 최저생계수준이 되는 경우인 $y = y_{min}$인 균형 상태를 추적하면 된다. 따라서 빈곤선은 $y = y_{min}$라는 균형조건과 [식 3]을 연립하여 풀면 다음 [식 4]와 같이 그 구체적인 값을 구할 수 있다.

$$y_{min} = \frac{\beta_0}{1-\beta_1} \quad \cdots\cdots\cdots\cdots\cdots\cdots\cdots\cdots\cdots\cdots \text{[식 4]}$$

그러므로 각개인의 소득수준과 그들의 주관적인 최저생계비수준을 나타내는 자료를 이용하여 [식 3]을 회귀분석의 방법으로 추정한다면 [식 4]를 통해 간단히 빈곤선 y_{min}을 도출해 낼 수 있게 된다. 이러한 방식이 주관적인 빈곤선을 추정하는 레이던 방식의 핵심이다.

제6장

복지재정(1)
– 중앙정부의 재정구성과 복지재정 현황

중앙정부가 운영하는 국가재정은 복지제도를 이해하고 운영하는 데 결정적인 요소다. 그러나 실제 그 개념과 운영 원리를 이해하는 것은 쉽지 않다. 더군다나 복지 부문에 지출되는 국가재정, 즉 복지재정의 국제적 접근과 다양한 분류법을 체계적으로 이해하는 것은 더욱 어렵다. 이 장에서는 중앙정부의 복지재정을 둘러싼 다양한 분류법과 실제 우리나라 복지재정의 현황 및 문제점, 그리고 확대 방안 등을 논한다.

1. 정부의 범주는 어디까지이며 우리나라 중앙정부 재정의 규모와 수준은 어떤 특징을 갖고 있는가?
2. 국제적으로 사회복지재정을 산출하는 다양한 기구는 어디이며, 그 구체적인 개념 및 방법은 무엇인가? 그리고 그에 따른 한국 사회복지재정의 수준은 어느 정도인가?
3. 우리나라 중앙정부의 복지재정 현황은 어떠하며, 선진복지국가가 되기 위한 재정조달 방안은 무엇인가?

1. 현대정부와 재정

케인스경제학의 대두 이후 현대 국가의 정부는 본질적으로 이전과는 전혀 다른 역할을 부여받았다. 이전까지 국방과 치안에 주력하며 계급갈등 같은 사회체제의 수호에 직접적으로 장애가 되는 요인을 제거하는 역할만 수행하던 정부는 이제 경제의 안정적 성장, 다시 말해 자본주의 하에서 자본의 원활한 축적 운동이 전개되도록 좀 더 확실한 기능을 할 것을 주문받는 시대로 바뀐 것이다.

오늘날 대부분 선진국가의 경우 정부재정 규모가 [그림 6-1]과 같이 적어도 국민총생산의 30%를 상회하고 있고, OECD 국가의 평균 정부재정 규모는 전 취업인구의 10% 내외가 되는 등 고용처를 제공하면서 다대(多大)한 역할을 수행하고 있는 형국이다. 뿐만 아니라 재정정책과 금융정책을 통한 경기조절 기능은 물론 공정거래를 위한 기업규제, 기간산업의 육성, 공적 영역에서의 상품 생산 및 조달, 사회보장제도의 실시, 공해방지, 해외무역의 조정 및 활성화 대책 강구, 광범위한 조세체계의 수립 및 조세 징수 등 이루 헤아릴 수 없는 역할을 하고 있다.

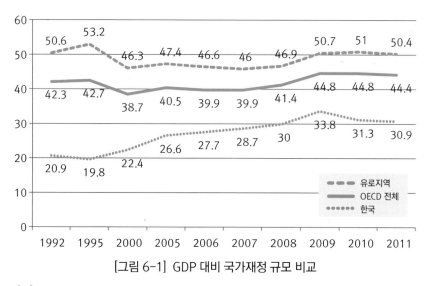

[그림 6-1] GDP 대비 국가재정 규모 비교

출처: OECD (2012a).

그러나 결국 정부의 역할을 간결하게 정리하여 보면 다음의 세 가지 기능을 한다고 볼 수 있다. 첫째, 국가 및 국민의 안위 보장 기능, 둘째, 국가경제 안정 및 성장의 관리 기능, 셋째, 국민의 사회적 삶의 보장 기능이다.

첫째, 국가 및 국민의 안위 보장 기능은 주지하다시피 가장 오래된 전통적인 정부의 역할로 근대 국가가 성립한 이후 야경국가로 불리며 강조된 것이기도 하다. 식민지쟁탈전과 그 연장선상에서 이해되는 제1, 2차 세계대전이 진행된 20세기 전반까지만 하여도 이러한 국가의 역할은 대단히 크게 부각되어 왔다. 그러나 적어도 제2차 세계대전 이후, 특히 1980년대 중반 이후 사회주의 국가의 급격한 몰락이 초래된 뒤 이 부분의 국가 역할은 상대적으로 약화되었고, 물리적 전쟁보다는 소위 경제전쟁, 무역전쟁, 인종전쟁 등과 같이 이전과는 다른 성격의 국가안위에 대한 것으로 그 속성이 바뀌어 왔다. 오늘날 선진국가의 경우 국방을 위한 정부예산 투입 비율이 낮은 수준에 머물고 있는 것이 좋은 예라고 할 수 있겠다.

둘째, 국가경제 안정 및 성장의 관리 기능은 국가가 경제운영에 대하여 주체적인 역할을 한다는 것이다. 오늘날 어떤 정부도 GNP의 규모나 경제성장률 수준에서 자유로울 수 없다. 정부를 책임진 정당이나 정부의 수반은 사회간접자본이나 기간산업을 위하여 적절한 자원의 배분이 가능하도록 항상 시장에 개입하게 되고, 실업률의 최소화를 추구하며 지나친 물가상승이 일어나지 않도록 억제책을 강구하고 호황과 불황이 주기적으로 교차하는 경기순환의 진폭이 가급적 크지 않도록 조정하는 역할을 자임하고 있다.

이때 정부가 주로 사용하는 정책을 우리는 크게 재정정책과 금융정책으로 대별하여 이해할 수 있다. 재정정책이란 정부의 수입인 조세와 정부의 지출인 세출의 규모를 조정함으로써 정부가 의도하는 경제적 효과를 달성하기 위한 가장 기본적인 경제정책에 속한다. 케인스주의자에 따르면 일반적으로 정부의 재정지출은 승수효과(乘數效果, multiplier effect)

가 있어서 정부 지출 1단위의 증가는 국민총생산에 몇 배의 증대효과를 일으키는 것으로 주장하고 있다. 특히 이때 관건이 되는 것은 국민경제 내 한계소비성향(限界消費性向, marginal propensity to consume)[1]이 얼마만큼의 크기로 존재하는가다. 유효수요의 크기가 국민총생산의 수준을 결정하는 데 매우 중요한 역할을 한다고 보는 케인스주의자에게는 한계소비성향이 클수록 정부의 재정지출상 증대효과가 크다고 본다. 왜냐하면 정부의 재정지출상 증가분이 가계로 흘러들었다가 소비를 통하여 유효수요의 크기를 증가시키고, 이는 다른 이의 소득으로 연결되었다가 소비로, 또다시 유효수요의 크기를 연쇄적으로 증가시키는 것으로 이어진다. 일련의 과정이 연쇄효과를 내며 반복되면서 국민경제 내의 소득 또는 총생산물수준을 계속 증대시키는 효과를 내는 것이다. 흐름도를 통하여 나타내면 [그림 6-2]와 같다. 즉, 정부의 재정지출 증대분(△G)은 그

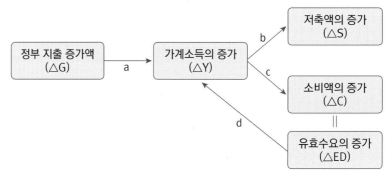

[그림 6-2] 정부 지출의 국민경제 내에서의 효과

---

1) 일반적으로 소비를 행하는 데 가장 중요한 영향력을 갖는 변수는 소득인데, 이때 소득이 1원 늘어나는 경우 그중에서 소비로 얼마를 지출하는가를 나타내는 계수가 한계소비성향이다. 보통 이 값은 0보다는 크고 1보다는 작기 마련이다.

만큼에 해당하는 국민경제상의 소득증대($\triangle$Y)를 유발하고([그림 6-2]의 a),
이는 저축증대분($\triangle$T)과 소비증대분($\triangle$C)으로 나뉜다([그림 6-2]의 b와
c 부분). 이 중 소비증대분은 그만큼의 유효수요증대분으로 기여하고 이
것만큼의 소득증가분($\triangle$Y')을 유발하며([그림 6-2]의 d), 이는 다시 소비의
증가분($\triangle$C')으로, 또한 유효수요의 증가분($\triangle$ED')으로 연쇄적인 증가분
을 유발시킨다.

$$\triangle G \rightarrow \triangle Y \rightarrow \triangle C \rightarrow \triangle ED \rightarrow \triangle Y' \rightarrow \triangle C' \rightarrow \triangle ED' \rightarrow \triangle Y'$$
....

이때 국민소득의 증가분만을 합해 보면,

$$\triangle Y + b \cdot \triangle Y + b^2 \cdot \triangle Y + b^3 \cdot \triangle Y + \cdots\cdots$$
$$= (1/(1 - b)) \cdot \triangle Y \cdots\cdots\cdots\cdots\cdots\cdots\cdots\cdots\cdots\cdots \text{[식 6-1]}$$
(단, b 는 한계소비성향임)

이 된다. 즉, 한계소비성향에 따라 국민소득의 최종 증가분이 결정되는
데, 한계소비성향이 높을수록 총국민소득의 증가분은 많아지고, 낮을수
록 그 증가분은 적어진다.

그러나 이러한 정부 지출의 증대가 언제나 좋은 것만은 아니다. 예컨
대, 경제 전체로 볼 때 총공급능력이 뒤따르지 않는 가운데 오직 유효수
요만 증대된다면 결국은 물가가 오르는 현상, 즉 인플레이션의 촉발을
가져오는 부작용의 원인이 되기도 한다. 어쨌든 이러한 케인스주의자들
의 이론체계에서 주목할 점은 정부가 경제권 내에 강력한 영향력을 행사
할 수 있는 수단이 인정되고 있다는 사실이다. 따라서 정확한 경제상황

의 판단능력이 있고 적절한 경제정책의 시행수단이 확보되어 있다면 경제성장 및 안정은 정부의 통제권 내에 머무르게 되는 셈이다.

또한 정부는 재정 규모뿐만 아니라 세수와 세출 사이의 균형 상태를 인위적으로 조절함으로써 소기의 성과를 거두기도 한다. 세수가 세출보다도 많은 흑자재정을 쓰면 경제권 전체의 유효수요가 감소되어 과열경기가 진정되는 효과를 발휘할 수 있으며, 반대로 적자재정을 쓰면 더 많은 돈의 흐름이 국민경제권 내에 형성되므로 자연히 적극적인 경제성장의 발판이 마련될 수 있는 것이다. 그러나 더욱 다행스럽게도 정부재정의 운영과정 내에는 경기조절 능력이 자동적으로 생성되어 있다는 주장도 있다. 예를 들면, 불황이나 활황 시에는 다음과 같이 자동조절 장치(built-in stabilizer)가 작동한다.

〈불황일 때〉
국민소득 감소 → 세수 감소 → 적자재정(세수 < 세출) →
유효수요 증대 → 경기회복

〈활황일 때〉
국민소득 증대 → 세수 증대 → 흑자재정(세수 > 세출) →
유효수요 감소 → 경기진정

한편, 또 다른 중대한 역할을 하는 정부 정책은 금융정책이다. 정부는 국가의 통화량을 관리하는 책임을 맡고 있고 이러한 역할을 통하여 인플레이션을 진정시키고 경기를 진작시키는 기능을 수행하기도 한다. 일반적으로 화폐가 단순히 상품의 교환과정에서 지불의 수단이 되는 것에 그치지 않고 유효수요를 형성하는 것과 연결된다고 보는 것은 이미 앞의

4장에서 논의하였다. 정부가 재정정책을 통하여 적자재정을 실현하는데, 이때 정부에서 민간경제에 더 많은 화폐를 풀어 시중 통화량이 늘어남으로써 유효수요가 증대하게 되는 것이다.

그러나 국민경제 내 통화량의 크기는 궁극적으로 물가 수준과 관련되어 있다. 즉, 총공급량에 비하여 통화량만 많아진다면 인플레이션이 촉발될 수밖에 없고, 다행히 총공급량은 증가하는데 국민의 유효수요가 부족한 경우 통화량의 증대는 즉시 경기회복으로 연결된다. 그러므로 통화량의 적절한 조절은 경기에 대한 조정기능과 밀접한 관련이 있으므로 현대 정부에서 통화정책의 기능은 매우 중시되고 있다.

셋째, 국민의 사회적 삶의 보장 기능은 현대 국가가 인간이 살아가는데 필수적인 정신적·물질적 수단을 확보해 주는 것으로서, 교육·보건·문화·환경·주택 등 무수히 많은 요소가 존재하지만 그중에서도 특히 사회보장제도를 통하여 달성하려는 경우를 주목할 필요가 있다. 사회적 위험에 직면한 개인에게 스스로의 능력과 책임하에 자신에게 닥친 문제를 해결하도록 하는 것이 아니라 국가적·사회적 차원에서 집단적이고 제도적인 노력을 통하여 개개인의 문제를 해결하려는 것이 사회보장제도라 할 때 국민 삶의 보장 수준을 일정 수준 이상으로 유지하게 하는 노력이야말로 현대 정부에서 가장 각광받는 역할인 것이다. 물론 이러한 기능의 수행에는 협의의 사회보장제도뿐만 아니라 보건, 교육, 주택, 문화 등 인간다운 생활을 영위하는 데 필수적인 영역 모두가 포함된 광의의 사회보장제도가 고려되어야 할 것이다.

2. 국가재정의 운영체계

현대 정부의 기능과 역할을 이해하고 그중에서도 사회보장과 관련된 구체적인 정부의 활동내역을 정확히 파악하기 위해서는 국가재정이 어떻게 구성 및 운영되고 있는지 아는 것이 가장 기본적이다.

1) 정부의 범주

우선 정부의 재정구조를 논할 때 가장 먼저 해명되어야 할 것은 공공의 목적을 실현하기 위한 정부의 다양한 활동 중 어디까지를 정부활동의 범주로 할 것인가 하는 점이다. 정부 역시 생산주체의 하나로서 단순히 국가행정 및 관리에 대한 서비스만을 생산하는 것이 아니라 국가 책임하에 공급하고 있는 국방 및 교육, 공중보건, 사회복지 등의 서비스는 물론 때로는 수도, 전기, 식량, 군수물자 등 유형의 재화를 만들어 내기도 한다. 그러나 이처럼 다양한 재화와 서비스의 생산을 위하여 활동하는 방식으로는 직접생산방식 외에 민간의 생산활동을 장려하기도 하고 민간과 합작하여 생산하기도 하며, 또한 민간생산품을 구매하여 다시 판매하는 등의 매우 다양한 방식을 취하고 있다.

한편, 정부는 국민으로부터 일방적으로 수취한 조세 등의 재원을 근간으로 정부의 공공활동을 행하기도 하지만 때로는 국민에게 그 대가를 직접 받고 파는 일종의 기업으로 행세하는 경우도 있고 또한 매우 커다란 자금 규모를 운영하며 국가 전체의 통화관리 및 여신관리 업무 등을 행하기도 한다. 이 모든 활동을 전부 정부 활동의 범주로 취급하면 불필요하게 정부의 영역을 크게 잡는 것이 되어 정부의 본질에 가장 충실한 범주가 어디까지인지 쉽게 정의할 수 없게 된다.

따라서 국제적으로 통용되고 우리나라에서도 받아들이고 있는 국제통화기금(International Monetary Fund, IMF)의 정의를 알아볼 필요가 있다. IMF가 제시하는 정부재정통계(Government Finance Statistics, GFS)에 따르면, 광의의 정부영역이라고 할 수 있는 공공부문(公共部門)은 〈표 6-1〉에서 보듯이 비금융공공부문과 공공금융부문으로 크게 이분할 수 있다. 그러나 공공금융부문이 다루고 있는 통화관리와 여수신관리 등의 재원이 모두 포함되었을 때 나머지 부문과의 자금 흐름에 대한 착란이 심해지므로 일반적인 정부의 범주에서는 제외시키고 있다.

비금융공공부문은 다시 일반정부와 비금융공기업으로 이분된다. 비금융공기업이란 일반산업분야에서 생산, 판매할 수도 있는 재화나 서비스를 정부가 직접 나서서 생산 또는 판매하는 것이 공익상 바람직하므로 기업 활동과 같은 성격을 지니고 활동하는 부문을 말한다. 대표적인 것이 철도, 전기, 통신 등 공공재에 해당하는 것을 생산하는 경우와 나아가 양곡관리, 정부부문 내의 물품조달, 화폐 제작, 공공토지의 구입 및 매매 등에 관계하는 경우를 말한다.

다시 일반정부의 구성은 중앙정부와 지방정부, 그리고 사회보장기금, 지역정부, 초국가정부 등으로 나뉜다. 그러나 우리나라의 경우는 중앙정부와 지방정부의 재정 운영방식이 일반회계와 특별회계, 기금 등을 통하여 이루어지고 있어서 중앙정부와 지방정부 간, 일반회계나 특별회계, 그리고 기금의 삼자 간 복잡한 내부 거래 등이 발생하여 재정의 전모를 파악하는 것이 그리 간단치 않게 되어 있다.

그러나 보통 정부의 예산이라고 할 때는 중앙정부의 일반회계와 특별회계를 합친 규모를 말하고 있으며 이는 정부를 가장 협의로 정의하는 경우에 해당되는 범주라고 할 수 있다. 따라서 정부의 재정을 이해하려 할 때 이 부분이 가장 핵심적인 영역이 된다고 할 수 있다.

〈표 6-1〉 IMF 분류방식에 따른 한국의 재정 구조

IMF 성의 정부범주	공공부문								
	비금융공공부문							금융공공부문	
	일반정부				사회보장기금 등	공기업(비금융공기업특별회계 및 기금)		통화·비통화금융기관	기금
	중앙정부		지방정부			정부투자기관			
	특별회계	기금	일반회계	특별회계		특별회계	기금		
일반회계									
해당내용	재정융자 국유재산관리 농어촌구조개선 농어촌특별세관리 교통시설 등기 지방양여금관리 교도작업 군인연금 지방교육양여금 관리 에너지 및 자원사업 환경개선 국립의료원 토지 관리 및 지역균형 개발 책임보험 자동차교통관리개선 특허관리 교육환경개선	남북협력기금 국민투자기금 외국환평형기금 대외경제협력기금 공공자금관리기금 군인연금기금 고용보험기금 국민주택기금 국민연금기금 작업준련촉진기금 진폐기금 신용체해예방기금 장애인고용촉진기금 여성발전기금 보훈기금 산업재해보상보험기금 군인복지기금	〈공기업〉 상수도사업 병원사업 지역개발기금 통합공과금 공영개발 지하철운수사업 〈기타〉 : 83개		해당 없음	양곡관리 철도사업 통신사업 조달	양곡 조달	〈통화금융〉 중소기업은행 국민은행 한국주택은행 〈비통화금융〉 한국산업은행 수출입은행 장기신용은행	재산형성저축 장려기금 외국환평형기금 재신보험기금 농어촌자금마련 장려기금

정부투자기관: 한국조폐공사, 토지개발공사, 한국전력 등

출처: 국회예산정책처(2013a).

2) 중앙정부의 재정 운영 구조

그렇다면 정부재정의 구조상 일반회계와 특별회계, 기금은 각기 어떤 목적과 용도, 자원 확보 과정을 거치며 운영되고, 또한 나아가 중앙정부와 지방정부 간의 관계는 어떠한지 보도록 하자.

먼저 중앙정부의 경우, 일반회계는 중앙정부가 국민으로부터 거둬들이는 모든 내국세, 해외와의 교역과정에서 거두는 관세 등의 조세수입, 그 외에 외국 차관 수입, 나아가 재화 및 서비스를 판매하여 얻은 세외수입 등을 재원으로 편성되는 세입으로 구성한다. 이러한 일반회계의 세입은 정부의 다양한 지출목적, 예를 들면 일반행정비, 방위비, 사회개발비, 경제개발비, 지방정부에 대한 교부금, 채무상황에 따른 지출 등을 위하여 쓰인다. 중앙정부 예산의 중심회계인 이 일반회계야말로 정부재정의 근간이 되는 것은 물론이다.

그러나 이러한 일반회계로 정부의 목적을 충실히 달성하기 어렵기 때문에 중앙정부 내에 특별회계가 구성되어 있다. 정부가 특별회계를 두어야 하는 까닭은 다음과 같은 세 가지 경우로 구분된다.

첫째, 정부의 활동 과정에서 특정한 세입이 발생할 때 이를 일반회계 안에 두지 않고 그 활동과 관련하여 특정한 세출로 지출할 수 있도록 별도의 관리회계가 요구되는 경우로서, 국립의료원 특별회계, 국립대학 부속병원 특별회계, 등기특별회계, 체신보험특별회계 등이 좋은 예다.

둘째, 국가에서 공익을 목적으로 특정 재화를 생산하거나 판매하는 사업을 하는 공기업 활동 역시 일반회계의 경직적 운영구조 안에서는 소기의 활동을 수행할 수 없으므로 비금융공기업부문 내에도 특별회계를 두게 된다. 대표적인 예로는 양곡관리특별회계, 철도사업특별회계, 통신사업특별회계, 조달특별회계 등이 있고 이를 보통 기업특별회계로 지칭한다.

셋째, 정부가 특별한 용도를 위하여 자금을 보유하고 운영하고자 하는 경우로서, 일반적으로 재정 내에서 특별회계 및 기금에 출연, 출자 및 융자가 이루어질 때 이를 효율적으로 운영 관리할 목적으로 생긴 재정투융자 특별회계가 대표적인 예에 속한다.

2013년 현재 우리나라의 중앙정부가 운영하고 있는 특별회계는 모두 18개에 이르고 있다.

한편, 기금은 정부 사업의 운영 목적 및 특성상 일반회계나 특별회계 등이 지닌 세입세출 예산의 틀을 벗어나는 것이 바람직하다고 판단될 때 법률에 의거하여 설치 운용되고 있다. 예컨대, 정부가 농지관리사업이나 저소득층을 위한 주택건설 사업 등을 향후 일정시점 동안 중점 육성 개발하고자 할 때 농지관리기금이나 국민주택건설기금을 설치하는 사례가 대표적인 예이며, 보훈이나 국민연금, 산재보험 등과 같이 정부가 직접 수행하는 사업에 대하여 자금의 효율적인 관리 운용이 필요한 경우도 설치한다.

한때 이 기금은 자금의 조성과 운용이 세입세출예산 이외로 취급되어 국회의 사전 승인 없이 행정부처 독자적으로 운용할 수 있으므로 자금공급과 관리에 탄력적이라는 장점이 있는 반면, 행정부 자의적인 운영이나 전체 재정운영과의 연계성 저하라는 단점이 지적되었다. 그러나 오늘날은 법률에 의거하여 일반예산과 똑같이 국회의 심의·의결을 거치게 되었다.

2013년 중앙부처 내의 기금은 남북협력기금, 국민투자기금, 외국환평형기금, 군인자금기금, 고용보험기금, 국민연금기금, 사회복지사업기금, 장애인고용촉진기금 등 모두 65개에 이르고 있다(〈표 6-2〉 참고).

정부의 재정운영 과정의 복잡함은 일반회계와 특별회계, 기금 간의 거래가 성립되어 자금의 상호 흐름이 발생하는 데 있다. 주로 특별회계와

〈표 6-2〉 부처별 기금설치의 예

소관	기금명
법무부(1)	범죄피해자보호기금
국가보훈처(2)	보훈기금, 순국전열애국지사사업기금
기획재정부(6)	공공자금관리기금, 대외경제협력기금, 복권기금, 산업기반신용보증기금, 외국환평형기금, 국유재산관리기금
교육과학기술부(4)	과학기술진흥기금, 사립학교교직원연금기금, 사학진흥기금, 원자력연구개발기금
통일부(1)	남북협력기금
외교통상부(1)	국제교류기금
국방부(2)	군인복지기금, 군인연금기금
행정안전부(1)	공무원연금기금
문화체육관광부(6)	관광진흥개발기금, 국민체육진흥기금, 문화예술진흥기금, 언론진흥기금, 지역신문발전기금, 영화발전기금
문화재청(1)	문화재보호기금
농림수산식품부(8)	농산물가격안정기금, 농작물재해재보험기금, 농지관리기금, 수산발전기금, 쌀소득보전변동직불기금, 양곡증권정리기금, 자유무역협정이행지원기금, 축산발전기금
지식경제부(5)	방사성폐기물관리기금, 수출보험기금, 전력산업기반기금, 정보통신진흥기금, 특정물질사용합리화기금
보건복지부(3)	국민건강증진기금, 국민연금기금, 응급의료기금
환경부(5)	금강수계관리기금, 낙동강수계관리기금, 영산강ㆍ섬진강수계관리기금, 한강수계관리기금, 석면피해구제기금
고용노동부(5)	고용보험기금, 근로자복지진흥기금, 산업재해보상보험및예방기금, 임금채권보장기금, 장애인고용촉진및직업재활기금

(계속)

소관	기금명
여성가족부(2)	여성발전기금, 청소년육성기금
국토해양부(1)	국민주택기금
중소기업청(1)	중소기업창업및진흥기금
금융위원회(9)	공적자금상환기금, 구조조정기금, 기술신용보증기금, 농림수산업자신용보증기금, 농어가목돈마련저축장려기금, 부실채권정리기금, 신용보증기금, 예금보험기금채권상환기금, 주택금융신용보증기금
방송통신위원회(1)	방송통신발전기금
계	65개

출처: 국회예산정책처(2013a).

기금의 부족분은 일반회계에서 전출금의 형태로 지원되고 있다. 예를 들면, 철도사업특별회계나 군인연금특별회계에 적자가 발생한다든지, 지하철 건설이나 농업용수개발 등의 재정융자 소요 사업에 대한 부족자원이 발생한다든지 또는 정부투자기관에 대한 출자, 각종 기금에 대한 출연 등의 사유가 발생할 때 일반회계의 전출금은 재정투융자특별회계를 통하여 지출된다. 아울러 일정 기간이 지난 뒤 융자금의 원리금 등이 발생할 때 역시 재정투융자특별회계를 거쳐 상환되고 있다. 즉, [그림 6−3]과 같이 일반회계상의 재원이 재정투융자 특별회계를 거쳐 각종 용도로 흘러가게 되는 것이다.

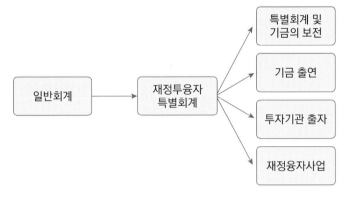

[그림 6-3] 재정투융자 특별회계의 역할

3. 사회복지재정의 운영원리와 국제적인 산출기준

1) 복지재정운영의 기본원리

복지국가 및 복지재정에 관한 합의된 이론 틀이 있다고 볼 수는 없지만, 선진국가의 경험을 바탕으로 복지국가의 기틀 아래 복지재정이 운영되는 과정에서 몇 가지 원리가 추출될 수 있다.

첫째, 복지재정은 재정민주주의를 기초로 한다. 복지국가가 역사적인 출발을 하게 된 배경을 보면, 독일의 나치 치하 및 일본의 군국주의가 실현한 전쟁국가(warfare state)에 반하는 개념으로서 복지국가가 등장한다. 이는 민주주의의 옹호논리가 복지국가의 근저에 깔려 있음을 보여 주는 것이며 당연히 복지의 실질내용을 결정하는 복지재정의 운영에서도 이러한 민주주의 원리가 기초가 되어야 한다. 따라서 개인의 생존권이 확보되기 위해서는 어떠한 내용을 갖춰야 하며, 그 재정의 수입 및 지출 면을 어떻게 구성해야 하는지에 대한 대중의 의사 표시와 참여가 전제되어야 한다.

둘째, 중앙집중형 재정운영 형태가 일정 정도 인정되어야 한다. 복지재정의 운영에서 지방분권의 여지가 완전 배제될 수는 없지만 중앙정부에 의한 재정운영 및 관리의 필요성도 엄존한다. 만일 지방마다 소득에 따른 부담의 정도가 다르거나, 아니면 급여나 수혜의 정도가 지역마다 다를 때 이러한 지역 간 격차는 지방자치단체의 약화를 부르며 사회통합의 기능을 저해한다. 따라서 중앙정부가 소득재분배의 기능이나 원칙을 제시하고 재정구조 또한 이에 부합되도록 할 필요가 있다. 이와 관련하여 지방정부에 대한 보조금제도의 활용이 매우 적절하고도 긴요하게 운용되어야 한다.

셋째, 기간세로서 소득세가 주가 되어야 한다. 복지국가에서 복지부문에 대한 지출이 경직적이고 계속하여 팽창일로에 있는 점을 생각할 때 소득탄력도가 높은 소득세가 세제의 주축이 되어야 함은 물론이다. 경기변화와 민감하게 반응하는 소득을 과세의 지표로 삼아야만 누진세의 효과가 극대화되고 조세의 소득탄력성은 1을 넘게 된다. 따라서 개인소득세 및 법인 소득세를 세제의 중심으로 삼을 필요가 있다.

넷째, 재정정책과의 긴밀한 연계가 요구된다. 만일 복지정책에 따라 실업보험이 매우 잘 발달하여 현금급여의 수준이 저임금노동자보다도 더 높아지면 이는 오히려 근로의욕을 제거하여 더 많은 실업자를 양산과 더 많은 보험급여의 지출이라는 악순환에 직면하게 된다. 따라서 실업이나 빈곤과 같은 사회적 현상의 제거는 일차적으로 재정정책을 통하여 실행하고 그것이 실패할 경우 공적부조제도나 실업보험 등의 이차적 시도가 이루어져야 할 것이다.

2) 사회복지비용의 국제적 산출 기준과 현황

한 국가의 사회보장에 관한 수준을 평가하는 객관적인 기준을 찾는 것은 쉽지 않은 일이다. 특히 각국마다 경제, 사회, 문화, 역사적 배경이 모두 다르므로 특정 제도의 유무나 정책의 도입 시기, 법규의 존재 등을 비교하고 이를 통하여 한 국가의 사회보장부문에 대한 발전 정도를 논한다는 것은 매우 조심스러운 일이 아닐 수 없다.

이렇듯 각국의 특수성을 고려하면서 동시에 비교가 가능한 준거 틀로 제시할 수 있는 것으로 사회보장에 대한 국가 및 사회차원의 지출비 규모를 들 수 있다. 정부가 사회보장을 위하여 동원하고 지출한 재원의 총액을 비교한다거나 더 나아가 기업이나 개인적인 차원에서 행하는 사회보장관련 제도에 대한 지출 등을 모두 화폐액으로 환원하여 따질 수만 있다면 개별 국가의 특수성을 용해한 가운데 사회보장에 대한 국가 사회적 자원투여 정도를 알 수 있을 것이다.

이와 같은 목적하에 사회보장 관련 비용의 지출항목을 분류하고 그에 따른 통계산출과정을 밟아 가급적 많은 국가들의 사회보장비용이 파악될 수 있도록 노력을 기울인 국제적인 성과는 아직 그리 풍부한 수준은 아니다.

현재 가장 많이 사용되는 사회보장 관련 비용 통계는 앞에서 다루었던 IMF의 재정통계 안에 들어 있는 '사회보장 및 사회복지' 항목의 통계다. 그러나 이 통계는 사회보장부문에 대한 특별한 관심에서 출발한 것이 아니라 정부재정 일반의 흐름과 특성을 파악하기 위한 것이므로 사회보장부문에 대해 특별히 심혈을 기울인 흔적은 별로 없다. 따라서 사회보장비용의 전문적 통계산출과 국제비교를 위한 목적으로 이와 관련된 통계를 산출·발표하는 기구로서 국제노동기구(International Labor Organization,

ILO)나 경제협력개발기구(Organization for Economic Co-operation and Development, OECD), 유럽공동체통계국(Statistical Office of the European Community, EUROSTAT), 그리고 노르딕사회통계위원회(Nordic Social-Statistical Committee, NOSOSCO) 등이 갖는 의미는 각별하다.

우리나라의 경우는 불행히도 경제발전 수준에 있어서 유사한 경제력을 갖고 있는 여타 다른 국가들에 비하여 사회복지재정 또는 사회보장비용의 규모가 절대적으로 취약한 상태라는 사실만이 강조될 뿐, 객관적으로 어느 정도의 위치에 놓여 있고 얼만큼의 괴리가 있는지에 본격적으로 접근하려는 노력은 그다지 적극적으로 실행되지 못하였던 것이 사실이다. 이러한 노력을 한다고 해도 사회복지재정의 개념이나 범주에 대하여 합의된 것이 뚜렷하지 않은 상태이므로 규모 파악에 혼란이 있었다. 설혹 사회개발비 규모나 보건복지부 예산 총액 등으로 비교한다고 하여도 ILO나 OECD 등에서 제시하는 기준과는 차이가 있으므로 본격적인 국제적 기준을 행하는 것은 불가능한 형편이었다. 그러나 1996년 OECD 가입 이후 복지부문에 대한 통계 제출 요청을 받은 끝에 2000년대 초반부터 OECD 기준에 맞춘 한국의 사회복지비용 생산이 가능하게 되었다.

여기서는 이러한 우리나라 사회복지재정규모의 정확한 추계와 접근이라는 향후의 과제를 위하여 일단 현재 국제적으로 통용되고 있는 사회복지재정 또는 사회보장비용의 통계산출 실태에 대한 기초정보를 접하고 이해하는 것을 목적으로 하여 그에 대한 간단한 소개를 하려 한다.

① IMF의 복지재정 통계

IMF에서는 그 기구가 지닌 임무와 기능을 수행하는 데 정부 정책상의 일차적 집계변수(the primary aggregates)인 재정적자 및 흑자, 해외차입 또는 통화당국의 차입, 정부 총수입 및 보조금, 지출규모 등에 대한 통계를 수집, 발표하고 있다. 따라서 다 같이 정부의 경제적 기능을 추적한다고 하더라도 정부의 생산활동과 부가가치 창출 규모, 정부 내 금융자산의 변동 등에 초점이 맞추어진 국민계정체계(System of National Accounts)와는 달리 추정이나 귀속항목의 기법을 쓰지 않고 정부의 재정활동에 대한 객관적 기록이 될 수 있는 것이 IMF에서 산출하고 있는 정부재정통계(Government Finance Statistics, GFS)다(J. Levin, 1991).

이 GFS의 정부 지출 영역에는 '사회보장 및 복지' 항목이 설정되어 있어서 복지에 투여되는 재원에 대한 국제적인 비교 및 국내동향을 파악할 때 많이 이용되고 있다. 그러나 이 통계는 자세한 세부항목으로 분해할 수 없고 이 항목에 대한 총량규모만을 파악하게 되어 있다. IMF에서 발간하는『재정통계 편제요람(*A Manual on Government Finance Statistics*)』에 따르면, '사회보장 및 복지' 항목에 내포되는 세부항목으로는

1. 사회보장 관련 지출
    1.1. 상병, 출산, 일시장애 급여
    1.2. 공무원 연금 체계
    1.3. 노령, 장애, 유적 급여
    1.4. 실업보상급여
    1.5. 가족 및 아동수당
    1.6. 사회부조
    1.7. 기타 사회보장 관련 지출
2. 복지 관련 지출
    2.1. 아동복지시설 관련서비스
    2.2. 노인복지시설 관련서비스
    2.3. 장애인복지시설 관련서비스

2.4. 기타 시설 관련서비스

2.5. 수용시설 이외의 복지서비스

2.6. 기타 복지서비스

3. 기타 사회보장 및 복지서비스

등이 있다(IMF, 1986).

이렇게 볼 때 GFS상의 복지부문 통계는 앞에서 지적한 것과 같이 의료보험이나 사학연금, 공무원 연금과 관련된 지출이 제외되는 한계는 물론 행정비용 부분이 구분되지 않는 등의 문제점이 노출되고 있다. 아울러 무엇보다도 위에서 나열된 세부항목으로의 분화된 통계는 직접 공표되지 않음으로써 구체적인 사회복지 분야별 비교가 매우 제한된다는 단점이 존재한다. 이는 GFS의 목적이 사회보장비용의 추적이 아니라는 점에서 오는 한계라고 할 수 있다.

어쨌든 IMF의 GFS 통계는 우리의 현실에서는 그나마도 매우 유용하게 인용할 수 있으나 사회보장비용 통계를 위한 세분된 분류기준과 산출기법을 동반하지 않은, 단순한 총량에 대한 비교라는 한계점이 있다.

이 GFS에 의해 발표된 사회보장비용의 국가 간 비교표를 보면 〈표 6-3〉과 같다.

② ILO의 사회보장비용

ILO에서는 전통적으로 3년마다 전 회원국을 대상으로 설문조사하여 사회보장비용(the costs of social security)에 관한 통계를 수집, 발표하여 왔다. 이는 회원국들로 하여금 사회보장체계의 재정운영상의 포괄성과 상호 유관성을 진작시키고, 사회보장체계나 프로그램 유형에 따른 비용배분과 수입배분 등에 대하여 국제적으로 비교할 수 있도록 하는 목적으

〈표 6-3〉 주요국의 정부기능별 재정 배분

국가(연도)/ 정부기능	프랑스 (2006)	독일 (2006)	일본 (2006)	스웨덴 (2006)	미국 (2006)	한국 (2009)
일반 공공행정	13.18	13.36	12.91	14.24	13.30	5.71
국방	3.50	2.35	2.59	3.15	11.67	10.29
공공질서 및 안전	2.44	3.49	3.89	2.47	5.67	4.47
경제사업	5.54	7.16	10.55	8.79	9.87	20.21
환경보호	1.60	1.05	3.55	0.74	–	–
주택 및 지역개발	3.56	2.08	1.81	1.36	1.74	6.30
보건	13.66	13.62	19.60	12.49	20.80	1.05 (8.55)
오락, 문화 및 종교	2.84	1.32	0.43	1.98	0.84	0.94
교육	11.34	9.01	10.74	12.98	17.09	14.44
사회보호	42.33	46.55	33.93	41.81	19.03	20.05
미분류	–	–	–	–	–	16.54
합계	100.0	100.0	100.0	100.0	100.0	100.0
복지재정 (보건+사회보호)	55.99	60.17	53.54	54.30	39.83	21.1 (28.6)

주: 한국의 괄호 안 숫자는 국민건강보험공단을 포함하여 추정한 수치임.
출처: 옥동석(2011. 2. 7.).

로 이루어진다.

1949~1951년을 조사 대상 기간으로 설정하여 설문조사를 처음 행한 뒤로 1996년에 1987~1989년 통계치까지 공표되었다. 우리나라의 경우는 1990년 ILO에 가입하였으나 해당 통계가 수록된 적은 없었다.

한편, ILO에서 규정하고 있는 사회보장제도(social security schemes)란 다음의 세 가지 기준을 충족시키는 경우를 말한다.

첫째 기준으로, 해당되는 제도의 목적이

- 치료적이거나 예방적인 현물의료급여(medical care)를 제공하는 경우
- 소득 혹은 소득의 상당액을 비자발적으로 상실한 경우에 이를 유지시켜 주는 경우
- 가족부양의 책임을 맡고 있는 사람에게 보충적 소득을 제공하는 것이어야 하는 경우

등에 해당하여야 한다.

둘째 기준으로, 해당 제도가 법률에 따라 만들어져야 하며, 그 법에는 공공기관, 준공공기관 혹은 자치기구(autonomous body)로서 개인의 권리와 기관의 의무가 구체적으로 규정되어 있어야 한다.

그리고 셋째 기준으로, 해당 제도는 공공기관, 준공공기관 혹은 자치기구에 의해 관리·운영되어야 한다.

특히 ILO에서는 첫째 기준에 해당되는 급여를 ILO의 사회보장최저기준에 관한 102호 조약(1952)에서 제시한 다음의 아홉 가지 사회보장영역의 급여와 동일하게 정의하는데,

첫째, 현물의료급여(medical care),

둘째, 상병급여,

셋째, 실업급여,

넷째, 노령급여,

다섯째, 산업재해급여,

여섯째, 가족급여,

일곱째, 출산급여,

여덟째, 폐질급여,

아홉째, 유족급여

등으로 구분된다.

이러한 범주를 바탕으로 산출된 ILO의 사회보장비용 통계에는 비록 우리나라의 통계가 포함되지 않았으나, 사회보장 수입과 지출, GNP 대비 비중, 일인당 지출비 등 사회복지비용과 관련된 많은 자료가 가장 많은 국가를 대상으로 도출되어 있었기 때문에 1990년대까지 학계에서 유용하게 활용되었다.

그러나 2003년 ILO는 지구적 차원에서 모두를 위한 사회보장에 대한 캠페인으로서 GCSSCA(Global Campaign on Social Security and Coverage for All)을 시작하였고, 이를 위해서는 효과적이고 지속 가능하게 한 국가의 사회보장정책에 대한 개념을 규정하는 것이 필요하며, 동시에 기초적인 통계가 필요하므로 새로운 통계자료를 준비하였다. 이는 마침내 2012년 첫 호로 발표된 『세계사회보장 보고서(*World Social Security Report*)』(2010/2011)에 잘 나타나 있다.

이 통계자료집에 사용된 사회보장의 범주는 이전의 사회보장비용을 산출할 때보다 더 확장되었는데, 다음과 같은 열 가지 요소로 구성되어 있다.

첫째, 조약 102호의 제2부 및 조약 130호에 의거한 의료급여

둘째, 조약 102호의 제3부 및 조약 130호에 의거한 상병급여

셋째, 조약 102호의 제9부와 조약 128호에 의거한 장애인보호급여(소득보장, 의료서비스, 재활, 장기요양 등)

넷째, 조약 102호의 제5부와 조약128호에 의거한 노령급여(소득보장, 노인장기요양 등)

다섯째, 조약 102호의 제10부와 조약 128호에 의거한 유족급여

여섯째, 조약 102호의 제8부와 조약 183호에 의거한 모성급여(의료서비스와 소득보장 등)

일곱째, 조약 102호의 제7편에 의거한 아동양육에 필요한 급여(의식주나 가정 내 돌봄지원 등)

여덟째, 조약 102호에 제4부와 조약 168호에 의거한 실업급여나 적극적 노동시장정책에 따른 실업보호를 위한 급여

아홉째, 조약 102호의 제6부와 조약 121호에 의거한 산업재해를 위한 급여(의료서비스, 재활, 상병 급여, 유족 급여 등)

열째, 빈곤이나 사회적 배제에 대응한 보호(공공부조 등)

그러나 ILO의 『세계사회보장 보고서』(2010/2011)에는 이와 같은 자신들의 사회보장비용의 산출 기준을 적용하여 산출된 통계수치들을 제시하지 않고 IMF, OECD, 심지어는 EUROSTAT 등에서 만든 통계치를 수집하여 제시하는 특성을 보이고 있다. 『세계사회보장 보고서』(2010/2011)에 수록된 대륙별 사회복지비용의 통계를 〈표 6-4〉에서 보여 주고 있다. 또한 전 세계 대부분의 국가별 통계 중 대표적인 몇 개국을 보자면 〈표 6-5〉와 같다.

③ OECD의 사회지출비

OECD에서는 사회보장이라는 용어보다는 사회지출비(social expenditure)

〈표 6-4〉 공공사회보장지출비의 대륙별 GDP 내 비중[1]

(단위: %)

구분 대륙	공공사회 보장지출비[2]	보건지출	전체
서유럽	17.98	7.10	25.08
중/동유럽	14.08	4.82	18.91
북미	9.89	6.89	15.96
북아프리카	11.02	2.53	13.56
전 소비에트연방국가	9.93	3.59	13.52
중동	7.09	3.11	10.20
중남미	7.63	2.20	9.83
아시아태평양연안국	3.65	1.68	5.32
사하라 이남 아프리카	2.81	2.51	5.32
전 세계	5.72	2.67	8.39

주: 1) 각 대륙에 속한 국가들의 인구 규모에 따라 가중 평균한 수치. 가장 최근연도를 기준으로 함.
　　2) 보건의료지출 제외.
출처: ILO (2010/2011).

라는 용어를 공식적으로 사용하고 있다. 여기서 사회지출비란 '가구나 개인이 그들의 복지에 악영향을 미치는 특정한 환경에 처해 있을 때, 그들을 대상으로 공적인 기관(현재에는 사적 사회지출은 제외됨)을 통해 급여를 제공하고 재정적인 기여를 하는 총비용'을 말한다. 그리고 이러한 급여와 재정적인 기여의 구성에는 반드시 특정 재화 및 서비스의 직접적인 지급(a direct payment for a particular good or service)과 개인적인 계약이나 이전(an individual contract or transfer)을 제외하고 있다.

〈표 6-5〉 공공사회보장지출비의 대표 국가별 GDP 내 비중

구분	국가	공공사회지출비(보건제외)의 GDP 비중(%)				보건지출(%)			총지출(%)	
		2000년	가장 최근 통계 비중	연도	자료 출처	2000년	가장 최근 연도	자료 출처	2000년	가장 최근 연도
아프리카	콩고	1.10	0.90	2005	SSI	1.21	0.89	WHO	2.31	1.79
	우간다	0.10	0.40	2006	SSI	1.77	1.94	AHO	1.87	2.34
아시아	홍콩	2.53	2.24	2006	IMF	2.63	2.31	IMF	5.16	4.55
	일본	10.60	12.30	2005	OECD	5.90	6.30	OECD	16.50	18.60
	한국	2.80	3.70	2005	OECD	2.20	3.20	OECD	5.00	6.90
	대만	6.60	11.10	2005	SSI	3.76	3.76	WHO	10.36	14.86
	싱가포르	0.67	0.62	2007	IMF	0.97	0.92	IMF	1.64	1.54
유럽	덴마크	20.70	210.20	2005	OECD	5.10	5.90	OECD	25.80	27.10
	프랑스	20.60	21.40	2005	OECD	7.30	7.80	OECD	27.90	29.20
	그리스	14.50	14.90	2005	–	4.70	5.60	–	19.20	20.50
	러시아	8.07	8.25	2006	IMF	1.99	4.04	IMF	10.06	12.29
	스웨덴	22.20	22.60	2005	OECD	6.30	6.80	–	28.50	29.40
중남미	아르헨티나	8.99	8.49	2004	IMF	4.93	4.35	WHO	13.92	12.84
	브라질	9.10	9.60	2001	SSI	2.88	3.08	WHO	11.98	12.68
	멕시코	3.20	4.50	2005	OECD	2.60	2.90	OECD	5.80	7.40
북미	미국	8.60	8.90	2005	OECD	5.90	7.00	OECD	14.50	15.90
오세아니아	뉴질랜드	13.40	11.60	2005	OECD	6.00	6.90	OECD	19.40	18.50

출처: ILO (2010/2011).

이 사회지출비의 산출을 위하여 OECD에서는 다음과 같은 14개의 범주를 설정하여 놓고 있다.

첫째, 노령 현금급여,

둘째, 장애 현금급여,

셋째, 산업재해 또는 직업병,

넷째, 상병급여,

다섯째, 노인 및 장애인을 위한 서비스,

여섯째, 유족급여,

일곱째, 현금 가족급여,

여덟째, 가족 서비스,

아홉째, 적극적 노동시장 프로그램,

열째, 실업급여,

열한째, 보건,

열두째, 주택급여,

열셋째, 교육지출,

열넷째, 기타 상황 등

특히 여기에서 취급되는 자료는 일반정부(사회보장기금이 포함된 중앙, 주, 지방정부)가 지불하고 통제하는 각 개별적인 프로그램의 사회지출에 관한 자료를 말하며, 정부기관 종사자에 대한 지출도 사회지출에 포함된다.

그러나 다음과 같은 것은 포함되지 않았다.

첫째, 조세제도를 통한 사회적 목적의 추구정책,

둘째, 고용주나 자선단체가 제공하는 사적 사회지출,

셋째, 주택에 대한 직접 지출 등

OECD 회원 국가들이 경제 및 사회정책 사이의 연관을 꾀하고자 할 때 수량적인 지원을 하기 위해 준비된 사회지출비용통계는 자국화폐 기준과 국내총생산(GDP)상의 비중 등 두 가지 종류로 작성되고 있다.

좀 더 구체적으로 이 비용 산출의 목적을 말하면, OECD 국가들에 대하여 사회지출비의 총량규모에서의 경향을 추적하고 사회지출의 구성에 관한 변화를 분석하는 수단을 제공하기 위함이며, 궁극적으로는 회원국의 국민 중 특정한 환경에 처해 있거나 특정한 욕구가 있는 사람들에게 재화와 용역을 집합적 및 효과적으로 제공함으로써 사회적 복리를 증진케 하는 데 있다고 할 수 있다.

이 통계는 기본적으로 1960년 이후를 다루고 있지만, 1980년까지의 통계는 1980년대 초에 일률적으로 조사·작성하였고 그 이후의 통계는 정기적인 조사가 이루어지지 않아 통계생산이 일시 중단되었다. OECD는 1990년대 초반에 이를 보완하기 위하여 1980~1993년의 통계를 재수집하여 『OECD 회원국의 사회지출통계(Social Expenditure Statistics of OECD Members Countries, Provisional Version)』(2011)라는 책자와 인터넷 자료를 발표하고, 이후 지속적으로 통계자료를 생산하고 있다.

한국은 OECD에 1996년 말에 가입하여 2000년대 초반부터 사회지출비의 한국 통계가 공식적으로 산출되기 시작하였고, 현재는 한국 사회복지비의 국제비교 시에 상당히 활용되고 있는 자료다. OECD 사회지출비의 국가별 추이는 〈표 6-6〉과 같다.

🌀 〈표 6-6〉 OECD 국가별 사회지출 추이(GDP상의 비중, %)

연도 국가	2000	2001	2002	2003	2004	2005	2006	2007
프랑스	28.0	28.1	28.7	29.3	29.4	29.3	29.0	28.7
독일	27.9	28.0	28.6	28.9	28.3	28.4	27.2	26.2
일본	17.2	18.2	18.7	18.8	18.8	19.1	19.0	19.3
한국	5.5	5.8	5.6	5.9	6.6	7.0	7.9	8.1
스웨덴	29.0	29.3	29.9	30.7	30.0	29.5	28.8	27.7
영국	19.3	20.1	20.1	20.6	21.2	21.4	21.2	21.3
미국	14.8	15.7	16.3	16.4	16.2	16.2	16.3	16.5
OECD 평균	19.5	19.9	20.3	20.7	20.5	20.4	20.1	19.8

주: 사회지출은 공공(public) 지출과 법정민간(mandatory private) 지출을 합한 것임.
출처: OECD (2011).

④ EUROSTAT의 사회보호지출비

유럽공동체의 통계담당기관인 EUROSTAT에서는 특별히 사회보장부문과 관련하여 '유럽체계에 의한 통합적 사회보호통계(the European system of integrated social protection statistics, ESSPROS)'라는 명칭의 통계를 산출, 발표하고 있다.

이에는 유럽연합국가가 모두 취급되고 있으며, 일부 국가는 1975년부터, 대부분의 국가는 1980년부터 시작하여 연간 주기로 사회보호지출비(social protection expenditure) 통계를 보여 주고 있다. 이들 비용통계들은 『사회보호 지출과 수입(*Social Protection Expenditure and Receipts*)』이나 영역별 형태로서 간행되는 『유럽의 사회보호 통계 요약집(*Digest of Statistics on the Social Protection in Europe)*』으로도 접할 수 있다.

EUROSTAT에서는 1980년부터 현재까지 ESSPROS의 자료를 바탕으로 유럽공동체 회원 각국의 사회보호비 지출과 수입을 일목요연하게 정리하고 있다. ESSPROS의 분류 기준이 갖고 있는 특징은 매우 광범위하고 중층적인 구조로 관련 비용을 추적하고 있다는 것이다. 예를 들면, [그림 6-4]와 같이 국가별–체계별–중분류–세분류의 단계를 거치면서 구성되는데, 여기에서 사회보호지출이란 급여(benefits), 행정비용(administration costs), 그리고 기타 지출(other current expenditure)로 나뉘는 한편, 사회보호기관들 간의 이전(transfers)은 제외하고 있다.

[그림 6-4] EUROSTAT의 사회보호지출비의 단계별 분류기준

ESSPROS에서 규정하고 있는 급여는 사회적 위험(social risks)에 처해 재정적인 비용이 발생하거나 수입의 감소를 경험하는 가구에 대한 이전을 말하는데, 여기에서 사회적 위험은

첫째, 상병,
둘째, 폐질,
셋째, 장애,

넷째, 직업재해 및 직업병,

다섯째, 노령,

여섯째, 유족,

일곱째, 해산,

여덟째, 가정,

아홉째, 직업알선 · 직업지도 · 재정착,

열째, 실업,

열한째, 주택,

열두째, 기타

등으로 분류된다. 한편, 급여의 종류는 크게 현금급여(benefits in cash)와 현물급여(benefits in kind)로 나뉘고, 전자는 실제의 가구지출(actual expenditure)을 증명할 필요 없이 지불되는 급여를 말하는 반면, 후자는 해당 가구가 소비하는 재화와 용역의 비용으로 수혜자 욕구의 전부 혹은 부분만을 만족시키기 위해 사회보호기관(social protection institution)이 제공하는 급여를 의미한다. 사회보호지출에 따른 급여는 다음과 같이 분류된다.

- 1단계: 국가별로 구분된다.
- 2단계: 각 국가별 사회보호 급여 통계는 기능별 또는 사회적 위험의 종류에 따라(by function or social risks) 열두 가지 경우로 재분류된다.
- 3단계: 다음과 같이 체계별 또는 행정단위집단별(by scheme or grouping of administrative units)로 분류가 이루어진다.
  - 기본체계(basic scheme): 법규 및 제도에 충실하여 위험에 대한 일차적인 보호를 담당하는 체계
  - 보완체계(supplementary scheme): 기본체계의 보완으로 다음과

같이 나뉜다.

ㄱ. 강제성 체계(compulsory scheme): 법률이나 규정에 따라서 실
시되거나, 노사 간의 합의나 공신력을 지닌 공적기구를 통하
여 의무적으로 부과된 것을 의미

ㄴ. 자발성 체계(voluntary scheme): 공신력을 지닌 공적기구에서
의무로 하지 않았다고 하더라도 부문 내에서 또는 사내에서,
아니면 고용주에 의한 자발적인 결정 등에 따라서 실시되거
나, 관계된 사람들의 공동결정에 따라서 실시되는 것을 의미

– 자산조사 체계(means-test scheme): 사회적인 최저소득에 접근시
키기 위한 목적을 가진 체계

ESSPROS의 사회보호지출비 산출은 사회복지 측면에서 볼 때 가장 잘
발달되어 있는 유럽 선진국가들을 중심으로 공사를 막론하고 사회전체
적인 사회보장 관련 비용을 모두 발굴, 통계화하려는 시도임을 알 수 있
다. 특히 오랫동안의 사회보장 역사를 지니면서 공적인 부문 외에도 자
발적이고 사적인 부문에서의 복지 관련 영역이 큰 비중을 차지하는 이들
국가들의 특징이 위와 같은 중층적이고 복잡한 구조를 개발하도록 이끈
것으로 보인다.

현재 우리나라의 복지수준에서 이러한 ESSPROS의 체계를 당장 따를
여건은 되지 않지만, 사회보장 관련 비용의 산출과 관련하여 현존하는
추계 방식 가운데 가장 광범위하고 완벽하다는 점에서 장기적으로는 귀
감이 되는 역할을 할 것으로 보인다.

앞서 국제적으로 산출되고 있는 사회보장비용의 통계 산출 현황에 관
한 언급을 핵심적인 사항 중심으로 정리하면 〈표 6-7〉과 같다.

〈표 6-7〉 사회보장비의 국제적 산출 현황 비교

명칭	IMF의 GFS 체계	사회보장비용	사회지출비	사회보호지출비
통계 관장 기구	IMF	ILO	OECD	EUROSTAT
사회보장비 산출 목적	정부 지출의 경제적, 기능적 특성을 파악하는 일환으로 사회보장 관련 항목도 산출	사회보장체계나 프로그램 유형별 비용 및 수입배분의 국제비교 용이	회원국들의 사회적 복지를 증진시키 도록 유도할 목적	사회적 보호를 위해 지출된 사회 내의 총비용을 산출하여 비교
사회보장비 정의	정부의 공식적인 활동영역으로서 사회장 및 복지에 관련되는 분야를 위한 지출비	별도의 법률에 의해 공공기관 또는 준공공기관 등에 의해 행해지는 소득 또는 의료보장을 위한 비용	가구나 개인이 복지를 침해하는 특정 환경에 직면할 경우 공적기관에서 지급 하는 급여와 관계된 비용	사회적 위험에 처함에 비용이 유발되 거나 수입의 감소된 가구에 대한 이전 에 소요된 공사의 모든 비용
사회보장비 구성 항목	I. 사회보장 관련 지출 1. 상병, 출산, 일시장애 급여 2. 공무원 연금체계 3. 노령, 장애, 유족 급여 4. 실업보상급여 5. 가족 및 아동수당 6. 사회부조 7. 기타 사회보장 관련 지출 II. 복지 관련 지출 1. 아동복지시설 관련서비스 2. 노인복지시설 관련서비스 3. 장애인복지시설 관련서비스 4. 기타시설 관련서비스 5. 수용시설 이외 복지서비스 6. 기타 복지서비스 III. 기타 사회보장 및 복지서비스	1. 현물의료 2. 상병 3. 실업 4. 노령 5. 산업재해 6. 가족 7. 출산 8. 폐질 9. 유족 10. 기타	1. 노령현금급여 2. 장애현금급여 3. 산업재해 4. 상병급여 5. 노인 및 장애인서비스 6. 유족 7. 현금가족급여 8. 가족서비스 9. AMPL 10. 실업 11. 보건 12. 주택급여 13. 교육 14. 기타	1. 상병 2. 폐질 3. 장애 4. 직업재해 5. 노령 6. 유족 7. 해산 8. 가정 9. 직업알선, 지도, 재배치 10. 실업 11. 주택 12. 기타
특징	- 사회보장비용만을 위한 통계산출 이 아니며 지출 주체인 정부 입장 의 분류체계 선택 - 세부항목별 통계는 공식 발표되지 않음	- 사회보장비용에 관한 전문 통계로 서 현재 110여 개국 이상의 취급 - 행정비용의 계상	- 공적인 국가복지영역에 대한 자세 한 급여대상별 급여의 영역의 지출 분류	- 취급범위가 매우 포괄적이면서 분 류체계가 다층적 - 자발적인 모든 사적인 영역의 지출 까지 포함
산출 주기	1년	3년	1년(예정)	부정기적
발표지	Government Finance Statistics	The Cost of Social Security (최근 World Social Security Report)	Social Expenditure Statistics of OECD Members Countries	Social Protection Expenditure and Receipts
한국 통계 포함 여부	포함됨	포함되어 있지 않음 (최근 World Social Security Report에는 포함)	2000년대 초반부터 산출	해당 없음

출처: http://www.imf.org/; http://www.ilo.org/; http://www.oecd.org/; http://ec.europa.eu/eurostat/

4. 우리나라 사회복지재정의 실태

1) 우리나라 복지재정의 현주소

(1) 재정지출과 수입의 저수준

우리나라는 재정규모가 절대적으로 작은 상태다. 〈표 6-8〉에서 보는 것
과 같이 선진국가들, 특히 유럽의 국가들은 GDP 대비 복지지출의 비중이
40%대를 넘어 심지어 50%대를 상회하는 경우도 있다. 2012년만을 비교할
때도 미국과 일본을 포함한 대부분의 선진국가가 40%대를 넘기고 있는
반면, 한국의 경우는 1995년 19.8%에서 꾸준히 상승하여 2012년 30.2%
까지 올랐다고는 하나 OECD 국가들과의 괴리는 여전히 심한 편이다.

〈표 6-8〉 GDP 대비 재정지출 비중의 추이

국가 \ 연도	1995년	1997년	2002년	2007년	2012년
한국	19.8	21.3	23.6	28.7	30.2
일본	36.0	35.7	38.2	36.0	43.2
미국	37.1	35.4	35.7	36.8	40.3
영국	44.1	40.6	40.9	44.1	48.5
노르웨이	50.9	46.9	47.1	41.0	43.2
OECD 평균	-	40.1	40.2	39.0	42.4

출처: OECD (2012b).

한편, 〈표 6-9〉에서 보는 것과 같이 재정수입의 GDP 내의 비중은
OECD 평균이 30%대 후반인 데 비하여 한국의 경우 지속적으로 상승한

결과 2012년 32.1%에 이르고 있다. 이때 영국은 41.7%, 노르웨이는 57.2%에 이르렀음을 알 수 있다. 일반적으로 EU 소속 국가들은 40% 중반에 이르는 상태다. 재정수입에서는 대부분의 선진국이 1990년대 초 큰 폭의 재정적자를 만회하기 위해 2000년대까지 증가하였으나 최근 들어 다소 감소하는 경향을 보이고 있다. 우리나라의 경우 꾸준히 상승한다고 는 하지만 여전히 격차를 보이고 있다.

〈표 6-9〉 GDP 대비 재정수입 비중의 추이

국가＼연도	1995년	1997년	2002년	2007년	2012년
한국	23.6	24.5	28.7	33.3	32.1
일본	31.2	31.7	30.5	33.5	33.5
미국	33.8	34.6	31.0	34.0	30.4
영국	38.2	38.4	38.8	41.4	41.7
노르웨이	54.2	54.5	56.3	58.7	57.2
OECD 평균	–	37.9	36.5	37.4	36.5

출처: OECD (2012b).

(2) 복지지출의 저수준

우리나라 재정구조의 문제점은 그 구성이 매우 왜곡된 형태라는 것이 다. 일례로 OECD가 발표한 보고서에 따르면, 한국은 2007년 현재 국민계 정 상 일반정부(중앙＋지방)의 지출에서 정부투자부문이 GDP 대비 8.3% 인 데 비하여 소득이전의 비중은 3.6%에 불과하다. 특히 소득이전의 비 중 측면에서 미국 13.7%, 영국 13.7%, 프랑스 17.8%, 독일 18.9%, 그리 고 OECD 평균이 12.4%인 점을 고려할 때 서구 선진국가들과는 대조적이다. 즉, 우리나라 정부 지출은 SOC나 특정산업에 대한 투자가 많은 반면 사회보장제도를 통한 소득이전은 매우 인색하여 OECD 평균에 훨씬 못 미친다는 것이다.

　현재 한국의 복지지출비 수준이 낮음을 극명하게 보여 주는 지표는 OECD가 정의한 사회지출비를 통해 본 국제비교표가 될 것이다. 〈표 6-10〉에서 확인되는 것처럼 한국의 사회지출비 수준은 OECD 국가들 가운데 최하위권에 위치하고 있다. 김대중 정부(1998~2002년) 때부터 적극적인 복지정책이 전개되고 복지재정 투여가 확대되면서 참여정부(2003~2007년) 시기 동안 더욱 증폭되었다고는 하지만 그 격차는 현격하기만 하다. 표에서 이를 여실히 볼 수 있는데 2013년 현재 OECD 발표에 따르면, 한국의 경우 사회지출비의 GDP상의 비중은 9.3%에 그치고 있어 OECD 평균 21.7%의 2/5 수준에 불과한 실정이며, 복지선진국가라 불리는 국가들이 20%대 후반이나 30%를 넘어선 수준임을 고려할 때 매우 저수준임을 알 수 있다. 우리나라 사회지출비의 비중을 2000년대 이후부터만 살피면 [그림 6-5]와 같이 나타나는데, 비록 참여정부 들어 가파른 상승폭을 그렸다고는 하지만 여전히 10% 수준을 못 미치는 형국임을 보여 주고 있다.

〈표 6-10〉 주요국의 사회지출비 규모 비교

(단위: %)

연도 국가	GDP 대비 공공사회지출							
	1980	1985	1990	1995	2000	2005	2010	2012
스웨덴	27.1	29.4	30.2	32.1	28.5	29.1	28.3	28.2
핀란드	18.0	22.5	24.2	30.9	24.3	26.2	29.4	29.0
독일	22.7	23.2	22.3	26.5	26.2	27.3	27.1	26.3
프랑스	20.8	26.0	25.1	28.6	27.9	30.1	32.2	32.1

(계속)

연도 국가	GDP 대비 공공사회지출							
	1980	1985	1990	1995	2000	2005	2010	2012
이탈리아	18.0	20.8	20.0	19.9	23.3	24.9	27.8	28.1
영국	16.7	19.8	17.0	20.2	19.2	20.5	23.7	23.9
미국	13.1	13.1	13.4	15.3	14.5	16.0	19.9	19.4
일본	10.6	11.4	11.4	14.3	16.5	18.5	–	–
멕시코	–	1.9	3.6	4.7	5.8	6.9	8.1	–
한국	–	–	2.9	3.3	5.0	6.5	9.3	9.3
OECD 평균	16.0	17.7	18.1	19.9	19.3	20.6	22.0	21.7

출처: OECD (2012b).

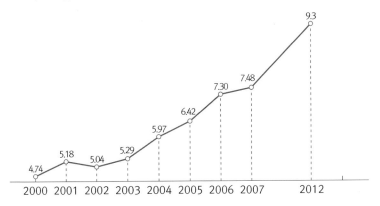

[그림 6-5] OECD 기준 한국의 복지지출 추이

출처: OECD (2012b).

이렇듯 한국의 사회지출비 비중이 적은 이유가 선진국에 비해 경제력 수준이 낮기 때문이라고 생각할 수도 있다. 과연 그럴까? 그에 대한 답은 〈표 6-11〉에서 찾을 수 있다. 이 표에는 대표적인 몇몇 선진국가와 한국의 일인당 GDP 1만 달러 및 2만 달러를 달성한 시점에서 사회지출비의 비중이 어떠한지 보여 주고 있다. 한국의 경우 일인당 GDP 1만 달러 시점이 1995년과 2002년 두 시점이 되지만, 그 어느 연도를 보아도 OECD 평균인 18.7%에 한참을 뒤처지고 있고 이는 일인당 GDP 2만 달러 시점인 2010년의 경우에도 여전히 좁혀지지 않는 차이를 고스란히 보이고 있다. 일인당 GDP 2만 달러 시점에서도 GDP 대비 10% 포인트 이상 차이가 남으로써 우리나라 국민은 경제적 성과를 재분배정책을 통해 고루 누리지 못함을 반증하고 있다.

〈표 6-11〉 1만 달러 시대와 2만 달러 시대 각국의 사회복지지출비 비중

구분 / 국가	1만 달러 시대		2만 달러 시대	
	달성 연도	복지지출(%)	달성 연도	복지지출(%)
미국	'78	13.7	'88	14.1
일본	'81	10.4	'87	11.3
스웨덴	'77	27.8	'88	32.2
영국	'87	18.3	'96	22.8
독일	'79	25.7	'90	29.6
프랑스	'79	23.5	'90	30.1
호주	'80	11.7	'96	15.7
평균	–	18.7	–	22.0
한국	'95/02	3.3/5.1	2010	9.3

출처: 강선구(2003. 7. 9.); OECD (2012b).

이상으로 재정구조의 왜곡과 사회복지지출의 저수준이라는 우리나라의 재정상 특징을 정리하여 보았는데, 특히 〈표 6-11〉은 우리나라는 복

지재정 규모가 경제규모에 비하여 월등히 떨어져 결코 투자자본 총량을 위축시킬 정도로 아님을 보여 주고 있다. 우리나라는 오히려 부실한 복지제도 때문에 현재의 양극화와 저출산이 유발되었다고 본다면, 우리나라는 복지지출이 경제를 저해한 것이 아니고 거꾸로 복지의 저수준이 성장잠재력을 훼손하는 경우라고 보아야 할 것이다.

한편, 우리나라의 사회지출비 구성은 〈표 6-12〉와 같은데, 건강보험의 재정규모가 전체 사회지출비에서 차지하는 비중이 무려 46.5%로 매우 높으며, 다음으로는 노령급여가 차지한다. 고령화가 많이 진행된 선진국가는 노령급여의 구성이 높아 표에서 보듯이 OECD 국가들의 평균치가 32.6%에 이르고 있으며, 의료보장과 관련된 보건 관련 급여에 31.5%를 보이고 있다.

〈표 6-12〉 공공사회지출의 구성(2007년)

(단위: %)

국가군＼항목	노령	유족	무능력	보건	가족	노동시장	실업급여	주거	기타
앵글로색슨형	25.3	2.3	10.6	38.2	12.2	1.9	2.7	3.4	3.8
스칸디나비아형	31.1	1.6	17.5	25.2	12.4	3.8	4.3	1.5	2.5
서유럽형	33.4	6.0	9.2	28.1	9.5	3.7	6.3	1.6	2.2
남유럽형	41.4	8.8	8.1	27.9	5.4	2.1	4.5	0.8	1.1
기타	33.3	5.7	9.9	32.6	9.9	1.4	2.0	2.5	3.5
OECD 평균	32.6	5.0	10.6	31.5	10.0	2.2	3.3	2.1	2.9
한국	21.4	3.4	7.3	46.5	6.1	1.7	3.3	-	10.3

주: 앵글로색슨형(호주, 캐나다, 아일랜드, 뉴질랜드, 영국, 미국), 스칸디나비아형(덴마크, 핀란드, 노르웨이, 스웨덴), 서유럽형(오스트리아, 벨기에, 프랑스, 독일, 네덜란드), 남유럽형(그리스, 이탈리아, 포르투갈, 스페인).
출처: OECD (2011).

우리나라는 OECD 국가들에 비해 상대적으로 유족급여나 가족급여 등 가족 기능의 회복과 유지에 필요한 급여가 약한 것으로 나타나고 있다. 또한 퇴직연금 등 분류가 모호한 제도가 있어 기타항목이 상대적으로 매우 커 전체적으로 공공사회지출의 구성을 왜곡하는 면이 있음을 유념해야 한다.

(3) 재분배 효과의 미미

우리나라 재정구조의 또 다른 문제점은 소득재분배 효과가 취약하게 나타난다는 점이다. 즉, 우리나라는 소득불평등도를 보여 주는 지니계수 (Gini's coefficient)는 시장소득(market income)의 경우 2008년 현재 OECD 33개 국가 중 매우 낮으나, 조세와 사회보장제도의 효과를 고려한 가처분소득(disposable income)의 지니계수는 33개 국가 중 겨우 20위 정도에 해당한다. 이에 따라 지니계수의 개선율, 즉 소득 분배개선율은 OECD 평균 31.3%에 훨씬 못 미치는 8.4%에 불과하고 그 개선 정도의 순위도 OECD 국가군에서 최하위권으로 분류될 정도다. 이는 〈표 6-13〉에 잘 나타나 있다.

〈표 6-13〉 OECD 회원국 조세 · 이전지출의 소득재분배 효과

국가＼항목	시장소득	가처분소득	지니계수 축소(%p)	지니계수 축소비율(%)
멕시코	0.494	0.476	0.018	3.6
한국	0.344	0.315	0.029	8.4
미국	0.486	0.378	0.108	22.2
영국	0.456	0.345	0.111	24.3

(계속)

항목 국가	시장소득	가처분소득	지니계수 축소(%p)	지니계수 축소비율(%)
일본	0.462	0.329	0.133	28.8
스웨덴	0.426	0.259	0.167	39.2
프랑스	0.483	0.293	0.190	39.3
독일	0.504	0.295	0.209	41.5
핀란드	0.465	0.259	0.206	44.3
OECD 평균	0.457	0.314	0.143	31.3

주: 일본(2006)을 제외하고는 모두 2008년 기준임.
출처: OECD (2006/2008).

지니계수의 개선 정도를 통해 소득재분배 효과를 보는 것과 유사하게 빈곤율의 개선 정도를 주목할 수도 있다. 이 경우는 더욱 열악함이 드러나고 있는데, 〈표 6-14〉에서 보면 중위소득의 50% 이하를 보이는 가계의 비중이 얼마인지를 시장소득과 가처분소득에서 각각 구한 다음 그 개선율을 비교해 보면 우리나라의 경우는 14.3% 정도에 그치지만 OECD 국가의 평균은 무려 57.7%에 이르고 있다.

〈표 6-14〉 OECD 회원국 조세·이전지출의 빈곤율 감소 효과   (단위: %)

구분 국가	시장소득 기준 빈곤율	가처분소득 기준 빈곤율	빈곤율 감소 (%p)	빈곤율 감소 (%)
멕시코	23.6	21.0	2.7	11.2
한국	17.5	15.0	2.5	14.3
미국	27.0	17.3	9.7	35.9
일본	28.7	15.7	13.0	45.2

(계속)

구분 / 국가	시장소득 기준 빈곤율	가처분소득 기준 빈곤율	빈곤율 감소 (%p)	빈곤율 감소 (%)
영국	31.2	11.0	20.2	64.7
스웨덴	26.5	8.4	18.2	68.5
독일	32.5	8.9	23.6	72.5
핀란드	30.1	8.0	22.1	73.4
프랑스	32.6	7.2	25.4	77.9
OECD평균	26.3	11.1	15.2	57.7

주: 1) 빈곤율은 중위소득 50% 이하를 기준으로 측정된 수치임.
   2) 일본(2006)을 제외하고는 모두 2008년 기준임.
출처: OECD (2006/2008).

이렇게 조세·재정정책의 소득재분배 기능이 약한 원인은 사회지출비의 규모가 적고 그 구성이 부적절한 것도 있지만 조세부문에서의 왜곡도 큰 몫을 차지한다. 구체적인 조세정책상의 원인을 보자면, 첫째, 조세수입에서 직접세의 비중이 현격히 낮다는 것이다. 미국 79%, 일본 68% 등 대부분의 선진국이 간접세보다 직접세 비중이 월등히 높은 것에 비하여 우리나라는 2005년 52.1%였던 것이 점점 더 하락하여 2009년 현재 47.9%로서 그나마도 절반 이하로 떨어지고 말았다. 직접세 중에서도 소득세의 비중은 매우 낮다. 〈표 6-15〉에서 보는 것과 같이 소득세의 GDP 상의 비중은 OECD 평균인 8.7%에 비해 절반도 안 되는 3.6%이고, 사회보장세 역시 고용자와 고용주 모두를 합해 OECD 평균은 9.2%인 데 비하여 한국은 5.8%에 그치고 있다. 결국 법인세와 재산세를 제외하고는 OECD 평균치에 비해 매우 낮은 비중을 보여 준다.

🌏 〈표 6-15〉 GDP 대비 세목별 구성(2009년)

구분\국가	소득세		사회보장기여금			급여세	재산세	소비세
	개인소득세	법인소득세	전체	근로자	고용주			
한국	3.6	3.7	5.8	2.4	2.6	0.1	3.0	8.2
덴마크	26.4	2.4	1.0	1.0	0.0	0.3	1.9	15.4
프랑스	7.3	2.0	16.7	4.1	11.3	1.3	3.4	10.6
독일	9.4	1.3	14.5	6.3	6.8	0.0	0.9	11.1
일본	5.4	2.6	11.0	5.0	5.0	0.0	2.7	5.1
스웨덴	13.5	3.0	11.4	2.8	8.6	4.0	1.1	13.5
영국	10.5	2.8	6.8	2.7	3.9	0.0	4.2	9.9
미국	8.1	1.7	6.6	2.9	3.3	0.0	3.3	4.5
OECD	8.7	2.8	9.2	3.2	5.4	0.4	1.8	10.7
한국/OECD	41.4%	132.1%	63.0%	75.0%	48.1%	25.0%	166.7%	76.6%

출처: OECD (2011).

둘째, 과세기반의 미비 역시 소득재분배 효과를 미미하게 만드는 중요한 원인이다. 한국조세연구원에 따르면, 2010년 현재 소위 '유리지갑'이라 불리는 근로소득자의 소득의 경우도 소득파악률은 76.4%에 그치고 있으며 개인사업자의 경우는 53.9%에 불과하다. 물론 김대중 정부 이후 신용카드 사용과 같이 소득파악을 위한 다양한 정책들이 추진된 결과 소득파악률이 상당히 제고된 것이 사실이다. 즉, 근로소득자의 경우 2005년엔 70.4%, 개인사업자의 경우 34.6%였다(〈표 6-16〉 참고).

⚫⟩ 〈표 6-16〉 최근 소득파악률 추이

연도 집단	2005	2006	2007	2008	2009	2010
근로소득자	70.4	75.7	74.9	76.2	75.0	76.4
개인사업자	34.6	37.0	43.0	48.0	50.7	53.9

출처: 김재진(2012).

특히 국세청에서 2011년 한해 고급미용실, 고급 피부관리숍, 성형외과, 룸살롱과 같은 사치성업소 150여 곳에 대해 세무조사를 한 결과 모두 3,632억 원의 탈루세금이 적발된 것은 고소득층에 대한 소득파악이 매우 부실하고 상대적으로 소득재분배 효과를 떨어뜨리는 주요한 요인임을 말해 주는 것이다.

셋째, 자산소득에 대한 과세가 미비하고, 각종 조세감면제도나 면세점 제도를 통한 소득세 등 감면이 남발되고 있는 것도 소득재분배 효과를 저하시키는 원인이 된다. 우리나라는 현재 금융자산에 대한 과세를 하고 있다고는 하지만, 주식매매를 통한 이득에는 과세하지 않고 있으며 금융 종합과세도 이자소득이 연간 4천만 원 이상인 경우만 과세대상이 되고 있어 금융자산에 대한 과세는 미흡한 상태다. 부동산 등에 대한 과세는 최근 정부가 보유세를 강화하고 있는 추세이지만 아직도 부동산을 통한 자산증식에 대해 충분히 과세하고 있다고 보기 어렵다. 또한 중산층 또는 기업이 주된 수혜층인 조세감면제도에 따른 총액은 2013년 현재 33조 원에 이르고 이는 국내총생산의 3% 정도에 이를 만큼 규모가 커서 대대적인 수술이 요구된다. 한편, 국세 감면율의 추이는 [그림 6-6]과 같다.

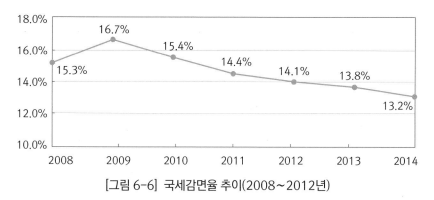

[그림 6-6] 국세감면율 추이(2008~2012년)

주: 1) 국세감면율(%) = 국세감면액/(국세감면액 + 국세수입총액)
　　2)「국가재정법」제88조에 규정되어 있으며, 강행 규정이 아닌 선언적 성격(~하도록 노력
　　　하여야 한다)이 강한 것으로 보이고, 구하는 산식은 직전 3년 평균 국세감면율 + 0.5%p
출처: 국회예산정책처(2013b).

2) 사회적 요구에 기초한 미래 복지재정 전망

　우리나라 재정지출의 기조는 근본적으로 개발재정에서 사회재정으로의 변환이 시급히 요구된다. 즉, 지금까지 '토목국가'로 지칭되는 사회간접자본과 경제사업 위주의 재정운영기조를 '서비스국가'에 걸맞게 사람에 대한 투자인 사회재정으로 선회해야 한다. 현대 사회가 지식기반사회로 전환한 것을 상기할 때, 국가재정을 통해 물적 자본에 대한 직접적 투자를 하는 것에서 인적자본 육성 및 공공서비스를 통한 시장실패의 보정에 국가 역할의 중심을 놓아야 한다.

　사실 이를 뒷받침하는 자료는 적지 않다. 비록 최근의 연구 시점은 아니지만 한국산업연구원에서 행한 연구에 따르면, 2004년 한국 경제구조하에서 정부 지출 1조 원을 어떻게 쓸 때 성장에 가장 유효한가에 대한 해답은 복지부문에 집중하는 것이다. 즉, 〈표 6-17〉에 보면, 정부 지출 1조 원을 현재와 같은 재정배분구조로 할 때, 공공행정과 국방을 제외한 나머지 분야에 지출할 때, 건설부문에만 집중할 때, 그리고 사회서비스의 전형인 교육 및 보건·복지부문에 집중할 때 등 네 가지 경우에 대한 경제성장의 효과가 각기 나타나 있다. 결국 정부 지출 효과는 건설부문만 투여할 때 가장 낮고, 교육 및 보건·복지부문에 집중 투여할 때가 가장 높음을 알 수 있다.

〈표 6-17〉 정부 지출 1조 원 증가의 효과

시나리오 \ 항목	국내 소득창출액 (억 원)		성장률 제고 효과 (%p)	
	최소	최대	최소	최대
동일한 배분구조	8,654	15,862	0.120	0.220
공공행정 및 국방 제외 시	8,500	15,569	0.118	0.216
건설부문에만 투입 시	8,343	15,286	0.116	0.212
교육 및 보건·복지 부문에만 투입 시	8,942	16,393	0.124	0.227

출처: 강두용(2004. 12. 14.).

또한 국회예산정책처가 발간한 「정부의 재정 지출에 따른 국민경제적 파급효과 분석」(2012)에 따르더라도 산업연관분석을 통해 2009년 정부 지출 1원이 유발하는 부가가치액은 교육비 0.1305원, 국방비 0.2753원, 보건비 0.4919원, 그리고 사회복지비 1.5692원으로 사회복지비의 부가가치 유발효과가 월등히 높음을 알 수 있다. 같은 보고서에서 취업유발효과도 산출하였는데, 같은 해 교육비의 취업유발계수는 22.2989명, 국방비 14.5736명, 보건비 16.4153명, 사회복지비 61.5067명으로 고용창출의 측면에서도 사회복지비의 지출은 매우 효과적이다.

　따라서 복지재정은 단순한 소비적 성격이 아니다. 오늘날 한국 사회가 주력해 온 경제성장이나 고용창출이라는 경제적 효과를 위해서도 정부의 재정지출은 적극적으로 복지지출에 투여되어야 한다.

　또 하나의 중요한 환경적 요소는 한·미 FTA, 한·EU FTA 체결 등과 같은 세계적 무한경쟁체제의 확산이다. 이러한 무한경쟁체제의 돌입이 매우 인위적이고 충격적인 요법으로 전개됨으로써 산업별·지역별·계층별 영향력이 판이하게 달라질 수밖에 없는데, 이때 각 부문별 수혜의 정도를 이차적으로 보정해 주는 소득재분배정책은 매우 중요한 의미를 갖는다. 그러나 앞의 〈표 6-17〉에서 확인한 것처럼 현재 우리나라 재정지출의 소득재분배 효과는 매우 미미하므로 이런 무한경쟁체제하에서 양극화의 심화와 사회통합의 저해를 막기 위해서는 정부의 적극적인 복지정책이 요구된다.

　이렇듯 자유무역협정 체결이 본격화된 현재의 한국의 복지재정은 더욱이 이전과 다른 각도에서 취급되어야 한다. 즉, 자유무역에 따른 국부의 창출이 있다고 해도, 부익부 빈익빈의 결과를 통해 사회양극화가 심화되고 급기야는 실직자와 가정해체가 급증하며 소비구매력이 떨어지는 경제적·사회적 상황을 맞지 않기 위해서는 하나의 대비책으로서 사회정책을 강도 높게 추진해야 하고, 이를 뒷받침하는 사회재정을 마련해야 할 것이다.

3) 최근 복지재정의 동향

　복지정책에 대한 대전환이 IMF 경제위기를 기화로 야기된 시기와 복지재정의 팽창 시기는 궤를 같이할 수밖에 없다. 국민의 정부라고 일컬어지는 김대중 대통령 집권 시기에 기초생활보장제도의 시행과 각종 사회보험제도의 개혁과 확대가 실시됨으로써 그 이전과는 비교가 되지 않을 정도의 괄목할 만한 복지재정의 팽창이 일어났다. 〈표 6-18〉을 참조하여 복지 관련 주무부처를 중심으로 살펴보면, 국민의 정부 출범 직전인 1997년의 해당부처 예산이 2조 8천억 원 정도에 불과하였으나 집권

〈표 6-18〉 집권 시기별 복지 관련 예산액 및 연평균증가율

(단위: 억 원)

연도 또는 집권 시기 / 부문	1997	2002	2007[1)	2011	연평균 증가율		
					국민의 정부	참여 정부	이명박 정부
복지주무부처[2)	28,415	80,639	126,986[2)	217,375	23.2	9.5	14.4
공공부조	9,121	34,033	65,759	79,023	30.1	14.1	4.7
복지 서비스 — 장애인	927	2,326	6,214	10,130	20.2	21.7	13.0
복지 서비스 — 노인	1,286	3,787	5,905	40,411	24.1	9.3	61.7
복지 서비스 — 아동	2,377	770	734	2,050	n.a.	−1.0	29.3
복지 서비스 — 보육		2,120	11,694	26,527	n.a.	40.7	22.7
복지 서비스 — 계	4,802	8,226	12,853	52,962	11.4	9.3	42.5
보건의료	225	4,290	9,966	15,429	80.3	18.4	11.6
연금급여액	14,855	19,152	51,826	98,193	5.2	22.0	17.3
건강보험 총 지출액 (국고지원금)	77,951 (15,486)	147,984 (27,365)	258,885 (31,110)	372,588 (60,108)	13.7	11.8	9.5

주: 1) 2007년의 통계에는 분권교부금으로 인해 지방정부 예산에 편입된 사회복지서비스 예산이 있어 2002년과 비교 시 상대적으로 저평가되고 있음.
   2) 복지 관련 부처는 주로 보건복지부를 지칭하나, 2007년 당시는 보육업무를 여성가족부에서 담당하였기에 보건복지부 예산 총액과 여성가족부의 보육예산을 합한 금액임.
출처: 이태수(2014).

마지막 해에는 8조 원으로 늘어나 절대액으로 볼 때 3배 가까이 증가한 셈이다. 그 이전의 정부에선 상상하기 어려운 복지예산의 배정이 아닐 수 없었다.

　노무현 대통령의 재임시절인 참여정부 역시 2003~2007년의 집권 시기 동안 복지재정의 팽창 속도를 빠르게 유지하여 왔다. 보육부문에서 괄목할 만한 증대가 있었고 연금이나 건강보험분야의 관련 재정도 팽창 속도가 빠르게 진행되었다. 이 시기에 기초노령연금제도나 노인장기요양보험, 복지서비스의 바우처 방식 등을 제도적으로 확립한 점은, 비록 참여정부의 재정 팽창으로 직접 나타나지는 않았다고 해도 그 의미가 컸다.

　결과적으로 이명박 정부 집권 시기인 2008년부터 복지재정이 급팽창한 주된 이유는 이전 정부의 제도적 확립 때문이다. 특히 복지서비스부문과 노인복지부문이 비약적으로 증대한 것이 이를 입증해 주고 있다.

　〈표 6-17〉에서도 나타난 것과 같이 국민의 정부 시기 동안 복지주무부처의 예산은 연평균 23.2%, 참여정부 시기는 9.5%, 그리고 이명박 정부 시기는 14.4%를 각기 나타내고 있다.

　그러나 향후 복지재정의 확대가 필연적인 경로라고 예견하는 것은 너무 이르다. 특히 이명박 정부 시절 전체적인 국가재정운영 기조가 감세에 따른 재정축소, 건설 중심의 토건재정의 특징을 나타냄으로써 복지부문을 중심으로 국가재정의 기조를 재편하는 커다란 과제의 지속에 암운이 드리워졌던 경험이 있기 때문이다.

　친복지성향이 강했던 지난 김대중 정부 및 노무현 정부와는 달리 이명박 정부의 핵심적인 재정기조는 감세와 토목사업에 대한 지출이었다. 그 가운데 감세정책의 영향력은 매우 지대할 수밖에 없었다. 이명박 정부는 여야합의의 형식을 빌리기는 했지만 2008년 종합부동산세의 경우 1주택

보유자에 대해서는 3억 원의 기초 공제를 허용하며 세율을 0.5~2%로 대폭 인하하고, 소득세의 경우는 2010년분 소득부터 현재의 8~35%의 세율을 6~33%로 각기 2% 포인트 인하, 양도소득세의 경우는 3% 포인트, 법인세의 경우는 3~5% 포인트 인하하는 정책을 결정하였다.

이러한 세율의 인하 등을 통한 감세정책의 구현으로 말미암아 국회 예산정책처 추계에 따르면 〈표 6-19〉와 같이 2008~2012년에 82조 2천억 원의 세수감소가 있었던 것으로 추정되었다.

〈표 6-19〉 감세로 인한 줄어드는 세수 규모

(단위: 조)

구분 \ 연도	2008	2009	2010	2011	2012	합계
감세 규모	6.3	13.5	21.0	20.0	21.3	82.2

출처: 국회예산정책처(2012b).

또 다른 한편으론 토건사업을 위한 막대한 재정지출이 이루어졌는데, 대표적으로 4대강 살리기 사업에 이 사업 16.9조 원, 직접연계사업 5.3조 원, 그 외에도 부처별 · 지자체별 사업이 산재해 있어 모두 합칠 경우 약 30조 원에 이르는 것이었다.

결국 감세에 따른 세수의 절대적 감소와 4대강, 사회간접자본, 국방 등의 예산확대 투여로 재정기조에 심각한 적신호가 생겼으며, 이는 막대한 재정적자로 귀결되었다.

이명박 정부 스스로도 〈표 6-20〉과 같이 중기재정계획에서 2009~2013년까지 모두 132.8조 원의 재정적자 누적치를 기록할 것으로 내다보았다. 이러한 국가재정 상황의 악화는 향후 복지재정 확대에 주요한 걸림돌이 될 것으로 예견되며, 다음으로 등장한 박근혜 정부에서도 큰 짐이 되지 않을 수 없을 것이다.

〈표 6-20〉 2009~2013년 중장기 재정수지관리계획안

구분 \ 연도	2009 당초	2009 추경	2010	2011	2012	2013
실질성장률(%)	4.0	△2.0	4.0	5.0	5.0	5.0
재정수입(조 원)	291.0	279.8	287.8	309.5	337.6	361.7
재정지출(조 원)	284.5	301.8	291.8	306.6	322.0	335.3
재정수지(조 원)	△24.8	△51.0	△32.0	△27.5	△16.1	△6.2
(GDP 대비, %)	(△2.4)	(△5.0)	(△2.9)	(△2.3)	(△1.3)	(△0.5)
국가채무(조 원)	349.7	366.0	407.1	446.7	474.7	493.4
(GDP 대비, %)	(34.1)	(35.6)	(36.9)	(37.6)	(37.2)	(35.9)

출처: 기획재정부(2009).

4) 국가의 복지재정 확대를 위한 과제와 전략

향후 서구 선진복지국가의 경로를 밟아 더 발전된 복지국가, 소위 보편적 복지국가를 만들기 위해서는 필요한 규모의 복지재원의 확보가 필수불가결한 조건이 된다. 그렇다고 복지재원의 필요 규모 추계와 이에 대한 정확한 산출 근거를 갖고 논쟁을 벌이는 것이 반드시 생산적이라고 볼 수도 없다. 왜냐하면 결국 정부의 역할과 국가재정의 규모는 민주주의하에선 국민의 여망이 반영되어 선출된 정당과 정치인에 따라 얼마든지 변화 가능한 것이기 때문이다. 재정지출의 효율화에서부터 각종 감면제도의 철폐, 나아가 세율의 인상 등 적극적 증세에 이르기까지 정치적

판단에 따라 선택할 수 있는 재정수단은 매우 많다.

이를 전제로 하되, 다음에선 향후 더 적극적으로 확대되어야 할 복지재정의 확보 가능성에 대한 포괄적인 접근을 시도해 본다.

(1) 재원 확보에 대한 총론적 접근

먼저 현재 국민의 추가적인 조세부담 능력이 있는가를 검토해 볼 필요가 있다. 〈표 6-21〉을 보면, 현재 한국의 조세부담률 수준은 OECD 평균에 비하여 낮은 수준이며, 동아시아권·영미국가권·북구국가권·유럽대륙국가권 등 유형별 국가권으로 비교할 때도 같은 동아시아권 내의 일본을 제외하고는 다른 국가들과 현격한 차이가 존재한다.

〈표 6-21〉 GDP 대비 조세부담률과 국민부담률 추이

(단위: %)

구분	국가	연도 2000	2005	2010
조세부담률(a)	한국	19.6	20.2	19.3
	OECD	27.1	26.7	24.6
사회보장기여율(b)	한국	3.9	5.4	5.8
	OECD	9.0	9.1	9.2
국민부담률(a+b)	한국	23.5	25.6	25.1
	OECD	36.1	35.8	33.8

출처: OECD (2011).

앞서의 결과를 고려할 때, 한국의 경우 정부의 적극적 재정정책을 구사하기 위해 최소 5~9% 포인트의 추가적인 부담 능력이 있다고 보아야

한다. 현재 국민의 조세부담 증대에 대한 저항이 적지 않음은 사실이지만, 이는 정부에 대한 불신과 경기침체 가능성이라는 두 가지 원인 때문이다. 따라서 정부에 대한 불신은 양극화 해소 및 중산층 복지제도 확대로 국민이 재정지출 효과를 체감함으로써 서서히 완화시켜 나갈 수 있을 것이다. 또한 경기침체 가능성은 보수적 이념과 시장주의에 기초한 대표적인 반대 논거로서, 서구 선진국의 경험과 시장경제의 한계, 현재 위기상황이 초래할 사회해체 가능성 등에 대한 꾸준한 문제제기와 대응 담론형성을 통해 대응해 나가야 할 부분일 것이다.

한편, 〈표 6-22〉는 1인당 GDP가 1만 달러인 시기에 선진국가의 조세부담률과 국민부담률 수준이 어떠한지 비교한 것으로서, 우리나라는 일본과 유사하지만 유럽과 북미 선진국가에 비해 조세부담률은 2% 포인트 내지 10% 포인트, 그리고 국민부담률은 3% 포인트 내지 15% 포인트까지 차이가 남을 보여 주고 있다. 결국 아직 선진국의 경제수준이 아니어서 낮은 조세부담률을 수용할 수밖에 없다는 논리는 그다지 설득력이 없음을 보여 준다 하겠다.

〈표 6-22〉 1인당 GDP 1만 달러 시대의 조세 및 국민부담률 국제비교

구분 \ 국가	미국	일본	독일	프랑스	영국	이탈리아	한국
연도	1978	1981	1978	1978	1986	1986	2000
조세부담률	21.6	19.3	25.1	23.9	30.8	22.6	19.6
국민부담률	26.8	25.8	34.3	37.5	38.2	35.9	23.6

출처: 시민경제사회연구소(2008).

(2) 재원 확보에 대한 각론적 접근

미래의 복지재정의 팽창을 위한 해결책으로서 세부적인 조세·재정정책을 취할 수 있는 여러 대안들이 있을 수 있는데 이를 크게 분류하면 다음 여섯 가지로 정리할 수 있다.

첫째, 소득세 면제점 인하, 간이과세제도 폐지 등 공평과세 구현 방안

둘째, 법인세 및 소득세, 부동산세 등 세율 조정

셋째, SOC 투자 축소, 낭비재원 차단 등 세출 누수 방지 및 세출 절약 방안

넷째, 자영자소득 파악, 탈루·음성소득의 발굴 등 과세기반 확충 방안

다섯째, 소득역진적인 다양한 비과세 감면제도 개편 등 조세감면 축소 방안

여섯째, 국채발행을 통한 적자재정의 일시적 편성이다.

이러한 재원확보방안은 다시 크게 두 가지로 대별되는데, '현재의 재정총량 내에서의 재원확보'와 '새로운 재원발굴을 통한 재원확보' 등을 말한다. 이들 방안 중 선진복지국가수준의 복지재정을 확보하는 데 결정적인 역할을 담당할 핵심 방안을 살펴보기로 하자.

첫째, 과세기반 확충 방안으로서 자영자소득 파악, 탈루 및 음성소득의 발굴 방안이다. 이는 한마디로 지하경제(underground economy)의 해소로 볼 수 있는데 2013년 LG경제연구원의 보고서에 따르면, 지하경제의 규모가 국내총생산의 24.7%에 이르고 절대액수로는 약 314조 원으로 추정되고 있다. OECD 회원국의 평균 수준이 18.3%인 것에 비해 월등히 높은 수치이고 이와 비슷한 규모를 가진 국가로는 멕시코(30.3%), 그리스(25.1%) 등이 있다. 따라서 이러한 지하경제가 양성화되고 평균 담세율이 적용된다면 적어도 매해 약 40조 원의 예산이 추가 확보될 수 있다는 결론도 가능하다.

둘째, 목적세 등의 새로운 재원 발굴 방안이다. 일반적으로 목적세의 도입은 재정 일반의 관점에서 볼 때 세출과 세수의 연계성이 높아 수익자 부담원칙에 따라 효율적으로 사용된다면 매우 유용한 효과를 내지만, 지출상의 경직성과 비효율성이 제거되기 쉽지 않아 바람직스럽지 않은 정책으로 평가되고 있다. 그러나 우리나라의 경우 교육세, 농어촌특별세 및 교통환경세 등과 같이 고유한 목적사업의 원활한 진행을 위해 목적세의 과감한 도입을 진행해 온 경험을 이미 지니고 있다.

교육세는 교육의 질적 향상을 목적으로 한 교육재정 확보를 위해 금융보험업 수익금액의 0.5%, 특별소비세액의 30%, 교통환경세액의 15%, 주류세액의 10% 또는 30%를 취하는 목적세로서 1991년부터 시행해 왔다. 농어촌특별세는 농어업의 경쟁력 강화와 농어업산업기반시설 확충 등을 위해 1995년부터 시행하여 한시적으로 운용하는 목적세로서, 소득세·법인세 등 감면세액의 20%, 법인세 과세표준금액을 5억 원 이상 초과한 경우의 10% 등 다양한 세원을 발동하고 있다. 또한 교통환경세는 도로 및 교통시설물의 확충에 소요되는 재원을 확보하기 위해 휘발유에 630원, 경유에 404원을 부과하는 목적세로서, 1994년 시행하여 2006년까지 교통세라는 이름으로 한시적으로 운용되어 오다가 2007년부터 교통환경세로 전환되었다. 따라서 현재 긴박한 해결이 요구되는 저출산·고령화와 사회양극화를 위해 저출산세 또는 복지세를 도입하는 것도 그리 무모한 발상이 아니다.

구체적인 목적세 도입 방식에 대해 검토한다면 다음과 같은 세 가지 방식이 우선적으로 고려될 수 있다.

제1방안으로서는 소득세 및 법인세, 재산세, 심지어 부가가치세의 세율 상향조정을 생각할 수 있다. 저출산·고령화 및 양극화의 문제는 사회의 구성원 모두가 책임져야 하며, 또한 이의 해소에서 오는 혜택도 누구나가 수혜대상이라는 점에서 가장 일반적인 세원을 통해 목적세를 부과하는 것은 설득력이 있다 할 것이다. 또한 이들 세액으로부터 거두어들이는 세액이 전체 세수의 50% 정도를 차지하므로 세율의 일정한 조정을 통해 일정규모의 재원을 확보하는 데 용이성도 확보된다.

제2방안으로서는 교통환경세를 적절한 시기에 복지재원으로서의 목적세로 전환하는 것이다. 현재 교통환경세는 연간 10조 원에 이르므로 이를 저출산세 또는 복지세로 전환한다면 이 재원을 통해 사회간접자본에 대한 과도한 투자를 막을 뿐더러 미래의 복지재정 확보에 중요한 기반을 갖출 수 있다.

제3방안으로서는 일부 상류층이 소비하는 사치재에 부과하는 방법으로서 사치 · 향락 소비품목의 억제와 함께 소득재분배 효과를 동반할 수 있다. 특히 사치재에 대한 과세는 지출용도와 과세대상이 가장 일치한다는 점에서 복지세로서의 타당성을 지니지만, 경기침체 논란 및 조세저항이 우려되고 세수도 그리 크지 않다는 문제가 있다.

이러한 다양한 재원조달 방법은 향후 폭발적으로 증대될 복지재정을 충당할 재원을 확보하는 데 유효한 수단이다. 따라서 재원확보상 결정적 한계가 있으리란 일각의 주장은 복지재정의 확대에 대한 반대 입장을 방어하기 위한 과잉 주장이라 할 것이다.

제7장

복지재정(2)
– 지방정부의 재정구조와 복지재정 현황

복지재정 운영의 중요한 주체 중 하나는 지방정부다. 그러나 현재 지방정부의 복지재정 수준이나 복지정책의 우선순위는 여전히 낮다. 과연 지방정부의 재정구조는 어떠하며, 이 가운데 복지 지출로 할애할 수 있는 수준은 얼마나 되는가? 그리고 그 여지를 현실화하는 방안은 무엇인가? 이에 대한 답을 찾는 것이 지역복지의 발전을 위한 매우 중요한 숙제가 아닐 수 없다.

이 장에서는 지방정부의 복지재정을 이해하고 최근의 동향 및 확대 방안을 논하고자 한다.

1. 지방정부의 재정구조는 어떻게 되어 있는가? 특히 중앙정부와의 관계 속에서 지방정부의 재정은 어떻게 형성되는가?
2. 지방정부의 복지재정 동향과 현황은 어떠한가?
3. 분권교부세제의 역사와 해결방안은 무엇인가?
4. 참여예산제의 의의와 전개방안은 무엇인가?

1. 지방정부의 재정운용과정

우선 [그림 7-1]에서 알 수 있듯이 지방정부의 재정구조는 일반회계와 특별회계로 구성되어 있다. 특별회계는 상수도사업과 병원사업, 지역개발기금 등의 공기업특별회계와 기타 특별회계, 그리고 일반재정과는 별도로 독자재정을 구축하고 있는 교육비특별회계 등으로 구성되어 있다.

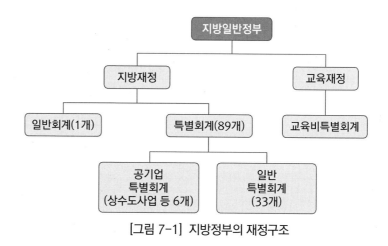

[그림 7-1] 지방정부의 재정구조

    그런데 이러한 지방일반정부의 재정을 꾸려 나갈 재원의 확보과정은 현재 우리나라의 조세구조와 지방경제수준의 특성상 매우 복잡한 형태로 구축되어 있다. 먼저 우리나라 조세구조에 따르면, 내국세 안에는 국세와 지방세가 분리되어 있고 이에 따른 세수는 각기 중앙정부와 지방정부의 세원으로 귀속된다. 이 중 지방세에 해당하는 세금 종류가 매우 빈약하며 상대적으로 비중이 약한 것들로 구성되어 있다는 특징이 있다. 〈표 7-1〉은 지방정부의 세원 구조를 일목요연하게 밝혀 놓았는 데 지방세 안에는 도세와 시군세가 분리되어 있다. 도세에는 취득세, 등록세, 마권세, 면허세 등의 보통세와 사용목적이 정해진 상태로 징수되는 공동시설세, 지역개발세 등의 목적세가 있고, 시군세에는 주민세, 재산세, 자동차세, 농지세, 도축세, 담배소비세, 종합토지세 등의 보통세와 도시계획세, 사업소세 등의 목적세가 들어 있다. 이외 약간의 세외수입이 있으나 이러한 자체수입원으로는 현실적으로 대부분 지방정부의 재정운용이 원활하게 이루어질 수 없다.

    따라서 지방정부는 중앙정부로부터의 전출금에 의존할 수밖에 없다.

〈표 7-1〉 지방세 현황(2009년 현재)

(단위: 억 원, %)

구분 세금명	2009년		과세대상	구분			
				광역	구	도세	시군
취득세	73,569	15.6	토지, 건축물, 차량, 골프회원권 등 일정자산 취득 시	●		●	
등록세	76,532	16.3	부동산등 재산등기, 법인등기 등	●		●	
면허세	720	0.2	면허신규발급이나 면허 변경 발급 시		●		●
주민세	80,072	17.0	개인·법인에게 균등액/소득세액, 법인세액	●			●
재산세	46,042	9.8	건축물, 선박, 항공기 보유자		●		●
재산세 (특별시분)	8,716	1.9	서울시만 해당	●			
자동차세	25,638	5.4	자동차 소유자	●			●
도축세	406	0.1	소·돼지 도축업자	●			●
레저세	8,809	1.9	경마, 경정 등의 승자투표권 발매 시	●		●	
담배소비세	28,259	6.0	제조담배에 부과되는 간접세(가격에 포함)	●			●
주행세	32,786	7.0	교통세액의 일정비율	●			●
도시계획세 (이하 목적세)	22,236	4.7	토지, 도시지역 내 건물(도시계획사업)	●			●
공동시설세	5,945	1.3	건축물, 선박, 토지 등(소방시설 등 필요 재원 충당)	●		●	
사업소세	7,683	1.6	사업소연면적, 종업원(환경 개선)		●		●
지역개발세	737	0.2	발전용수, 지하수, 지하자원, 컨테이너(수질 개선)	●		●	

(계속)

구분 세금명	2009년		과세대상	구분			
				광역	구	도세	시군
지방교육세	45,813	9.7	등록 · 레저 · 주민 · 자동차 · 재산세 등의 일정 비율(시도별 교육비 특별회계 재원 조달)	●		●	
지난연도수입	6,709	1.4					
총계	470,670	100					

주: 기타 지방소비세와 지방소득세는 2010년부터 신설됨.
출처: 기획재정부(2009).

〈표 7-2〉에서 확인할 수 있듯이 중앙정부에서 흘러든 지방정부의 세원
은 크게 네 가지로 구성된다. 우선 일반적인 재원을 구성하게 되는 지방
교부세가 있는데 이는 중앙정부가 징수한 내국세의 19.27%로 이루어진
다. 다음으로는 법률로 그 용도가 사전에 정해진다는 점에서 지방교부세
와 명백히 구별되는 균형발전특별회계가 있다. 노무현 정부 때 도입된
균형발전특별회계는 과거 지방양여금을 폐지시키고 지역균형발전을 위
해 중앙정부가 지출하려는 목적으로 마련된 재원이다. 또한 2005년부터
시작된 분권교부세는 이전까지 중앙정부의 국고보조금으로 운영되던 것을
일부 지방에 이양하도록 하는 과정에서 과도기적으로 채택한 제도로
2009년까지 한시적으로 운영되다가 다시 2014년까지 연장되었다. 마지
막으로 국가의 다양한 정책실시 과정에서 소관 중앙부처별로 특정사업
을 수행하고자 지방정부에 재원의 일부를 확실히 보조하여 주는 국고보
조금 부분이 존재한다. 사회복지사업이나 공공부조 등의 시행, 영구임대
주택사업의 전개, 농림수산에 관계되는 각종 지원 사업 등에 보조하는
경우가 대부분 이에 해당한다.

〈표 7-2〉 지방정부의 재정구조

세원의 단계별 구성	지방정부 세원								
	자체 수입					중앙정부로부터의 수입			
	지방세				세외 수입	지방교부세	균형발전 특별회계	분권교부세	국고보조금
	도세		시군세						
	보통세	목적세	보통세	목적세					
해당 내용	취득세 등록세 마권세 면허세	공동시설세 지역개발세	주민세 재산세 자동차세 농지세 도축세 담배소비세 종합토지세	도시계획세 사업소세	각종 수수료 등				
특징							용도 지정	분권교부사업	국가위임사업이나 국가 정책상 특정사업지원 시
용도	지방정부의 일반재원					일반재원 및 재해대책 또는 공공청사신축	국토의 균형발전을 위한 용도	사회복지사업 등을 위하여 2005년 분권교부사업 지정 사업	농림수산, 사회복지 및 영구임대주택사업 등에 집중
수입 구성						내국세의 19.27%		-내국세의 0.94% (2014년까지 한시 운영)	

출처: 기획재정부(2009).

2. 지방정부 재정의 현황

지방정부에 대해 정책의 큰 변화를 준 정부는 참여정부임을 부정하기 어렵다. 2003년에 출범한 참여정부는 집권 초기에 이미 지방분권 5개년 계획을 발표하고 총 47개과제의 과제를 제시하였다. 이 중 지방재정을 확충하고 중앙정부에 대한 종속성을 저하시키기 위한 재정분권분야의 과제는 14개였다. 이 과제의 설정과 이행결과를 구체적으로 보면, 〈표 7-3〉 에서 볼 수 있는 것처럼 참여정부의 재정분권개혁과제는 크게 지방재정 력 확충 및 불균형 완화, 지방세정제도 개선, 지방재정의 자율성 강화, 지 방재정 운영의 투명성·건전성 강화로 구분된다(〈표 7-3〉 참고). 참여정 부 5년 임기 내에 대체로 초기에 설정한 개혁과제들은 추진이 완료되거 나 추진 중에 있었지만 불행하게도 국세와 지방세의 세원조정과 지방세 비과세 감면축소는 거의 진전이 없었다. 결국 세원이양문제는 가장 어려 운 과제임을 증명하고 있다고 볼 수 있다.

그러나 이러한 지방재정의 개혁 속에서도 지방자치단체의 복지지출의 급증과 국고보조사업에 대한 지방비부담 증가, 그리고 지방자치단체별 재정여건의 차이에 따른 지방비부담의 재정압박의 차이가 지방재정의 여전한 문제점으로 지적되고 있다.

그러면 지방정부의 세출구조 변화와 복지지출 실태를 살펴보기로 하자.

● 〈표 7-3〉 참여정부 재정분권 개혁과제와 추진 실태

분류		과제명 및 관리코드	추진 근거	과제 유형	추진 기관(주관부처*)	추진 실태
획기적 재정 분권의 추진 (II)		1. 지방재정력 확충 및 불균형 완화				
	1-11	지방교부세 법정률 단계적 상향 조정	법11조	위원회 역점	*행자부, 재경부, 예산처	완료
	1-12	지방교부세제도 개선	법11조	위원회 역점	행자부	완료
	1-13	국세와 지방세의 합리적 조정	법11조	위원회 역점	*재경부, 행자부, 예산처	부진
		2. 지방세정제도 개선				
	2-14	지방세의 신세원 확대	법11조	부처 주관	*행자부, 재경부, 예산처	일부 완료
	2-15	재산세와 종합토지세 과표 현실화	로드맵	부처 주관	*행자부, 재경부	완료
	2-16	지방세 비과세·감면 축소	법11조	부처 주관	*행자부, 자치단체	부진
		3. 지방재정의 자율성 강화				
	3-17	국고보조금 정비	법11조	위원회 주관	*예산처, 행자부	완료
	3-18	지방예산성성지침 폐지 및 보완	로드맵	부처 주관	행자부	완료
	3-19	지방채 발행승인제도 개선	법11조	부처 주관	행자부	완료
	3-20	지방양여금제도 개선	법11조	부처 주관	행자부	완료
		4. 지방재정 운영의 투명성·건전성 강화				
	4-21	지방재정 평가기능 강화	법11조	부처 주관	행자부	완료
	4-22	자치단체 복지부기회계제도 도입	법11조	부처 주관	*행자부, 예산처, 재경부	일부 완료
	4-23	자치단체 예산지출 합리성 확보	법11조	부처 주관	행자부	완료
	4-24	재정운영 투명성·건전성 강화	법11조	부처 주관	행자부	완료

출처: 정부혁신지방분권위원회(2007).

1) 지방정부의 세입 및 세출 현황과 특징

〈표 7-4〉 지방자치단체 세입 추이(2008~2010년)   (단위: 십억 원, %)

연도\항목	지방세	지방교부세	보조금	세외수입	지방채	계
2012	53,795	29,215	32,048	32,095	3,939	151,092
	36	19	21	21	3	100
2010	47,878	25,550	29,700	31,555	5,171	139,854
	34	18	21	23	4	100
2008	43,549	24,129	23,689	30,100	3,496	124,963
	35	19	19	24	3	100

참조: 순계, 최종예산.
출처: 지방재정고(http://lofin.mospa.go.kr).

〈표 7-4〉에서 보는 것과 같이, 2012년 우리나라 지방정부 재정의 총수입 규모는 151조 원에 이른다. 그 가운데 가장 큰 비중을 차지하는 것은 아무래도 지방세 수입으로서 36% 정도의 비중을 차지하는데, 이것은 2008년 이후 안정적인 비중을 보이고 있기도 하다. 지방세 수입과 더불어 지방교부세와 세외수입도 각기 19%, 21% 정도의 비중으로 지방정부 세입에 기여하고 있다. 한편, 중앙정부로부터 위임사무를 시행하는 과정에서 충당되는 보조금은 2012년 현재 21% 정도의 비중을 차지하고 있으며 최근 20% 내외의 비중으로 고착화되고 있다. 미래의 부담으로 이어지는 지방채도 매년 전체 수입의 3~4%를 차지하는 것으로 나타나고 있어 지방정부가 전체적으로 볼 때 만성적인 적자에 시달리고 있음을 알 수 있다.

한편, 지방정부의 재정은 일반공공행정, 공공질서 및 안전, 교육, 문화 및 관광, 환경보호, 사회복지, 보건, 농림해양수산, 산업·중소기업, 수송 및 교통, 국토 및 지역개발, 과학기술, 예비비, 기타 등 모두 14개의 항목으로 나뉘어 지출된다. 이 가운데 비중이 큰 항목에 속하는 6개 항목을 중심으로 그 추이를 나타낸 것이 〈표 7-5〉다. 이 표를 보면, 2008년 이후 지속적으로 사회복지부문의 비중은 상승하고 있어 최근 5년간 3.2% 포인트의 비중상승을 가져오고 있다. 더군다나 이 비중이 2000년대 초반에는 10% 전반대에 머물렀던 것을 생각하면 상당히 빠른 상승세를 보이는 것이라고 볼 수 있다. 이에 비해 수송 및 교통, 국토 및 지역개발 등 소위 토건예산에 해당하는 분야의 지출 비중은 지속적으로 하향세를 보이고 있다.

〈표 7-5〉 지방자치단체 세출 추이(2008~2012년)   (단위: 십억 원, %)

연도＼항목	2008	2009	2010	2011	2012
일반공공행정	10,964	10,327	11,961	12,503	12,891
	8.8	7.5	8.6	8.9	8.5
환경	13,679	14,393	14,902	15,030	15,444
	10.9	10.9	10.7	10.7	10.2
사회복지	21,665	24,145	26,534	28,463	30,915
	17.3	17.6	19.0	20.2	20.5
수송 및 교통	16,305	18,388	16,464	15,111	15,679
	13.1	13.4	11.8	10.7	10.4
국토 및 지역 개발	12,904	14,514	12,843	11,638	12,574
	10.3	10.6	9.2	8.3	8.3

(계속)

연도＼항목	2008	2009	2010	2011	2012
농림해양	8,057	9,259	9,723	9,794	10,432
	6.5	6.7	7.0	6.9	6.9
총계	124,966	137,534	139,856	141,039	151,095
	100.0	100.0	100.0	100.0	100.0

참조: 1) 순계, 당초예산.
　　　2) 주요 6개 항목에 대해서만 소개.
출처: 지방재정고(http://lofin.mospa.go.kr).

　복지국가의 재정운영에서 지방정부의 재정이 차지하는 의미는 크다. 특히 지역 특성과 지역민의 다양한 복지욕구에 민감하게 대응하기 위해 지방정부의 적극적 정책대응은 매우 중요한데, 이때 지방정부 재정의 규모와 자율적 운영 폭은 그 대응의 정도를 결정하는 데 핵심이다. 그렇다면 지방정부 재정의 특성을 정확히 파악하기 위해 우리가 유념해야 할 사항은 무엇인지 짚어 보기로 하자.

　첫째, 지방정부 재정에서는 총계 개념과 순계 개념의 차이를 이해해야 한다. 2010년을 예로 들자면, 총계 개념에 따를 때는 185조 원에 이르지만, 이를 순계로 산정하면 141조 원 정도에 그쳐 44조 원 정도의 차이가 나고 있다. 이는 자치단체 내에서 일반회계와 특별회계 간의 전출입금이나 융자금 등 내부거래에 따른 중복 계상분, 광역과 기초 자치단체 간 보조금이나 교부금, 부담금, 반환금 등 외부거래에 의한 중복 계상분이 총계 개념에 포함되어 있기 때문이다. 따라서 실제 발생한 지방정부의 재정지출분을 정확히 나타내 주는 것은 순계 개념이라 할 수 있지만, 때론 비록 중복되었다 하더라도 지방정부들의 명목적 재정 규모 전체를 파악할 때 총계 개념을 인용하기도 한다. 따라서 용도가 무엇이냐에 따라 총계 개념과 순계 개념을 적절히 선택해야 할 것이다. 〈표 7-6〉은 2010년의 경우 순계와 총계 사이의 차이를 구체적으로 보여 주고 있다.

〈표 7-6〉 지방정부 예산의 총계와 순계 비교(2010년)   (단위: 억 원)

예산 총계 (A)	예산 순계 (A−B)	중복 공제								순계 차액 (유보)
		계 (B)	전출 입금	예수 예탁금	융자금	보조금	교부금	부담금	반환금	
1,854,670	1,410,393	444,221	59,987	897	23,810	295,303	68,312	5,674	571	△10,332

출처: 지방재정고(lofin.mospa.go.kr).

둘째, 지방정부에서는 당초예산과 최종예산 사이에 괴리가 비교적 심하다는 사실에 유의하여야 한다. 지방정부 재정에서 지방세 수입 예측이 상대적으로 어렵고, 경우에 따라서는 중앙정부 예산 확정이 법정 기일을 맞추지 못함에 따라 정확한 교부금과 보조금 산정이 어려울 수도 있으며, 세출 산정의 엄밀성이 떨어지는 등의 이유로 당초예산이 그대로 집행되기는 쉽지 않다. 따라서 대다수의 지방정부는 중앙정부와는 달리 회계연도 내에 추가경정예산을 지방의회로부터 의결받는 경우가 허다하여 당초예산과 최종예산과는 많은 차이를 유발하게 된다. 따라서 추가경정예산이 모두 반영된 최종예산이 정확한 재정의 흐름을 반영하는 것이다.

〈표 7-7〉은 2006년부터 당초예산과 최종예산 사이의 차이를 보여 주고 있는데, 전체 지방정부 예산을 볼 때 매년 10~20조 원의 차이가 발생함을 확인할 수 있다. 이는 전체 재정 규모의 10% 내외를 차지하는 비중

으로서 당초예산으로 지방재정을 이해하는 것은 적지 않은 오류를 발생시킬 수 있음을 알 수 있다.

〈표 7-7〉 지방자치단체의 당초예산과 최종예산의 변동 추이(2006~2011년)

(단위: 억 원)

구분 연도	계		시도		시군구	
	당초예산	최종예산	당초예산	최종예산	당초예산	최종예산
2006	1,013,522	1,154,722	608,962	704,288	404,560	450,434
2007	1,119,864	1,280,366	699,785	778,505	420,079	501,861
2008	1,249,666	1,444,536	783,260	859,251	466,406	585,285
2009	1,375,349	1,567,029	853,019	970,972	522,330	596,056
2010	1,398,565	1,497,797	892,111	942,884	506,453	554,913
2011	1,410,393	–	904,693	–	505,700	–

출처: 지방재정고(lofin.mospa.go.kr).

셋째, 재정자립도와 재정자주도의 차이를 이해하는 것이다. 일반적으로 지방정부의 재정조달 능력은 재정자립도를 통해 파악할 수 있다고 알려져 있다. 재정자립도는 지방정부의 관할구역 내의 주민들로부터 거두어들이는 자체수입, 즉 지방세수입과 세외수입의 두 항목의 세수가 지자체 전체 예산에서 차지하는 비중을 말한다.

〈표 7-8〉에서 보여 주는 것처럼, 2011년 전국 지자체의 재정자립도 평균(순계기준)은 51.9%에 그치고 있다. 자치단체 유형별로 보면, 특별

〈표 7-8〉 재정자립도 시 · 도별 현황(2011년)   (단위: %)

구분\시도	도 (총계 규모)	시 (총계 규모)	군 (총계 규모)	자치구 (총계 규모)	시도별 평균 (총계 규모)	특별시 · 광역시 (총계 규모)
서울	–	–	–	47.7	90.3	88.8
부산	–	–	32.4	24.5	56.4	52.1
대구	–	–	37.2	24.7	53.5	48.6
인천	–	–	15.9	37.3	69.3	65.8
광주	–	–	–	20.2	47.5	42.0
대전	–	–	–	23.9	57.2	51.9
울산	–	–	47.5	39.6	69.1	62.5
경기	60.1	54.0	30.9	–	72.5	–
강원	21.4	25.3	14.5	–	27.5	–
충북	24.1	28.5	21.1	–	32.7	–
충남	28.3	31.6	20.7	–	35.4	–
전북	18.6	20.9	14.3	–	24.5	–
전남	13.5	26.3	11.7	–	20.7	–
경북	21.4	25.8	13.4	–	28.1	–
경남	35.2	36.4	14.7	–	42.6	–
제주	24.9	–	–	–	25.1	–
단체별 평균	33.0	38.0	17.0	36.6	51.9	68.6

출처: 지방재정고(lofin.mospa.go.kr).

시·광역시가 68.6%, 광역도가 33.0%, 시가 38.0%, 군이 17.0%, 특별시·광역시 산하의 자치구가 36.6%로서 유형별로 차이가 심각한 상태다. 특히 서울특별시의 경우 재정자립도가 90%를 넘고 있고(순계의 경우), 반면 군 단위는 20%를 밑돌고 있어(총계기준) 지방정부의 자립 여건에 극심한 불균형이 존재함으로 보여 준다.

그러나 같은 유형에 속한다고 해도 그 안에서 보이는 차이는 만만치 않다. 예컨대, 각 경우의 최대치와 최소치를 비교하면, 광역시의 경우(순계기준) 인천광역시가 69.3%인 반면, 광주시는 47.5%에 불과하고, 광역도의 경우(순계기준) 경기도가 72.5%, 전남은 20.7%로 상당히 대조적이다. 또한 시의 경우(총계기준) 경기도 내의 시 평균 자립도는 54.0%, 전북의 경우 20.9%이고 군의 경우(총계기준) 역시 경기도 내의 군 평균 자립도는 30.9%, 전남은 11.7%로 대조적이다. 이로써 모든 경우에서 가장 최저의 자립도를 보이는 전남의 군 단위는 전체 재정의 1/10 정도 남짓을 해당 군내에서 충당하는 것으로 나타나 매우 열악한 상황임을 짐작케 한다.

그렇지만 우리나라 정부재정운영의 특징 중 하나로서 중앙정부에 의한 재정보전제도가 있고, 이를 통해 열악한 재정자립도가 보완됨을 이해하는 것도 필요하다. 결국 최종적으로 지방정부의 재정능력은 이러한 보완책을 고려한 재정자주도가 더 잘 나타내 주고 있는 것이다. 재정자주도란, 재정자립도 산출 시에 고려한 자체수입 외에 지방교부세, 재정보전금, 조정교부금을 모두 합친 자주재원이 자치단체 예산 총액에서 차지하는 비중을 말한다. 결국 재정자주도는 지방정부가 사전적인 용도의 제약 없이 집행할 수 있는 예산의 비중으로, 중앙정부가 용도를 지정한 국가보조금과 균형특별회계를 제외한 모든 예산이 포함된다. 따라서 비록 재정자립도가 낮아 중앙정부에 대한 의존도가 높은 것은 근본적인 문제이긴 하지만, 지방정부가 정책기조와 정책계획에 의거하여 자신들의 의지에 맞추어 집행할 수 있는 여지는 지방자주도로 나타나는 것이다. 물론 이에 해당되는 재원 모두가 지방정부의 자율적 지출의 대상이 되는 것은 아니다. 예컨대, 중앙정부의 보조금에 맞추어 법정으로 정해진 비율대로 대응자금(matching fund)을 마련하는 경우도 이 재원에서 충당되므로 재정자주도에 나타난 예산들도 사후적으로 용도가 제약되는 부분이 있음은 사실이다. 그렇다고는 하지만 재정자주도를 통해 지방정부가 자신들의 정책을 주도적으로 집행해 나갈 수 있는 여지를 볼 수 있다는 것은 이 지표의 중요한 기능이다.

〈표 7-9〉는 2011년 재정자주도의 현실을 보여 주고 있다. 전국 평균(순계기준) 76.7%, 특별시·광역시 78.5%, 광역도 47.5%, 시 68.7%, 군 62.7%, 그리고 자치구 56.2%(이상 총계기준)다. 그러나 서울특별시의 경우는 높은 재정자립도에 이어 재정자주도 역시 91.7%(순계기준)로 그 차이가 별반 없는 것은 중앙정부로부터의 재정보조가 상대적으로 매우 적음을 시사하는 것이다. 또한 군 단위의 경우 비록 재정자립도의 경우는 17.0%에 머물렀지만 재정자주도는 62.7%(이상 총계기준)로 중앙정부로부터의 재정보전이 매우 많음을 알 수 있다.

지자체의 각 유형 내에서의 최대치와 최소치 간의 편차도 많이 좁혀져 있다. 광역시의 경우 울산 81.8%이고 광주 69.9%를 나타내 그 차이가 12% 포인트 정도에 불과하다. 광역도는 제주특별자치도가 63.4%로 가장 높고 전남이 32.0%로 가장 낮다. 시의 경우는 경기 73.3%, 전북 60.9%로서 역시 격차가 많이 완화되었다. 군의 경우 경기 69.0%, 전남 57.8%다(이상 총계기준).

이렇듯 재정자주도를 통해 본 우리나라 지방정부의 재정 현실은 불완전하고 중앙정부 의존적이라는 한계를 보이고 있으나, 지방정부가 주체

〈표 7-9〉 재정자주도 시도별 현황(2011년)

(단위: %)

시도별 \ 구분	도	시	군	자치구	시도별 평균 (순계)	특별시·광역시 (총계)
서울	–	–	0.0	70.6	91.7	89.7
부산	–	–	66.3	42.5	74.3	69.9
대구	–	–	68.7	41.8	74.1	69.1
인천	–	–	53.4	53.4	79.4	73.4
광주	–	–	–	38.9	69.9	65.4
대전	–	–	–	38.7	74.9	70.6
울산	–	–	66.4	56.3	81.0	73.6
경기	62.4	73.3	69.0	–	81.8	–
강원	41.6	70.4	67.2	–	73.3	–
충북	42.5	64.4	65.3	–	71.5	–
충남	43.5	66.4	62.8	–	71.1	–
전북	38.1	60.9	60.9	–	67.8	–
전남	32.0	61.9	57.8	–	65.2	–
경북	41.5	67.0	64.9	–	73.6	–
경남	45.0	68.0	62.2	–	74.2	–
제주	63.4	–	–	–	63.9	–
단체별 평균	47.5	68.7	62.7	56.2	76.7	78.5

출처: 지방재정고(lofin.mospa.go.kr).

적으로 정책을 집행할 여건이 일정 정도는 마련되어 있다고 할 수 있다.

넷째, 지방정부의 예산 가운데 정책을 집행하기 위해 사용한 예산의 비중도 눈여겨볼 만한 대목이다. 〈표 7-10〉에서 보면, 2011년 전국 지자체 평균은 78.8%에 이르고 있고 대부분의 지자체 유형에서 모두 70%가 넘는 수치를 볼 수 있다. 그 가운데 광역도가 87.8%로서 대부분이 정책사업으로 지출되고 있음을 나타낸다.

〈표 7-10〉 2011년 자체사업 비중

(단위: %)

구분\n항목	특별시·광역시	도	시	군	자치구	전체평균
정책사업 비중	77.5	87.8	78.9	81.0	73.1	78.8
자체사업 비중	48.7	30.9	32.4	26.7	20.9	37.9

출처: 지방재정고(lofin.mospa.go.kr).

그런데 이러한 정책사업 중 중앙정부의 보조금사업 등 법정 또는 그에 준하는 근거에 따라 재정지출을 하는 사업을 제외하고 지방정부 자체의 판단에 따라 행하는 사업을 자체사업으로 분류하여 그 비중만을 보면, 같은 표에 제시된 것과 같이 전국적으로 37.9%에 그치고 있으며, 특별시·광역시 48.7%, 군 26.7%, 그리고 자치구 20.9%로서 매우 낮은 비중을 나타낸다. 이로써 우리나라 지방정부의 경우 정책사업 중 자체사업 의지를 갖고 집행되는 부분의 비중은 전체적으로 낮은 수준임을 알 수 있다.

이밖에 지방정부의 재정 상황을 파악하는 데 도움이 되는 지표들도 여러 가지가 있다. 안전행정부가 제시한 내용에 따르면, 주민 1인당 자체수입액, 주민 1인당 지방세부담액, 주민 1인당 세외수입액, 주민 1인당 세출액, 행정운영 경비 비중, 자체수입 대비 인건비 비중 등이 있다.

2) 지방정부의 사회복지예산 현황

지방정부의 사회복지예산이 최근 들어 비약적으로 상승하고 있는 것은 이미 앞의 〈표 7-5〉에서도 확인하였다. 국민의 정부를 거쳐 참여정부에 이르러 중앙정부 복지예산의 확대가 본격화되면서 지방정부의 복지예산도 동반 상승한 것은 복지예산 지출 구조상 필연적인 결과였다.

지방정부의 복지예산이 본격적으로 팽창하던 이 시기를 포함하여 2007년까지 지방정부의 예산 지출 분류방식이 포괄적인 범주의 사회개발비를 사용하였다. 〈표 7-11〉에서 보는 것과 같이 2000~2006년까지 지방세출총액(순계기준)의 연평균 증가율이 10.1%였던 것에 비해 사회개발비는 매년 11.3%씩 증가하였고 협의의 사회복지 분야, 즉 공공부조, 사회복지서비스 등만을 지칭하는 사회보장비 부문은 매년 15.7%씩 증가하여 그 구성비를 빠르게 상승시켜 왔음을 알 수 있다.

〈표 7-11〉 지방세출의 구성비 변화(2000~2006년)

(단위: 조 원, %)

구분 \ 연도	2000	2001	2002	2003	2004	2005	2006	증감률
사회개발비	30.3	38.7	42.7	46.8	48.0	53.3	57.5	11.3
구성비	(47.0)	(49.0)	(46.9)	(48.0)	(48.6)	(49.8)	(49.8)	
사회보장비	6.4	8.0	8.6	9.4	10.6	12.8	15.3	15.7
구성비	(9.9)	(10.1)	(9.5)	(9.7)	(10.8)	(12.0)	(13.3)	
경제개발비	21.0	23.6	30.5	30.8	28.9	30.5	33.6	8.1
구성비	(32.0)	(30.0)	(33.5)	(31.6)	(29.3)	(28.5)	(29.1)	

(계속)

구분 \ 연도	2000	2001	2002	2003	2004	2005	2006	증감률
일반행정비	10.1	11.9	13.0	14.3	16.0	17.3	18.5	10.6
구성비	(15.8)	(15.0)	(14.2)	(15.2)	(17.0)	(16.3)	(16.1)	
기타 지출	3.6	4.9	4.9	5.6	5.9	5.9	5.8	8.3
구성비	(5.3)	(6.0)	(5.4)	(5.2)	(5.1)	(5.4)	(5.0)	
지방세출총액(순계)	65.0	79.1	91.1	97.5	98.8	107.0	115.5	10.1

출처: 기획예산처(2007. 5.).

이러한 경향을 좀 더 자세히 추적하기 위해 자치단체장의 주민직선이 시작된 1995년 이후 지방재정 세출구조의 변화를 총체적으로 살펴보면, [그림 7-2]에서 보듯이 사회개발예산은 2006년까지 지속적으로 증가추세가 뚜렷하였고 이와는 대조적으로 경제개발비는 감소추세를 보이고 있다.

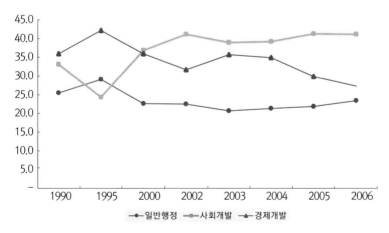

[그림 7-2] 지방자치단체 일반회계 세출기능별 추이(단위: %)

주: 2004년까지는 결산, 2005년 최종예산, 2006연도 당초예산.
출처: 자치종합정보센터(www.jachi.co.kr).

좀 더 최근의 상황을 보기 위해, 2011년을 기준으로 사회복지예산의
비중이 지자체 유형별로 어떻게 이루어져 있는지를 보는 것도 유익할 것
이다. 〈표 7-12〉가 이를 보여 주고 있는데, 2011년 현재 사회복지예산
평균 비중은 순계기준 20.9%이고 시도별로 보면 대구, 광주, 대전 등이
28%를 넘어서서 높은 비중을 차지한다. 반면, 광역도가 비중이 낮은데
제주특별자치도는 12.4%로 가장 낮고 전남, 충남, 강원, 경북 등도 낮은
비중이다. 자치단체 유형별로 보면, 특별시와 광역시 26.1%(이하 총계기
준), 광역도 23.2%, 시 25.9%, 군 16.9%, 자치구 45.8% 등이다. 자치구가
이렇게 높은 비중을 보이는 이유는 중앙정부와 광역시에서 편성된 복지
예산이 최종적으로는 자치구예산으로 편입 집행되므로 자치구 예산에는
비록 중복된 것이기는 하지만 사회복지예산이 상당히 포함되어 있을 수
밖에 없기 때문이다. 심지어 대구나 광주, 대전의 자치구는 전체 예산의
50% 이상이 복지예산으로 편성되어 있다. 그렇다고 이들이 복지부문에
특별히 예산 투여를 많이 한다고 해석하기보다는 예산 집행 구조상의 특
징이 이렇게 높은 수치를 결과로 나타냈다고 해석하는 것이 옳다.

〈표 7-12〉 지방자치단체 유형별 사회복지예산의 비중(2011년)

(단위: %)

구분 시도 별	도	시	군	자치구	시도별 평균 (순계)	특별시· 광역시 (총계)
서울	–	–	–	38.8	22.3	23.4
부산	–	–	22.7	52.6	25.7	28.5
대구	–	–	27.1	55.0	28.2	28.0
인천	–	–	14.8	47.7	26.5	27.1
광주	–	–	–	54.8	28.1	32.1

(계속)

시도별＼구분	도	시	군	자치구	시도별 평균 (순계)	특별시·광역시 (총계)
대전	–	–	–	51.3	28.2	30.8
울산	–	–	26.0	40.2	20.3	21.6
경기	23.3	27.7	19.1	–	21.6	–
강원	21.5	24.9	14.8	–	17.4	–
충북	24.8	28.4	18.7	–	19.7	–
충남	22.9	23.3	18.2	–	17.7	–
전북	27.2	28.8	15.0	–	20.3	–
전남	23.8	25.2	16.0	–	16.3	–
경북	24.6	22.1	16.0	–	17.8	–
경남	23.9	24.3	16.7	–	18.8	–
제주	12.7	–	–	–	12.4	–
단체별 평균	23.2	25.9	16.9	45.8	20.9	26.1

출처: 지방재정고(http://lofin.mospa.go.kr).

3) 분권교부세제와 사회복지예산

지방정부의 사회복지지출 구조에서 가장 큰 변화를 초래한 정책은 2005년부터 시행된 분권교부세제라고 할 수 있다.

지방정부 재정구조 및 사회복지예산 집행에 커다란 변화를 준 분권교부세제는 참여정부 시절 정부혁신지방분권위원회(이하 '정부혁신위')에서 마련되었고, 2004년 7월 6일 국무회의에서 「국고보조금 정비방안」으로 최종 확정되어 2005년부터 전격적으로 실시되었다.

　시행 당시의 핵심적인 내용을 보면 첫째, 2004년 기준 국고보조사업 총 533개, 12조 7천억 원 중 13개 부처의 149개 사업, 9,581억 원을 지방으로 이양시킨다는 것, 그중 보건복지영역에 해당하는 사업은 67개 사업 5,959억 원이었다. 둘째, 2004년 12월에 지방교부세법을 개정하여 분권교부세를 신설하였는데, 이 분권교부세는 내국세 총액의 0.83%로 정하고, 2005년부터 2009년까지 5년간 한시적으로 운용한 후 2010년부터는 보통교부세로 전환토록 한다는 것이었다.

　이러한 변화의 결과 국고보조금 사업은 최종적으로 [그림 7-3]과 같이 정리되었다. 즉, 보조사업으로 257개는 잔류되었고 균특사업으로 127개 사업이 전환되었으며 분권교부사업으로 149개가 지방에 이양되었다.

개편 전	국고보조사업 (12.7조 원, 533개)		

⇩

개편 후	지방 이양 (9,581억 원, 149개)	균특사업 (127개)	보조사업 (257개)
	지방사무 성격이 강한 복지, SOC, 교육 관련 사업	지역개발 성격이 강한 SOC, 농림, 문화관광, 산업 관련 사업	국가정책과의 연계성이 강한 복지, 농림, 환경 관련 사업

[그림 7-3] 국고보조금 사업의 정리 결과

주: 2004년 예산 기준.
출처: 정부혁신지방분권위원회(2007).

　분권교부세제의 도입은 결국 사회복지사업, 그중에서도 사회복지서비스 분야에 가장 큰 영향력을 행사하였다. 당시 보건복지부의 지방 이양 사업 67개, 5,959억 원 중 기초생활보장대상사업을 제외하면 실제 사회복지사업이라 할 수 있는 노인·장애인·아동·여성 등 사회적 취약계층에 대한 사회복지서비스 분야 사무의 41%가 지방으로 이양된 것이며, 이는 전체 사회복지서비스 재정의 54%에 해당하는 것이었다. 예를 들면, 장애인복지 분야의 전체 사업개수는 42개인데, 그중 24개가 지방 이양된 것이다.

　그러나 이러한 분권교부세제는 일반적인 재정분권 원리에 부합되어 지방정부의 자율성을 신장한다는 긍정적인 측면이 있음에도, 지방재정 자체의 열악한 현실을 고려할 때 매우 성급하고 부작용이 우려된다는 지적을 처음부터 피할 수 없었다. 당장 시행 당해연도인 2005년 분권교부금으로 정해진 8,454억 원이 해당 사업들을 집행하는 데 절대적으로 부족한 사태가 벌어져 매우 혼란스러운 상황이 초래되었고, 이에 정부는 다음 해인 2006년 부분적인 개선을 시도하였다. 그 핵심내용은 첫째, 분권교부세율을 내국세의 0.83%에서 0.94%로 인상하여 재원 확대를 꾀하였고, 둘째, 기초단체들 간의 조정을 위해 시군구 직접 교부방식을 바꾸어 2006년부터 특별·광역시는 시본청으로 일괄 교부하였다. 그리고 님비현상(NIMBY)이 발생할 수 있는 일부 사회복지시설, 즉 노인, 장애인, 정신요양시설에 대한 예산은 광역도로 배분하기로 하였으며, 셋째, 역시 앞의 세 시설의 예산에 대해서는 다시 용도변경을 할 수 없도록 특정한다는 것 등이었다.

　그러나 이러한 분권교부세제는 2010년 다시 5년 연장 실시되어 2014년까지 보통교부세로의 전환이 연기된 채 현재 그대로 유지되고 있다. 이 분권교부세제의 가장 큰 문제점은 폭증하는 사회복지서비스 욕구에 대해 재정력이 풍부한 중앙정부가 분권교부세를 배분하는 것으로 그 역할을 다하는 대신 상대적으로 열악한 지방정부가 재정조달 책임을 떠맡음으로써 사회복지서비스의 확대에 근본적인 제약이 온다는 점이다. 이는 우리나라 내국세의 연평균 증가율이 2000~2005년까지 8%에 그친 반면, 분권교부대상인 67개의 복지사업은 같은 기간 평균 20%씩 예산이 증가했던 것에서 충분히 예상되었던 문제점이었다(〈표 7-13〉 참고). 결국 이러한 경향은 지방 이양 이후인 2006년 이들 사업을 추진하는 데 분권교부금에 결합시키는 지방부담비가 급격히 늘어나는 것으로 나타나고 있다. 구인회 등(2009)의 연구에 따르면, 복지 분야 지방 이양사업의 지방비 부담률은 지방 이양 이전인 2002~2004년까지 53~54%였으나 지방이양 이후인 2005~2007년의 3년간 64~67%로 급격히 증가한 것으로 나타났다. 특히 노인 분야의 경우 2004년 36.9%만을 지방비에서 부담하였으나 2007년에는 70.4%까지 급격히 증대하였다.

〈표 7-13〉 지방 이양된 사회복지사업 예산규모의 연평균 증가율

구분 ＼ 연도	2001	2002	2003	2004	2005	평균
지방 이양된 67개 복지사업	26%	22%	17%	18%	19%	20.5%
내국세 증가율	연평균 8%					

출처: 보건복지부(2005. 9. 21.)를 토대로 작성.

이러한 지방정부 부담분의 급팽창은 자연스럽게 이 분야의 확대에 지방정부가 소극적일 수밖에 없게 하거나, 아니면 이러한 지방부담분의 집행이 다른 분야의 재정지출을 압박하는 효과를 가져옴으로써 여러 가지 문제점을 낳게 만든다.

그렇다면 원론적으론 지방재정분권 원칙에 부합하지만 한국의 지방정부 현실에는 부합하지 않는 분권교부세제를 어떻게 바꾸어야 하는가?

길버트와 테럴(Gilbert & Terrell, 2005)은『사회복지정책의 차원(*Dimensions of Social Welfare Policy*)』에서 복지에서의 중앙화와 분권화가 분명 이데올로기적 의미를 지닌 채 각국에서 진행되어 왔다고 주장한다. 일반적으로 분권화는 첫째, 지방정부가 해당 지방의 문제와 지역주민 욕구의 특수성에 대해 보다 잘 인지하고 있다는 점, 둘째, 작은 규모의 분권화된 정부단위가 실험적인 사업을 행하기 용이하고 실패에도 큰 기회비용이 없는 점, 셋째, 역동적이고 서로가 서로를 돌보는 의식을 가진 시민공동체의 소속감을 느낄 수 있다는 점에서 그 장점이 돋보인다는 것이다.

그렇지만 지방분권화 정책을 섣불리 행할 수 없는 약한 고리가 존재한다. 그 근거로는 첫째, 소규모의 정부단위에서 소수집단의 이해관계를 변호하는 것이 거대한 정부단위에서 보다 훨씬 더 어렵다는 점, 둘째, 중앙정부가 재정동원능력이 훨씬 높다는 점, 셋째, 지방들 간에 사회복지를 위한 노력에서 심한 격차를 유발시킬 수 있다는 점, 마지막으로 분권화가 빈곤계층에 대한 지원의 중요성을 일반적으로 감소시킨다는 점 등이다.

미국의 경우도 1935년 사회보장법 제정을 위시한 뉴딜정책 시기와 1960년 '위대한 미국 건설'을 주장하며 사회보장정책을 강화했던 시기에 연방정부의 보조금정책이 적극 발휘되어 1978년에는 보조금 규모가 최고조였다. 그러나 〈표 7-14〉를 보면, 1980년 들어 레이건 정부 때 보조금의 규모나 수가 급격히 감소하였음을 알 수 있다. 유럽 대륙국가도 1990년 이후부터 복지의 지방분권 추이가 뚜렷한 것이 사실이다.

노무현 정부에서 관철시킨 복지의 지방재정분권은 이념적으로 보수정부라 볼 수 없는 정부에 의해, 그리고 복지에 대해 확대정책을 견지한 정부에 의해 이루어졌다는 점에서 미국과 같은 경로는 아니며, 중앙집권을 통해 복지의 체계가 정비된 뒤 복지의 효율화를 위해 분권화 정책이 실

〈표 7-14〉 미국의 연도별 연방보조금의 추이

구분 연도	총액(10억 달러)	연방 국내 예산에서의 비중(%)	주와 지방의 예산에서의 비중(%)	연방보조금 프로그램의 수
1950	2.3	12	10	60
1960	7.0	18	19	130
1970	24.1	23	24	400
1980	91.4	22	31	540
1990	135.3	17	21	450
2001	324.0	21	25	640

출처: N. Gilbert & P. Terrell (2005).

시된 유럽대륙국가와도 다르다는 점에서, 복지분권화의 본질과 그 의도에 대해 매우 혼란스러운 평가가 등장할 수밖에 없었다. 그런 가운데 일군의 분권주의자가 복지의 한국적 특수성을 정확히 인지하지 못한 채 복지의 분권화를 추진하였고, 여기에 중앙정부의 재정 부담에 대한 회피 의식을 지닌 경제부처의 이해가 맞아떨어져 급속하게 전개된 것으로 추정할 수 있을 뿐이다.

이런 가운데 복지분권의 긍정적 의미를 살리고 그 부정적 측면을 제거하기 위한 근본적인 대책이 필요한데 현재의 분권교부세율을 추가 인상하는 등의 부분적인 수정방안은 적절하지 않다. 또 과거와 같이 국고보조사업으로 환원하는 것 역시 본질적인 문제해결책이 아니다. 사실 기존의 국고보조사업은 중앙정부에 의한 지방정부의 자율성 침해와 같은 문제점을 가지고 있었으며, 지방정부의 복지에 대한 책임성과 주체성을 약화시키는 계기로 작용하였기 때문이다.

따라서 복지 분야의 재정분권정책이 갖는 문제점을 해결하기 위해서

는 다음과 같은 원칙 아래 개선책이 마련되어야 한다. 첫째, 사회복지서
비스에 대한 중앙정부의 재정책임을 명확히 할 것(재정집중), 둘째, 재정
집중의 원칙을 구현하되 사회복지서비스의 지역별 특성을 지자체 내에
서 자율적으로 조정하고 기획하도록 할 것(공급분권), 셋째, 지방정부의
자율성과 책임성을 강화하되 중앙정부의 관리체계를 효율화하여 중장기
적으로 지방분권의 취지가 더욱 발현되도록 할 것 등이다.

이런 원칙 아래에서 구상할 수 있는 구체적인 개선 방안으로 복지부문
에 국한된 포괄보조금(block grant)제도가 이에 부합된다고 볼 수 있다.
일반적으로 국가의 보조금을 유형별로 분류하면 크게 네 가지로 나뉜다.
첫째는 개별보조금(categorial grant)으로서, 기존의 국고보조금과 같이 재
원의 용도를 구체적으로 특정하여 지방정부에 전달하는 보조금을 말한
다. 둘째는 특별보조금(specific grant)으로서, 현재의 분권교부세 방식이
이에 해당한다. 셋째는 포괄보조금으로서, 일정 분야에 대해 중앙정부의
재원을 포괄적으로 지방정부에 할당하고 세부적인 사업집행에 대한 지
방정부의 자율성을 인정하는 제도 방식이다. 넷째는 일반보조금(general
grant)으로서, 일반교부세에 해당하는 것과 같이 중앙정부로부터 아무런
제약을 받지 않는 교부세를 말한다.

이러한 포괄보조금은 지방정부의 재정운영에 포괄적인 자율성을 준다
는 점에서 현재의 국고보조금사업과 다르고, 재정의 조달책임을 중앙정
부가 진다는 점에서 현재의 분권교부사업과 다르다는 점에서 제3의 방안
이 될 수 있을 것이다. 이를 압축적으로 표현하면 [그림 7-4]와 같다.

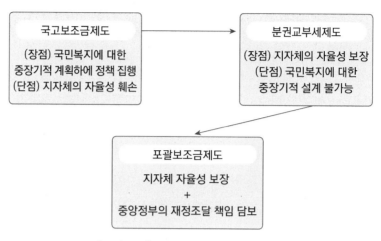

[그림 7-4] 분권교부세제의 개선 방안

3. 지방재정의 향후 전망

1) 감세정국과 지방재정

향후 지방정부의 재정 확대와 자립이 필수적이라는 전제에서 볼 때 이명박 정부에서 시행한 일련의 감세조치는 지방정부 재정에까지도 매우 불안한 여지를 던져 주었다. 중앙정부의 감세는 주민세와 부동산교부세, 지방교부세의 감소 등으로 연관효과를 초래하여 지방정부의 재정 자체를 축소시키기 마련이다. 국회예산정책처의 「감세의 지방재정 영향 분석」(2012a)이란 자료에 따르면, 중앙정부의 감세조치는 2008~2012년까지 총 30조 1,741억 원의 지방세수 감소를 가져올 것이라 추정하고 있다(〈표 7-15〉 참조). 여기에는 지방교육재정교부금과 분권교부금이 빠진 것으로 이를 합치면 40조 이상이 감소될 것으로 추정된다.

<표 7-15> 감세로 인한 지방세수의 감소분

항목	감소분
주민세	6조 2,784억
지방교부세	13조 6,032억
부동산교부세	10조 2,925억
총계	30조 1,741억

출처: 국회예산정책처(2012a).

이명박 정부는 이러한 지방재정의 위기에 대응하여 지방소비세와 지방상생협력기금의 도입 등을 발표하였는데, 부가가치세의 5%를 지방소비세로 전환하고 2012년까지 이를 10% 수준으로 올리겠다고 예고하였지만 아직 실행되지 않고 있다. 여하튼 지방소비세의 신설로 2010~2012년까지 총 7조 3천억 원의 세입증가 효과가 있을 것으로 예상된다지만, <표 7-15>에서 본 것과 같이 전체 30조 1,741억 원의 24.2%에 불과하여 2012년까지 지방정부 세수는 25조 원 가까이 감소하는 결과로 귀결되는 것이다.

결국 이같이 중앙정부의 감세조치는 지방정부 재정의 주요 원천인 지방교부금에 영향을 미치게 마련인데, 이는 <표 7-16>에 나타나 있다. 단적으로 김영삼 정부 5년간 지방교부금의 총증가율이 58.4%, 김대중 정부 92.6%, 노무현 정부 115.1%로 기록되는 것에 비하여 이명박 정부에 들어와 처음 2년간 8.2%나 감소함으로써 지방정부 재원의 확대에 역행하는 현상이 벌어지고 있음을 알 수 있다.

〈표 7-16〉 지방교부금의 연도별 규모 및 역대정권별 총증가율

구분\연도	지방교부금(단위: 억 원)			예산편성정부별 5년간 총증가율
	총액	증가분	증가율	
1993	44,131	−	−	−
1994	47,246	3,115	7.1	김영삼 정부 58.4
1995	54,382	7,596	16.1	
1996	63,777	8,935	16.3	
1997	67,569	3,792	5.9	
1998	69,892	2,323	3.4	
1999	63,608	−6,284	−9.0	김대중 정부 92.6
2000	82,155	18,547	29.2	
2001	122,315	40,160	48.9	
2002	119,734	−2,581	−2.1	
2003	134,624	14,890	12.4	
2004	144,256	9,632	7.2	노무현 정부 115.1
2005	194,845	50,589	35.1	
2006	213,665	18,820	9.7	
2007	245,134	31,469	14.7	
2008	289,567	44,433	18.1	
2009	287,673	−1,894	−0.7	이명박 정부 −8.2
2010	265,800	−21,873	−7.6	

주: 지방교부금 = 지방교부세 + 부동산교부세.
출처: 홍헌호(2009).

2) 지방복지재정의 확대를 위한 참여예산제도의 활용

과거에 비해 지방정부의 재정운영이 개발재정에서 복지재정으로 전환되고 있다고는 하지만, 이는 중앙정부의 제도 변환에 따른 결과일 뿐이며 실제 자발적으로 적극적인 복지정책의 시행을 행하는 지자체가 그리 많다고 볼 수는 없다. 이러한 형국을 전환하는 방법 중 가장 근본적인 방법은 지역민들 스스로 자신의 복지욕구를 주장하고 이를 예산에 반영함으로써 재정의 기조를 바꾸는 것이다.

지방자치제도에 따라 지방자치단체장과 지방의회 의원을 주민들의 손으로 직접 선출한 것도 2010년을 기준으로 다섯 번째가 되고 있어, 원칙적으로 보면 이러한 지역주민의 의사가 행정부와 의회를 통해 실현되고도 남아야 한 시점이다. 그러나 아직도 지방자치단체의 예산이 복지재정의 기조로 안착되지 못한 것은 실제 예산에 대한 주민들의 감시나 평가, 참여의 기제가 작동하지 않고 있다는 것이 하나의 요인이라고 할 수 있다.

이 점을 인식하고 2000년대 들어 청주, 천안, 수원 등 부분적으로 참여예산방식의 복지재정확대운동을 전개한 몇몇 지역이 나타나기 시작하여 어느 정도의 성과를 거두기도 하였다. 그러나 2011년 3월 지방재정법의 개정에 따라 공식적으로 참여예산제도의 운영이 법으로 정해진 지방자치단체의 의무사항이 됨으로써 주민에 의한 예산의 감시와 비판, 참여의 여지가 훨씬 더 확보될 전망이다.

그러나 이러한 법정 의무사항도 지역사회 내에 지역 문제와 예산의 집행에 대한 주민들의 적극적인 관심과 실제적인 참여의 분위기가 정착되지 않으면 의례적이거나 형식적으로 흐를 가능성이 크다는 점에서 2000년대에 진행된 참여예산운동의 정신과 성과는 여전히 중요하게 보존되어야 한다. 특히 지자체가 지역개발이나 경제개발을 위한 비효율적인 사업에 대해 예산지출을 감소하려는 의지는 보이지 않고, 복지예산은 중앙정부에 의해서 조달된다는 인식만을 고집하고 있다면, 궁극적으로는 지역사회 내의 복지운동, 특히 참여예산운동을 통해 지자체의 복지재정에 대한 의지를 끌어내야 하는 것이 하나의 돌파구가 될 수 있다.

우선 지방자치단체의 복지예산의 수립과정에서 참여예산제를 적용한다는 것의 의미를 정리해 보도록 하자.

첫째, 이는 사회복지 재정분권을 능동적으로 활용하는 계기로서 작용된다. 현재 사회복지서비스의 상당부분이 지방정부의 결정권 아래에 놓이게 됨에 따라 참여예산제는 이를 합리적이고 효과적으로 분배하는 과정을 추구하는 수단으로서 바람직하다.

둘째, 복지서비스 욕구의 개별성과 다양성을 지방복지예산에 반영할 수 있는 기회를 확보하게 된다. 복지서비스의 특징은 개별성과 다양성인데, 지금까지 중앙정부의 법령과 지침에 따라 일률적으로 결정되었던 폐단을 극복할 수 있는 통로로서 재정분권정책이 이루어졌다면, 이는 당연히 그 욕구의 실체가 무엇인지를 파악하는 일로부터 시작되어야 한다. 그리고 나아가 적절한 사업과 그에 소요되는 예산 규모, 그리고 우선순위 판단에까지 이어져야 한다. 이 모든 과정을 지방정부 공무원의 행정력에 의존하는 것은 매우 명확한 한계를 노정하는 것이다.

셋째, 지역주민 스스로의 복지예산에 대한 관심 제고에 기여한다. 참여예산제의 활용 과정에서 지역주민 스스로가 복지사업과 그에 배정된 예산에 대한 중요성을 인지하고, 이를 통해 궁극적으로 지역주민 스스로가 조직화되거나 적극적인 의사표출 방식을 발견하게 되어 복지에서의 주민참여 효과를 꾀할 수 있다.

넷째, 지역주민의 복지권을 옹호하는 민간복지계의 유효한 활동양식으로서의 의의가 있다. 지역주민의 복지권을 옹호해야 하는 민간복지단체와 기관들로서도 지방분권 시대 지역사회 전체를 변화시키고 지역복지 수준을 제고시키는 일환으로 참여예산운동을 전개함으로써 새롭고 유용한 운동방식을 활용할 수 있는 기회를 찾을 수 있게 된다.

다섯째, 최근 이루어진 중앙정부의 감세, 그리고 이 때문에 빚어진 지방정부 복지재정에 대한 부정적 영향 등을 생각할 때 참여예산제는 이런 외부의 부정적 흐름에 대한 방어효과가 있다. 지방정부 스스로 지출의 구조개편을 통해 차체에 개발예산을 줄이고 복지예산으로 거듭날 수 있도록 추동하고 그 대안을 제시하게 된다.

원론적으로 볼 때 참여예산제는 여러 가지 단계와 유형이 있다. 공식화 여부와 관련해서는 공식적 참여예산제와 비공식적 참여예산제가 있다. 공식적 참여예산제는 2013년부터 지방재정법에 의거하여 진행되는 것으로서, 구체적으로는 지방정부의 법령에 근거하여 그 위상과 참여방식, 결과의 반영 등이 명시된다. 비공식적 참여예산제는 지역 내의 민간부문에서의 자발적 노력에 의거하여 복지예산 편성과정에 참여하기 위한 다양한 활동을 의미한다.

참여의 대상에 따라서도 직접적 참여예산제와 간접적 참여예산제가 있다. 직접적 참여예산제는 지역주민들이 직접 참여하여 자신들의 욕구와 필요성에 근거하여 우선순위와 예산편성안을 결정하는 방식이다. 간접적 참여예산제는 지역주민의 욕구를 대변하는 시민사회복지단체들이 주민들의 욕구와 필요성을 조사 또는 추정하고 이를 근거로 예산의 편성안을 작성하는 방식이다.

또한 참여의 형태에 따라 첫째, 여론 수렴형, 둘째, 예산요구형, 셋째, 민관협력형 등이 있다. 여론 수렴형은 지방정부 차원에서 예산편성에 참고가 될 만한 의견을 사전에 수렴하고 이를 간담회 등의 적절한 취합방식을 동원하여 예산편성에 반영한다. 예산요구형은 주로 지역 내의 민간복지단체나 기관에 의해 부분 또는 완전한 대체예산을 편성하여 이를 지방정부에 요구하고 예산확충을 위한 지렛대로 활용한다. 민관협력형은 주로 조례 등에 따라 민과 관의 참여예산을 위한 역할이 규정되고 이에 따라 협력적 관계를 통해 예산안이 작성되는 경우를 말한다.

참여예산의 편성 정도에 따라서도 부분예산제와 대체예산제가 있다. 부분예산제는 주요사업 중심으로 부분적으로 사업과 소요예산이 작성되는 경우이며, 대체예산제는 복지예산 전체 또는 지방정부 예산 전체에 대하여 지방정부 예산편성과 같은 형태로 대체예산안을 작성하는 경우를 말한다.

따라서 지역사회는 가급적 공식적이며 직접적인 형태로, 그리고 민관협력형으로 대체예산을 구성하여 지역사회 내에서 바람직한 복지예산이 확보되도록 최선을 다해야 한다. 지역사회의 복지욕구 팽창과 수요 확대에 대해 가장 적극적이고 연대적인 참여방식으로서의 참여예산제가 지역사회 내에 그 유용성을 발휘하도록 사회복지사의 적극적인 관심과 실천이 기대된다.

제8장

복지논리와 시장논리,
그리고 한국의 복지정책

경제학과 사회복지학, 경제논리와 복지논리는 어떤 관계에 놓여 있는가? 양자는 상충될 수밖에 없는가? 이것은 많은 사람이 갖고 있는 근본적인 물음이며, 이 책의 큰 주제 중 하나다. 이 장에서는 앞서 다룬 내용과 기존의 많은 연구자의 결과물을 기초로 이 물음에 답해 보고, 오늘날 한국사회에서 경제성장을 위해 복지의 발달이 필수적인 이유를 정리해 본다.

1. 복지논리와 시장논리는 상충관계인가? 아니면 보완관계인가?
2. 분배와 성장, 복지와 경제 사이의 관계를 과거와 현재의 수많은 경제학자는 어떻게 봐 왔는가?
3. 현재 한국의 경제 및 사회 상황을 염두에 두었을 때 복지의 확대가 왜 필요하다고 보는가?

1. 복지논리와 시장논리의 관계

1) 경제학 이론에서 본 '시장'과 실제 현실

사회복지는 시장과 어떤 관계에 있는가? 경제학에서는 일반적으로 자본주의 경제의 주 결정원리가 시장에서의 가격작동이라고 인식하고 있다. 앞의 2장에서 시장의 '보이지 않는 손'인 가격은 미세한 조정을 거쳐 마침내 모든 상품시장에서의 개별적 균형을 만들어 내며 더 나아가 시장

전체의 균형, 즉 일반균형까지 만들어 낸다는 주류경제학의 주장을 자세
히 살펴보았다.

다시 한 번 정리하자면, 시장학파(market school)에 따르면 시장은 주어
진 자원조건하에서 항시 최적의 상황, 소위 파레토 최적(Pareto's Optimum)
을 달성한다. 다음의 [그림 8-1]에서와 같이 빵과 옷 두 재화만을 생산·
소비하는 경제에서 시장은 지복점(至福點, bliss point) E를 달성하고, 여기
에서는 사회적 생산가능곡선(social production possibility curve, SPPC)과
사회적 무차별곡선(social indifference curve, SIC)의 접점이 생겨난다. 이
로써 어떤 한 경제권에서의 빵과 옷의 총 생산량 및 총 소비량은 각기 선
분 OB'와 선분 OC'가 된다.

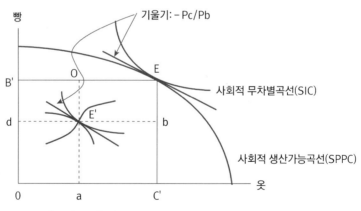

[그림 8-1] 사회적 최적 생산점, 소비점, 분배점의 도출

이들 간에 최적의 배분점이 E'가 되어 이 경제에서 활동하는 소비자 두
사람의 분배 몫을 각각 a, b, c, d의 점으로 표현할 수 있다. 즉, 빵은 두
사람의 구성원으로 이루어진 사회에서 각기 Od(또는 C'b)와 dB'(또는 bE)
만큼씩, 옷은 Oa(또는 B'c)와 aC'(또는 cE)만큼 배분되는 결과로 귀결되며

이는 사회적으로 최적의 도달점인 것이다.

　결론적으로 시장에서의 자유로운 가격조절 기능은 생산과 분배, 소비, 그리고 그러한 소비로부터 오는 개인의 만족도, 그러한 개인의 만족도가 모여 이루어지는 사회적 만족도 모두가 최적의 상황을 담보한다는 것이 주류 시장학파의 핵심적 주장이자 신념인 것이다.

　20세기 초에 전통적인 신고전학파(Neo-Classicals)가 확립한 시장예찬론은 곧바로 랭커스터와 립시가 시장실패(market failure) 이론을 제기함으로써 크게 훼손되고, 신고전파의 시장학파로서의 골격 자체가 부정되는 동시에 그 보완책을 강구하게 되는 운명을 맞는다.

　흔히 독점(monopoly), 공공재(public goods), 외부효과(externality), 정보의 비대칭성의 네 가지 요인으로 대표되는 시장실패 요인은 이론적으로 제기된 시장실패를 현실에서 입증하는 대표적인 사례가 되었으며, 결국 정부의 강력한 정책개입을 통해 그 돌파구를 찾았던 것이다.

　이때 정부의 강력한 개입을 위한 구체적인 수단이 된 재정지출정책 가운데에 사회복지부문의 중요성을 빼놓을 수가 없다. 물론 20세기에 전면적으로 전개된 사회복지정책의 활성화는 이러한 경제학자들 간의 이론적 수사(修辭)에 상관없이 현실세계에서 이미 당위(當爲)가 되어 있었다.

　19세기 초반 정착된 자유자본주의(free capitalism)가 19세기 말에 독점자본주의로 나타나면서, 유럽 대륙 국가가 직면한 사회위기는 스스로의 돌파구를 열기 어려웠다. 제1차 세계대전을 계기로 세계 자본주의체제가 지닌 모순의 일차적 해결과정을 파괴적으로 겪어 낸 서구사회는 사회방위의 차원으로 복지국가의 원형을 만들어 가기 시작했다.

　이런 일련의 과정을 반추함으로써 알 수 있듯이 사실 사회복지제도가 시장제도의 보완적 역할을 행한 것은 이론에 따라 정립되기에 앞서 현실에서 먼저 구현된 것이었다.

2) 시장논리 대 복지논리

그렇다면 시장과 복지란 어떤 관계를 맺고 있는 것인가? 이를 논하기 위해 형평성과 효율성이라는 개념을 차용해 볼 수 있다. 먼저 형평성을 소득이나 욕구충족에서 지나친 불균형을 해소하고 가급적 사회 구성원이 고르게 그 사회의 성과물을 향유한다는 점에서 '복지'의 핵심적인 가치라고 보아 '복지논리'라고 한다면, 효율성이란 주어진 조건 내에서 사회전체의 총생산물이나 총효용 수준이 가능한 한 최대로 충족된다는 점에서 시장을 통하여 가장 잘 실현되는 '시장의 논리'라고 할 수 있을 것이다.

그렇다면 이제 이들 사이의 관계에 대하여 다음과 같은 세 가지 명제가 성립될 수 있을 것이다.

(1) 명제 1: 시장의 논리와 복지의 논리는 상호 배타적이다

이 명제는 양자 사이에 상충적인 관계가 있다는 주장의 전형적인 표현이다. 일반적으로 많은 이들에게 고정관념화되어 있는 것과 같이, 시장의 논리에 반하여 인위적인 소득재분배 정책과 같은 복지정책이 시행되면 근로의욕이 감퇴되고 나아가 시장의 자동조절 기능이 훼손되므로 양자는 서로 원리 면에서, 그리고 실제 현실 속에서 상호 배타적인 관계를 기본으로 하고 있다.

이들 주장의 가장 강력한 근거는 효율성을 추구하는 시장과 형평성이 추구되는 복지 측면은 그 기본 원리 면에서 매우 대조적이라는 점이다. 즉, 시장의 세계와 복지의 세계는 개인주의(individualism) 대(對) 그 대척점에 있는 집합주의(collectivism), 시장에서의 자발적 교환(voluntary exchange) 대(對) 이와 대비되는 선물교환(gift exchange), 상품경제(commodity economy) 대(對) 정반대의 탈상품경제(de-commodification economy), 경쟁을 통하여 능력에 따라 성과를 취하는 사회 대(對) 협동을 통한 공동체정신하의 공동선(common good)이 추구되는 사회, 물신주의(物神主義, fetishism) 대(對) 인본주의(humanism) 등 그 원리와 특징 면에서 극히 대조적인 측면을 보이고 있다.

　이렇듯 상충적인 양자의 특징에 따라 시장논리와 복지논리는 상충적이라 여겨지게 마련이다. 이에 대한 구체적인 논거로는 다음의 몇 가지를 들 수 있다. 첫째, 복지는 기본적으로 반(反)시장적인 것으로서 시장의 기능과 복지의 기능이 서로 다르다. 둘째, 시장의 논리는 자율적인 균형달성의 논리이고 복지의 논리는 이와 대조적으로 인위적인 균형회복의 논리에 해당한다. 셋째, 따라서 시장의 논리가 입증되면 복지의 논리는 그 타당성이 부정되고, 반대로 시장의 논리가 부정되어야만 복지의 논리가 설득력을 갖게 된다.

　결국 이러한 명제는 인위적인 형평성의 추구가 자율적인 성과인 효율성을 잠식하게 되므로 일반적으로 복지는 시장의 성과를 저해하는 것으로 이해된다. 특히, 정부가 강조하는 적극적인 복지정책이란 시장의 성과를 근본적으로 저해하는 것으로서 복지정책이 정당화될 수 있는 영역이란 오로지 시장의 논리를 저해하지 않는 범위에서만 가능하다. 사실 김대중 정부의 생산적 복지도 이러한 관점에 서 있었다고 볼 수 있다.

(2) 명제 2: 복지의 논리는 시장의 논리를 보완한다

　양자의 관계를 보완적이라고 보는 이 명제는 소위 시장실패를 그 논거로 한다. 독점의 존재와 외부성, 공공재의 필연적 등장, 정보의 불완전성 등을 이유로 시장이 실패한다면 독점의 이익을 조세로 환수하여 소비자의 빼앗긴 후생을 보완하는 것, 외부효과로 인해 과소/과잉으로 공급/소비되는 것을 조세제도로 조정하거나 복지제도로 사후 보전해주는 것, 공공재인 복지서비스를 통해 국민의 후생을 증진시키는 것, 그리고 정보의 불완전성을 공동구매방식의 사회보험을 통해 해결하는 것 등 복지제도의 시행 자체가 바로 시장실패를 복구하는 주요한 기반이 되는 것이다.

이렇게 보면 복지의 논리가 결코 시장의 논리를 해치는 것이 아니며 오히려 시장의 효율성을 보완 혹은 강화하는 논리라고 말할 수 있다. 즉, 형평성의 추구는 결코 효율성을 저해하는 것이 아니다. 오히려 시장을 통하여 발생하는 왜곡과 오류가 필연적으로 발생할 때, 이러한 시장의 역기능을 조정하는 것으로서 복지의 존재는 매우 긍정적인 의미를 지닌다. 결국 형평성이 효율성을 보완한다는 것이다. 따라서 이러한 두 번째의 명제는 앞서의 첫 번째 명제와는 정반대의 결과를 제시한다.

더군다나 형평성의 추구로 사회가 통합되고 시장임금을 보완하는 사회적 임금(social wage)이 제공됨으로써 노동력의 안정적 재생산이 이루어지는 등 비가시적 효과를 통해 시장 자체의 근간(fundamentals)을 강화한다는 점을 인정한다면 복지의 논리와 시장의 논리에 대한 보완적 관계는 필수적이고 상생적인 것으로 이해될 수 있다.

(3) 명제 3: 시장의 논리가 복지의 논리를 보완한다

이 명제는 두 번째 명제에 대한 역(逆)으로서 시장의 논리에 의해 복지의 논리가 보완받는다는 것이다. 이 주장의 기본적인 논거는 매우 미시적인 것에 기초하는데, 복지의 논리도 결국은 주어진 제약조건하에서의 최선 아니면 차선, 차차선의 해를 찾아야 하는 문제의식 앞에서 예외일 수 없다는 것에서 출발한다. 특히 현재와 같이 단기적 또는 중기적으로 사회복지에 대한 인적·물적 자원의 확대가 결코 적정 수준까지 이루어지지 않을 것이라는 엄연한 현실적인 제약이 예상되는 가운데 이를 극복하기 위해서는 복지의 영역에서도 시장의 논리에 입각한 효율성의 접근

방식을 적절히 활용하여야 할 필요성이 있는 것이다. 즉, 복지의 영역도 시장의 논리에 따라 추구되는 효율성의 측면에서 재고해 보아야 할 부분이 분명히 존재한다. 따라서 당위로서의 형평성을 추구하되 그 과정 또는 방법론의 측면에서는 시장의 논리에서 제공되는 효율성의 관점을 부분적으로 활용하여야 한다는 것이다.

이러한 세 가지 명제를 통해 알 수 있는 것은 사실 시장의 논리와 복지의 논리는 하나의 명제로 정의하기 어려운, 중층적 분석 대상이라는 것이다. 다시 말하면 각각의 명제는 서로 전제하고 있는 위상이 다른 것일 수 있다. 즉, 첫 번째 명제가 거시적(macro) 단계의 논의를 기반으로 한다면, 두 번째의 명제는 준거시적(quasi-macro) 단계, 그리고 세 번째의 명제는 미시적(micro) 단계를 각기 설정하고 있다고 해석할 수 있다.

따라서 일방적으로 복지와 경제의 관계를 상충적이라거나 보완적이라고만 보는 것은 매우 협소한 시각에 입각한 것이라 볼 수 있다.

2. 복지와 경제의 관계에 대한 이론[1]

1) 분배와 성장에 관한 거시경제 이론

(1) 소득 분배와 자본축적
소득 분배가 자본축적에 영향을 미쳐 결국 경제성장에 영향을 주게 되

---

[1] 이 절의 내용은 이태수, 유종일, 문진영, 박찬용, 김연명이 집필한 『복지와 경제의 선순환 관계 연구』(2003)의 제2장을 재정리한 것임.

는 경로에 주목한 이론이야말로 이 분야의 가장 고전적인 접근이었다. 이때의 소득 분배는 주로 기능적 소득 분배를 중심으로 논한다. 물론 임금 몫의 증가는 통상적으로 가구별 소득 분배의 불평등도를 낮추는 경향이 있으므로, 간접적으로는 가구별 소득 분배와 자본축적의 관계에 관한 이론이라고도 할 수 있다.

① 마르크스-케인스류 이론

자본주의에 대해 비판적이었던 마르크스나 케인스가 분배와 성장 간의 상충이론을 전개한 것은 자연스러운 일이었다. 마르크스는 고전적인 생계비 임금 가설에 따라 임금은 모두 소비되고 저축은 이윤에서 나온다고 보았다. 이 논리에 따르면, 노동시장이 포화상태에 이르러 임금이 상승하게 되면 이윤 몫이 줄어들어 자본축적이 저하되고 따라서 경제성장률이 떨어진다. 반대로 임금하락, 즉 분배의 악화는 자본축적과 성장을 증가시키는 역할을 한다.

케인스 또한 『평화의 경제적 귀결(*The Economic Consequences of the Peace*)』(1919)이라는 저서에서 자본주의의 극심한 불평등이 정당화되는 유일한 이유는 고소득을 얻는 자본가들이 이를 소비하기보다는 저축하고 투자하여 성장을 가져오기 때문이라고 주장하였다. 이러한 인식은 칼도어(N. Kaldor) 등 여러 케인스학파 학자가 발전시켰다. 이윤 몫이 높으면 고소득자의 소득이 커져서 저축이 증가한다기보다 개인에 비해 기업의 저축(내부유보) 성향이 높기 때문에 저축이 증가한다는 주장이 새롭게 주장되었다. 이뿐만 아니라 이윤 몫의 증가는 투자유인의 강화를 의미하기 때문에 자본축적이 가속화된다는 것이며, 따라서 분배와 성장 간에 상충관계가 존재한다는 것이다.

② 과소소비 이론

앞서 살펴본 마르크스-케인스류의 이론과 유사하게 임금과 소비, 이윤과 저축의 연결고리에 주목하면서도 결론은 정반대로 나타나는 이론이 바로 과소소비 이론(underconsumption theory)이다. 일찍이 홉슨(John A. Hobson)이 이러한 이론을 폈고, 현대에는 슈타인들(F. G. Steindle)이나 스위지(P. Sweezy)와 같은 학자가 대표적이다. 이들에 따르면, 이윤 몫의 증가, 즉 분배의 악화가 저축률의 증가를 가져오지만 그것은 바로 소비 수요의 하락을 의미하기 때문에 유효수요의 부족과 공급과잉으로 나타나고, 이는 곧 투자를 저하시켜 성장을 떨어뜨린다는 것이다. 이는 곧 케인스가 말한 '절약의 역설(paradox of thrift)'을 동태적으로 파악한 것이라 할 수 있다.

슈타인들이나 스위지는 이러한 이론에 입각하여 현대의 독점자본주의가 이윤 몫을 증가시키고, 이는 결국 성장률 저하라는 부메랑이 되어 자본가들에게 돌아올 것이라고 주장하였다.

③ 신고전파 이론

소로우(Robert Solow) 등이 개발한 신고전파의 성장론에서는 분배가 중요한 변수로 취급되지는 않는다. 그러나 정상상태(定常狀態, steady state)에 이르는 과정에서는 저축률이 성장률을 결정하는 주요 변수이기 때문에 저축률과 무관할 수 없는 소득 분배가 성장률에 영향을 미칠 수밖에 없다. 마르크스나 케인스주의 전통에서는 기능적 소득 분배에 주목하지만, 신고전파에서는 소득의 원천과 상관없이 소득수준과 저축률의 관계에 주목한다. 일반적으로 가난한 가계의 저축률은 낮고 부유한 가계의 저축률은 높기 때문에 소득 분배가 불평등할수록 저축률과 성장률은 높아진다는 결론이 나온다.

④ 종합적 논의

소득 분배가 저축률에 미치는 영향에 있어서 임금은 모두 소비되고 이윤에서만 저축이 이루어진다는 가설도, 고소득자일수록 반드시 저축성향이 높다는 가설도 지나친 단순화임에 틀림없다. 특히 소득 분배가 변화할 때 그것이 저축률에 미치는 영향은 평균저축성향이 아니라 한계저축성향이고, 이는 반드시 이윤소득이 임금보다 크다거나 소득수준이 올라갈수록 크다고 할 수 없을 것이다. 또한 고소득계층이 자기과시적인 사치성 소비에 몰두하는 경우에는 저축률이 높지 않을 수도 있다. 이러한 점을 고려할 때 소득 분배와 저축률의 관계는 궁극적으로 분석 대상인 경제의 구체적 특성을 파악하는 경험적 연구에 따라서 결론을 내려야 하며, 이론적 분석만으로는 알 수 없다고 하겠다.

이론적으로 제기되는 또 하나의 문제는 저축률과 성장률의 관계다. 신고전파 이론에서처럼 완전고용을 전제로 하지 않는 한, 저축률의 증가가 반드시 투자의 증가 및 성장률의 증가로 이어진다고 볼 수는 없다. 오히려 단기적으로는 소비수요 감소에 따른 경기침체의 가능성이 있는 것이 사실이다. 장기적인 경제성장을 다루는 데 단기적인 수요변동은 고려사항이 아니라는 것이 신고전파의 주장이지만, 장기는 곧 단기의 연속에 불과하다는 것을 상기한다면 결코 유효수요의 문제를 무시할 수 없다. 그러나 소비수요의 감소가 반드시 투자 및 성장의 저하로 이어지는 것은 아님이 이론적으로 규명되었다. 투자에 대한 보상은 수요기대와 더불어 단위당 마진에 의해서도 결정되기 때문이다. 결국 기능적 소득 분배가 성장에 미치는 영향은 투자함수의 구체적인 형태에 따라 달라진다. 투자에 대한 '가속효과(accelerator effect)'가 큰 경우에는 분배와 성장이 상호보완관계를 이루며, 반면에 '수익성효과(profitability effect)'가 큰 경우에는 분배와 성장 사이에 상충관계가 형성된다.

결론적으로 소득 분배와 자본축적의 연결고리는 각 경제에서 저축함 수나 투자함수의 구체적 특성에 따라 달리 나타날 수 있다.

(2) 소득 분배와 인플레이션

소득 분배가 물가상승률에 영향을 줌으로써 경제성장에도 영향을 끼치는 경로에 주목하는 이론으로는 갈등인플레이션 이론(conflict theory of inflation)과 사회조합주의론(theory of social corporatism)이 있다.

갈등인플레이션 이론은 남아메리카에 많이 적용된 이론으로서, 인플레이션을 사회갈등의 산물로 파악한다. 분배가 악화되어 사회갈등이 심화되면, 노동조합의 임금인상 요구가 거세어짐에 따라 인플레이션이 가속화된다는 것이다. 이는 결국 금리인상이나 통화공급 축소 등 통화당국의 반인플레 정책을 초래할 수밖에 없고, 따라서 경제성장이 저하된다는 논리다.

1980년대에 개발된 이론인 사회조합주의론도 유사한 논리를 펼친다. 이 이론은 스웨덴, 오스트리아 등 '저실업 - 저물가'를 실현한 국가들의 특징인 중앙 집권적인 단체교섭에 착안한다. 분산화된 단체교섭에 비해 이 경우에는 임금교섭이 거시경제적 안목을 배경으로 이루어지므로 임금인상 요구가 자제되어 인플레이션이 억제된다는 것이다.

(3) 분배와 거시정책 왜곡

소득 분배의 불평등이 사회적 갈등을 일으키고 이것이 성장을 저하시키는 또 다른 경로로 부각된 것이 거시경제정책의 왜곡이다. 특히 남아메리카의 경제성장이 호황과 침체를 거듭하며 저조했던 이유가 바로 이러한 사회적 갈등이 정부로 하여금 포퓰리즘(populism)과 같이 왜곡된 거시경제정책을 실행하도록 강요했기 때문이라고 주장한다.

유사한 논리로 남아메리카는 불평등한 소득 분배 때문에 정부가 높은 지출수준을 유지하는 정책을 펼 수밖에 없었으며, 이를 위해 투자를 줄이게 되어 결국 성장률이 낮아졌다는 연구결과도 있다. 특히 1980년대의 부채 위기 때 이러한 현상이 두드러졌다는 것인데, 초 · 중등학교의 취학률과 평균수명 등 공평한 소득 분배를 대표하는 변수가 낮을수록 정부지출의 GDP상 비중이 높고 경제성장이 둔화된다는 흥미로운 결과도 있다.

(4) 소득 분배와 수요구조

공업화 과정에서 규모의 경제를 실현하기 위해서는 내수시장 확대가 긴요하기 때문에 공산품의 대중적 수요를 가능하게 만드는 공평한 소득 분배가 성장으로 이어진다는 이론도 있다. 반면에 소득 분배가 매우 불평등하여 중산층이 별로 없으면 공업화를 위한 내수시장이 형성되지 않는다고 본다. 부유층은 고급 수입제품을 찾고, 가난한 계층은 공산품 구매력이 없기 때문이다.

이 이론은 공업화 초기단계에 있는 국가의 경우에 보다 잘 적용되는 것이기는 하지만, 전후 자본주의 황금기라고 일컬어지는 1950~1960년대의 서구의 고성장을 설명할 때도 적용된다. 소위 포디즘(Fordism) 이론에 따르면, 당시의 고성장은 실질임금 상승과 사회복지 확대에 기초한 소득 분배의 개선이 공산품 수요기반을 확대하고, 이것이 대량생산과 그에 따른 규모의 경제 실현을 가능하게 함으로써 생산성 향상으로 이어진 결과라고 보는 것이다.

2) 분배와 성장에 관한 미시경제 이론

(1) 정치적 재분배 이론

자산분배가 나쁘면 소득 분배가 나빠지고 재분배에 대한 정치적 압력이 거세어진다. 통상 자산재분배는 정치적으로 어렵기 때문에 조세와 정부 지출을 통한 소득재분배를 추진하게 되는데, 조세는 노동공급이나 저축 또는 투자에 대한 유인을 감소시켜 비효율성을 초래하므로 성장의 저하를 초래한다는 주장이다.

이러한 가설은 역사적 시계열 자료를 이용하여 민주주의 국가들에서 소득불평등과 경제성장 간에 반비례의 관계가 있음을 보여 주고 있다.

또한 자산과 인적자본의 불평등한 분배는 전체 경제성장에 중요한 영향을 미치는 것은 물론이고, 빈곤계층의 소득증대에 결정적인 영향을 미친다. 즉, 공평한 자산분배는 성장에 미치는 부정적인 효과를 감소시켜서 경제전체의 성장률을 증대시켜 나갈 뿐만 아니라 높은 성장률을 통하여 빈곤계층을 간접적으로 감소시키는 효과도 가져온다고 한다.

소득불평등이 조세를 통해 충분히 시정되지 않는 경우에는 조세의 비효율성이라는 경로가 아니라 정치적 불안정이라는 경로를 통하여 성장을 저해할 수 있다. 즉, 정치적 불안정성이 매개요인이 되어 소득불평등과 경제성장이 반비례하게 된다.

일단의 학자들은 소득불평등이 성장을 방해하게 되는 것은 정치적 불안정과 불확실한 투자 환경 때문이 아니라, 소득불평등이 성장을 활성화시키는 자유주의적이고 개방적인 경제정책을 도입하는 데 부정적인 영향을 미치기 때문이라고 주장하기도 한다.

(2) 소득 분배와 인적자본 형성

기본적인 건강과 교육 등 인적자본 투자는 매우 효율적인 투자임에도 불구하고, 가난한 사람들은 자본시장의 불완전성 때문에 이러한 투자를 할 수 없게 됨으로써 경제의 효율성과 성장을 저해한다는 이론도 있다. 미국경제뿐 아니라 많은 개도국에서도 이 문제가 심각하다는 지적이다.

더 나아가면 소득불평등과 인적자본 형성의 고리에서 한 걸음 더 나아가 정책선택의 문제까지 연결할 수 있다. 남아메리카의 심각한 소득불평등 문제는 국민이 기초교육과 보건을 통해 인력개발을 할 기회를 대부분 상실하게 만들었으며, 그 결과 정부가 수입대체산업과 같은 내부 지향적인 개발 전략을 택하게 만들었다는 주장이다. 이에 비하면 동아시아 국가들은 좀 더 나은 소득 분배 구조 덕분에 대중을 위한 기초교육을 통해 인적자본에 투자를 많이 할 수 있었으며, 결과적으로 기술 집약적 수출 산업을 개발하여 수출 지향적 개발 전략을 취할 수 있었다고 한다.

(3) 자산분배와 직업선택의 이론

자본시장의 불완전성 때문에 기업가가 되기 위해서는 일정한 부가 있어야 가능하다는 점에 착안하여 자산분배와 직업선택을 연결시키는 이론도 있다. 자산분배가 불평등하면 소수만이 기업가가 될 수 있고, 이는 곧 노동수요는 작고 노동공급은 많은 상황을 초래해서 임금이 낮아짐에 따라 분배의 악순환이 일어난다는 이론이다. 반면에 자산분배가 고르면 기업가가 많아지고 이에 따라 노동수요가 늘어나고 노동공급은 줄어들기 때문에 임금이 높아지고 분배의 선순환이 일어난다. 이때 기업가가 많을수록 효율성과 경제성장을 높이게 된다. 따라서 분배와 성장 간에도 선순환이 일어난다.

3) 복지제도와 경제성장과의 관계에 대한 이론

(1) 복지병 이론

흔히 복지부문에의 과도한 투자는 근로의욕을 감소시켜 경제성장의
둔화를 가져온다는 '복지병' 이론이 주장되곤 한다. 예를 들어, 실업수당
이 매우 높을 경우에 굳이 재취업을 위한 구직활동을 열심히 하지 않게
된다는 것이다. 병가에 대한 너그러운 인정도 노동자들로 하여금 지나치
게 병가를 많이 사용하게 만들 수 있다. 일반적으로 복지의 수혜자들에
게는 노동공급을 줄이는 유인이 존재한다고 볼 수 있다. 이 이론에 따르
면, 유럽 국가들의 실업률이 상대적으로 높은 것은 유럽의 복지제도가
지나치게 관대하기 때문이라고 한다.

그러나 실제로 복지병이 얼마나 노동공급을 감소시키고 실업을 유발
하며, 성장을 감소시키는지에 대한 학계의 합의는 존재하지 않는다. 다
음에서 다루는 것과 같이 복지는 노동공급을 확대하거나 성장을 촉진하
는 역할도 하기 때문이다. 경험적으로 보았을 때 복지병은 매우 높은 수
준의 사회보장이 상당히 오랜 기간 제공되는 경우에 비로소 나타난다고
보는 것이 타당하다.

(2) 유연성 이론

복지병 이론과는 반대로 복지가 잘되어 있어야 노동시장의 유연성이
확보되어 구조조정이 신속하게 이루어질 수 있고, 따라서 성장에 도움이 된
다는 유연성 이론이 존재한다. 외환위기 당시에 IMF가 구조조정을 요구하
면서 사회안전망 구축의 필요성을 제기한 것도 이 같은 맥락에서였다.

실제로 외부충격이 심한 소규모 개방경제일수록 사회보장지출이 많은
것이 사실이며, 이는 곧 구조조정의 빈도가 높은 국가일수록 사회복지의

필요성도 높다는 것을 반증한다는 것이다.

조금 다른 맥락이기는 하지만 유명한 스웨덴의 노동운동 이론가인 렌 (G. Rhen)은 '연대임금제'에 따른 임금의 평등화가 생산성이 낮은 기업의 생존을 불가능하게 함으로써 구조조정을 촉진하고 따라서 경제성장도 촉진시킬 것이라고 주장하였다.

(3) 복지와 인적자본 형성

복지와 성장의 가장 중요한 연결고리는 아마도 앞서 말한 인적자본 형성에 있을 것이다. 소득 분배의 불평등이 인적자본 형성에 걸림돌이 되는 것을 방지하기 위하여 복지지출이 역할을 하는 것이다. 거시적으로는 공교육과 공공의료, 미시적으로는 빈곤계층을 겨냥한 보육비나 의료지원 등이 이러한 역할을 하고 실업자에 대한 직업교육훈련도 마찬가지의 성격을 지닌다. 특히 기본적인 교육과 건강에 대한 복지지출은 매우 효율적인 투자라는 것에 학계는 대체로 합의하고 있다.

신성장이론의 등장과 더불어 인적자본이 경제성장에서 차지하는 역할이 점점 더 강조되고 있다. 이러한 관점에서 볼 때 인적자본을 형성시키는 복지지출은 성장을 촉진한다.

(4) 복지와 노동공급

복지병 이론과는 정반대로 복지가 노동공급을 증가시켜 성장을 촉진한다는 주장도 있다. 자녀나 부모의 부양의무에 묶여 경제활동 참가에 제약을 받는 여성들은 보육지원, 장기요양 등의 적절한 사회복지 서비스가 경제활동을 가능하게 하는 중요한 요인이 될 수 있다. 장애인이나 고령자, 혹은 기타 사회적 제약 때문에 경제활동 참가가 어려운 이들에게도 복지서비스를 통하여 경제활동 참가를 촉진할 수 있다.

3. 한국의 복지정책과 '시장논리'의 과잉

1) 시장적 접근에 대한 총괄적 평가: '성장의 한계' 돌입

적어도 근대적 의미의 제도화된 사회복지정책이 구사되기 시작했던 해방 이후부터, 더 가깝게는 1960년대 이후부터 최근까지 한국 사회는 경제논리에 압도된 성장제일주의시대를 영위했다고 총괄적으로 평가할 수 있다.

물론 김대중 정부와 노무현 정부를 거치면서 상대적으로 복지부문에 대한 정책기조에 변화 조짐이 일어난 것은 사실이지만, 한국의 복지정책사를 평가할 때 최근의 이러한 조짐이 이전에 누적된 시장논리의 흔적을 반전시킬 만한 충분한 영향력을 초래했다고 할 수는 없다.

따라서 적어도 50년 이상 지속되어 온 성장우선주의의 정책기조는 한마디로 시장논리의 과잉이라고 표현할 수 있으며, 이로 인해 한국의 사회복지정책에는 이 분야 정책의 일천함과 불완전성이 남아 있다. 또한 그 결과는 곧 한국 사회에 '성장의 한계(limit to the growth)'와 '불안정한 삶'의 두 가지로 응축된다고 정리할 수 있다.

그 구체적인 근거를 열거해 보기로 한다.

(1) 국민생활에 미친 부정적 영향

① 시장과 가족에의 과도한 의존

우리나라의 경우 가계수입을 확보하는 데 스스로의 노동이나 소득 창출활동에 의지하는 비율이 매우 높다. 일찍이 타운젠드는 탈상품화지수를 통해 노동시장에서 자신의 노동력을 직접 팔지 않고도 소득을 올릴 수 있는 여지를 측정하였지만, 오늘날에는 자신이 직접 벌어들인 소득

이외에 각종 사회복지제도를 통해 지급되는 현금급여와 서비스급여를 모두 가계수입으로 현금화한 개념의 사회적 임금(social wage) 개념이 주목받고 있다.

이 개념에 따르면, 한 사회 내의 구성원들에게 사회복지급여가 많이 지급될수록 자신들의 소득 규모에 상관없이 안정적인 생활을 유지할 가능성이 높아진다는 것을 알 수 있다.

사회공공성연구소의 2009년 보고서에서는 한국의 2000년대 중반 사회적 임금의 비중을 7.9%로 보았다. 그중 현금으로 직접 지급되는 것은 3.4%, 서비스의 형태로 지급됨으로써 화폐소득으로 환산한 서비스급여는 4.5%가 되는 것으로 추계하였다. 다른 국가들의 경우를 보면 미국 17.0%, 영국 25.5%, 일본 30.5%, 독일 38.8%, 프랑스 44.2%, 그리고 스웨덴 48.5%에 이른다. OECD 평균은 31.9%다. 선진국의 국민은 평균적으로 자신의 총소득 중 1/3 정도는 자신의 노동 유무에 상관없이 기본적인 생활을 위해 사회로부터 주어지는 임금, 즉 사회임금의 형태로 보장된다는 것이다. 심지어 스웨덴의 경우는 1/2 정도까지 주어진다. 결국 이는 교육, 의료, 노후, 육아, 주거 등의 기본욕구에 대해 사회적으로 충족을 보장하는 장치가 작동된다는 것이고 그만큼 시민들의 생활은 안정적임을 뜻한다. 〈표 8-1〉은 이에 관한 통계를 보여 주고 있다.

그간 경제성장 제일주의로 인해 각종 경제지표와 소득 관련 지표에선 놀라운 성과를 나타낸 것으로 보인다. 그러나 결국 개인의 생계는 대다수 개인의 직접적인 소득창출의 행위에 직결되어 있으므로 노동시장의 불안정성이나 경기 불안 등의 위기 상황에 개인의 생활이 언제라도 노출될 수 있는 속성을 벗어나지 못하고 있다.

이렇게 사회적 임금이 적다 보니 기본 욕구에 들어가는 필수지출이 가계소득에서 상당한 비중을 차지하게 되고, 나아가 이에 대한 공급이 사

⚫)) 〈표 8-1〉 사회임금 국제 비교 (2000년대 중반)

국가 \ 구분	시장임금	사회임금		총임금 (가계운영비)
		현금급여	서비스급여	
한국	92.1	7.9	3.4	4.5	100.0
미국	83.0	17.0	8.6	8.4	100.0
영국	74.5	25.5	12.6	12.9	100.0
일본	69.5	30.5	17.0	13.5	100.0
독일	61.2	38.8	24.0	14.8	100.0
프랑스	55.8	44.2	27.3	16.9	100.0
스웨덴	51.5	48.5	25.0	23.5	100.0
OECD 평균	68.1	31.9	18.5	13.4	100.0

주: 가처분소득은 OECD의 StatLink 수치(dx.doi.org/10.1787/544730300331), 서비스복지는 OECD의 StatExtracts 수치 재구성(http://stats.oecd.org/ wbos/ Index.aspx ?datasetcode = SOCX_AGG).

출처: 오건호(2009).

적 시장으로 구성됨으로써 가격의 통제기전이 발휘되지 못하여 생활의 불안성을 증폭시켜 준다. 가계지출에서 주거관련 비용이 차지하는 비용은 10% 내외를 차지하는데 이 비중(일명 슈바베지수, Schwabe index)이 해마다 증가하고 있다는 사실을 그 예로 들 수 있다. 〈표 8-2〉에서 볼 수 있듯이 한국인들은 가계소득의 1/10 정도를 주거관련 비용으로 지출하고 있는데, 그 비중이 지속적으로 상승하여 2011년의 경우 2003년 이후 최고의 수치를 기록하고 있다. 또한 [그림 8-2]에서 알 수 있는 것과 같이 이러한 주거비 비중은 하위계층일수록 더욱 높아 2011년 하위 20% 계층에겐 소득의 16.45%에 해당하는 지출을 주거비 명목으로 요구하고 있는 상태이며, 이 비중도 계속 상승 중이다. 반면, 상위 20%의 경우는 같은 해에 7.95%만을 차지하였는데 그 비중이 점차 낮아지는 추세를 보인다.

〈표 8-2〉 가계소득 중 주거관련 지출의 비중(슈바베지수) 추이

(단위: %)

연도	2003	2004	2005	2006	2007	2008	2009	2010	2011
슈바베지수	9.89	9.69	9.81	9.92	9.71	9.72	9.81	10.07	10.15

주: 주거관련비용이란 주거비, 광열비 및 수도세를 합친 비용임.
출처: 현대경제연구원(2012. 3.).

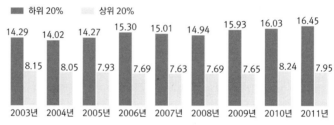

[그림 8-2] 소득계층별 주거비 비중 (슈바베지수, 단위: %)

출처: 현대경제연구원(2012. 3.).

가계의 지출 중 핵심적인 것으로 의료비를 빼놓을 수 없다. 1977년부터 시행된 의료보험제도는 기초적인 의료욕구를 어느 정도 해결하고 있다. 그러나 〈표 8-3〉에서 보는 것처럼 비급여를 포함한 본인부담금의 비중은 40% 정도로 여전히 높고 최근 들어서는 더욱 높아지는 추이를 보이고 있어 중증질환에 노출될 경우 의료비 지출이 상당한 가계압박의 요인으로 작용하고 있다.

〈표 8-3〉 건강보험 본인부담률의 구성 추이

(단위: %)

구분	연도	2006	2007	2008	2009	2010
건강보험 보장률		65.2	64.4	62.0	63.6	62.7
본인 부담률	법정	21.4	21.9	22.5	22.5	21.3
	비급여	13.4	13.7	15.5	13.9	16.0
	계	34.8	35.6	38.0	36.4	37.3

출처: 보건복지부(2005. 9. 21.).

이렇게 기본 생활 욕구가 가계 부담으로 귀결되어 있는 것은 이들 공공재적 성격의 재화가 주로 민간시장에 맡겨져 있다는 사실에서 더욱 심각한 문제를 야기한다. 한국의 주택시장에서 공공부문의 비중은 여전히 5%를 밑돌고 있고, 의료기관 역시 국공립병원의 비중은 병상 수 기준으로 10%를 약간 넘어서는 상태다. 최근 무상보육 수준까지 확장되고 있는 보육서비스 영역에서도 민간시장에서 공급되는 구조는 역시 마찬가지다. 〈표 8-4〉에서 볼 수 있듯이 시설 수로 보면 공공이 설립주체가 된 부분은 국공립과 법인 보육시설을 합쳐 9.2%에 불과하고 보육아동 정원 수를 기준으로 하면 19.1% 수준에 해당한다. 이는 이 영역의 공급주체에서 절대다수가 사적 이윤을 추구할 수 있는 민간으로 구성되어 있으므로 막대한 공공재원을 투여하여 질과 서비스비용을 관리해 나가야 한다는 원칙에서 보면 상당한 어려움과 왜곡이 있을 가능성을 내포한다고 하겠다.

🍀 〈표 8-4〉 보육시설 유형별 현황(2010년)

(단위: 개소, 천 명, %)

구분 \ 유형	총계	국공립 보육시설	법인 보육시설	민간 보육시설	가정 보육시설	기타
시설 수 기준	38,021	2,034	1,468	14,677	19,367	475
(구성비)	100.0	5.3	3.9	38.6	50.9	1.3
아동 정원 기준	1556	153	143	890	337	30
(구성비)	100.0	9.9	9.2	57.2	21.7	1.9

출처: 보건복지부(2011).

②고용 없는 성장의 고착

지금까지 성장을 주도해 온 기업들의 전략은 수출주도형과 노동절약형이었고, 이에 의거하여 산업에서의 고용흡수력은 상대적으로 떨어져서 최근에는 고용 없는 성장(jobless growth)의 특징이 고착된 것으로 보고되고 있다.

고용 없는 성장이란 경제성장에도 불구하고 고용은 그만큼 늘지 않는 것을 의미하는데, 이를 잘 나타내는 것이 한국은행에서 발표하는 취업유발계수다. 이는 매출 10억 원당 발생하는 취업자 수를 말하는데, 산업연관표를 분석하여 산출하는 통계치다. 〈표 8-5〉에서 보는 것처럼 1995년엔 산업전체를 대상으로 했을 때 취업유발계수는 24.4명이었지만 2000년 18.1명, 2005년 15.8명을 거쳐 2011년엔 11.6명에 그친다. 특히 수요측면에서 국민총생산을 설명할 수 있는 소비부문과 투자부문, 수출부문 중에서 수출부문의 감소폭이 뚜렷하다. 이 부문은 1995년 24.0명에서 2011년 7.3명까지 급락한 것이다. 물론 이 계수의 감소가 절대적인 고용량의 감소를 나타내는 것은 아니지만, 민간경제부문의 성장이 고용으로 연결되는 정도는 지속적으로 약화되고 있다는 것이므로 경제 전체의 고용증가에 상당한 적신호를 보여 주는 것이며 고용 없는 성장의 가능성을 보여 주는 것이다.

〈표 8-5〉 취업유발계수의 변화 추이(1995~2011년)

구분　　　　연도	1995	2000	2005	2011
산업 전체	24.4	18.1	15.8	11.6
소비부문	–	–	19.1	15.3
투자부문	–	–	15.3	12.0
수출부문	24.0	15.3	10.8	7.3

출처: 한국은행(1995/2000/2005/2011).

특히 이러한 변화는 1998년부터 IMF 경제위기에 대응하는 전략으로 실시된 기업경쟁력 강화를 위한 노동유연성과 각종 규제의 철폐에 따라 기업들의 이윤 추구 전략이 고용회피 또는 고용절감으로 급선회한 데서 비롯되었다. 〈표 8-5〉에서 당장 1995년과 2000년 사이에 취업유발계수의 급락 폭이 매우 심한 것을 확인할 수 있다.

아시아개발은행의 발표에 따르면, 1992~1996년 우리나라의 고용탄력도는 0.29였으나 2004~2008년에는 0.22로 하락하였다. 이때 고용탄력도란 경제성장률이 1% 포인트 변할 때 고용률은 몇 % 포인트 변하는지 보여 주는 지표인데 IMF 경제위기 전후에 그 값에 변화가 뚜렷하게 나타나고 있다. 같은 자료에서는 싱가포르가 0.58, 대만이 0.45, 홍콩이 0.33여서 한때 '아시아의 네 마리 용' 중 한국의 수치가 가장 낮은 것으로 보고되기도 하였다.

 또한 한국노동연구원의 보고서에 따르면, 〈표 8-6〉에서 보는 것과 같이 경제성장이 고용에 미친 영향력은 1971~1998년에는 44%만큼 영향을 미치지만 그 이후인 1999~2008년까지는 36%만 영향을 주는 것으로 분석되고 있다. 이는 일본이 버블경제가 터진 1993년을 전후로 14.7%에서 26.3%로 증가하거나 미국, 영국, 프랑스, 덴마크 등이 비슷한 시기 고용에 대한 영향력이 증가한 결과를 보이는 것과 대조를 이룬다 하겠다.

〈표 8-6〉 주요 국가의 경제성장이 고용에 미친 영향력

국가	시기	영향력	국가	시기	영향력
한국	1971~1998년	0.44	프랑스	1971~1991년	0.293
	1998~2008년	0.36		1992~2008년	0.681
일본	1971~1993년	0.147	이태리	1971~1995년	0.271
	1994~2008년	0.263		1996~2008년	0.202
미국	1971~1991년	0.528	덴마크	1971~1994년	0.455
	1992~2008년	0.534		1995~2008년	0.688
영국	1971~1991년	0.453	스페인	1971~1993년	0.710
	1992~2008년	0.469		1994~2008년	1.45

주: 영향력을 나타내는 수치는 경제성장률 1%에 대하여 고용률이 얼마나 영향을 받는가를 보여 주는 것임.
출처: 황덕순, 윤윤규, 이규용, 김세움, 정성미, 옥우석(2011).

 따라서 이러한 고용 없는 성장의 추이를 유독 심각하게 드러내는 한국 경제의 체질을 바꾸지 않으면, 우리나라는 이후 경제성장을 하더라도 실질적으로는 고용이 안정적으로 확보되지 않고 실업률이 증대하고 노동자들의 고용불안과 소득불안의 현상이 더욱 심각하게 전개될 것이다.

이에 대응하기 위한 전략으로는 기업들의 고용창출 유인을 위한 과감한 세제 지원과 고용유발산업의 육성 등이 필요하지만, 다른 한편으로는 공공부문의 고용 확대와 사회적 일자리의 창출과 같은 새로운 돌파구를 찾는 것도 필요하다. 특히 한국의 경우는 공공부문이나 제3섹터의 비중이 매우 작아 복지와 경제의 선순환이 발생되지 않고 있다.

사회적 일자리 창출 정책이 IMF 외환위기 당시 공공근로사업으로 시작되었고 최근 들어서는 사회적 기업, 협동조합 등의 육성책으로 전환되었다고는 하지만, 여전히 건실한 토대가 마련되었다고 보기는 어려운 상태다.

공공부문의 고용창출은 여성, 노인의 인력을 흡수하여 경제성장에 기여할 수 있는 중요한 부문이다. 특히 보건 및 사회복지서비스 분야는 복지 확대와 고용창출을 동시에 달성할 수 있는 매우 중요한 부문이지만 한국의 경우는 이 분야의 고용 비중이 매우 낮다. 따라서 공공부문과 제3섹터에 복지관련 일자리를 대폭 늘리고 이들이 공공복지서비스의 공급에 기여토록 하는 것은 고용 없는 성장을 극복하는 전략인 동시에 복지를 통한 성장 전략이 된다.

(2) 부실한 복지정책과 성장 잠재력의 훼손

① 사회갈등의 유발에 따른 사회비용 초래

한국 사회의 복지정책 부실은 각종 사회갈등의 유발로 나타나는데 그중에서도 여전히 존재하는 노사갈등이 대표적인 사례다. 노동력 재생산 비용을 자신의 작업장에서 받는 임금에만 과도하게 의존하는 상황에서는 노동자들은 '시장임금'을 최대한 높이는 방법을 선택할 수밖에 없고, 이것이 필사적인 임금인상 투쟁과 노동운동의 '전투화'를 유도하게 된다.

1987년 이후 노동운동의 전투화 뒤에는 바로 이러한 '시장의 과잉', '복지의 과소' 현상이 자리 잡고 있었던 것이다. 시장임금의 급속한 확대를 요구하는 노동운동의 전투화는 기업의 불확실성을 증폭시켜 성장의 장애요인으로 작용한다.

이러한 노동자들의 절박한 상황은 노동자들에게 노동시장에서의 배제가 곧 가족생활의 결정적 위기를 의미하므로, 노동자들은 정부나 기업가가 원하는 노동시장의 유연화에 찬성하기 어렵게 된다. 그러므로 한국 경제의 구조적 개선을 위해 부분적인 노동시장 유연화정책을 펼 수 밖에 없다면 노동자들을 위한 사회안전망인 사회보장급여는 필수적인 것이다.

결국 현재의 부실한 복지정책과 '시장·가족의존적' 노동력 재생산구조는 계층 간 교육과 고용기회의 차이를 더욱 확대시키고 있으며, 저소득층, 비정규직 등 사회배제 집단의 분배 요구를 격화시키고 있다. 그리고 이는 다시 사회갈등을 관리하기 위한 비용을 늘리고 성장을 위한 체제 안정을 저해하고 있다.

② 출산율의 비정상적인 하락과 성장잠재력 훼손

우리나라의 현재 가장 심각한 문제 중 하나는 출산율의 최저수준 문제다. 우리나라는 〈표 8-7〉에서 보는 것과 경제개발 초기 합계출산율 6.0명으로 다산 사회였으나 1970년 4.4명으로 떨어지더니 1980년에 2.8명, 1990년 1.59명, 2000년 1.47명, 2010년에는 1.23명까지 하락하였다. 현재 전 세계에서 초저출산국가의 하나로 분류되고 있으며, 2010년 OECD 가입국의 평균 1.74명과 비교해 보아도 가장 낮은 수치를 기록하고 있다.

📖 〈표 8-7〉 주요국의 연도별 출산율 추이

국가 연도	한국	일본	영국	프랑스	독일	OECD 평균
1960	6	2	2.72	2.73	2.37	–
1970	4.4	2.13	2.43	2.47	2.03	2.67
1980	2.8	1.75	1.9	1.95	1.56	–
1990	1.59	1.54	1.83	1.78	1.45	–
2000	1.47	1.41	1.64	1.88	1.36	–
2010	1.23	1.39	1.98	1.99	1.39	1.74

출처: OECD (2010).

출산율 1.2명 수준은 사실상 여성들의 '출산 파업'이 진행되고 있는 것으로 보아야 한다. '출산 파업'에 영향을 주는 요인은 다양한데, 주거비, 아동양육과 교육이 과도하게 시장에 의존하는 구조는 아동보육과 성장에 많은 비용을 초래하고 이것이 직간접적으로 출산율 하락에 매우 중요한 요인으로 작용한다. 결국 이는 생산가능인구의 감소, 인구의 고령화, 재정담보 능력의 약화 등으로 이어져 미래의 성장 동력을 떨어뜨리는 주요 요인으로 기능할 것이다.

③ 여성경제활동 참여의 장애 요인

한국은 여성의 경제활동 참여율도 낮은 수준에 머물고 있다. 특히 여성들의 육아 부담이 여전히 높아 일과 가정을 양립하기에는 근본적으로 어려움을 갖게 하는 사회다. 여전히 아동·노인 부양 부담이 여성에게 집중되면서 결혼과 동시에 여성을 노동시장에서 퇴출시키는 역할을 하고 있다. 이렇듯 부실한 복지정책이 여성노동력 활용을 제약함으로써 성장의 잠재력을 훼손시키고 있는 것이다.

2009년 현재 한국의 고용률은 62.9%로서 OECD 국가들 중 20위에 해당한다. 그러나 남성의 고용률이 73.6%(OECD 16위)인 반면 여성의 고용률은 52.2%(OECD 25위)에 불과하여 그 격차가 매우 심하다([그림 8-3] 참고). 여성 고용률의 연령별 동향을 보면, 20대에는 60% 수준을 보이다가 출산연령기인 30세를 전후하여 40%대로 급격히 떨어진 뒤 30세 후반부터 다시 늘어나는 전형적인 M자(字)형을 보이고 있다. 그러나 아동 · 노인정책이 잘 갖추어진 스웨덴 등 북유럽 국가들은 20대의 고용률이 50대 초반까지 그대로 유지되고 있어 대조적이다. 이렇듯 우리 사회에서 젊은 여성노동력의 퇴장은 성장잠재력을 저하시키는 데 지대한 기여를 한다고 말할 수 있다.

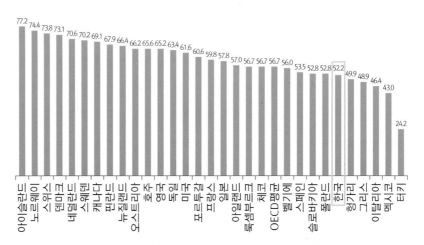

[그림 8-3] 여성 고용률(15~64세, 2009년)

출처: OECD (2010).

참고문헌

강두용(2004. 12. 14.). 정부지출의 거시경제 및 산업별 파급효과. 산업경제정보, 제236호.

강선구(2003. 7. 9.). 2만 달러 시대 언제 도달하나. LG주간경제, 735호.

국회예산정책처(2012a). 감세의 지방재정 영향 분석.

국회예산정책처(2012b). 국회 노회찬 의원실 제출 자료.

국회예산정책처(2012c). 정부의 재정 지출에 따른 국민경제적 파급효과 분석.

국회예산정책처(2013a). 2012년도 대한민국재정. 서울: 대한민국 국회.

국회예산정책처(2013b). 2014년도 조세지출예산서 분석. 2013 국세통계연보. 서울: 국세청.

기획예산처(2007. 5.). 행정자치부 대통령 국정과제 보고자료.

기획재정부(2009). 중기국가재정계획안.

김용학(1992). 사회구조와 행위. 서울: 나남.

김재진(2012). 세원투명성 정도를 측정할 수 있는 지표개발 연구. 서울: 한국조세연구원.

보건복지부(2005. 9. 21.). 국정감사제출자료.

보건복지부(2011). 보육통계.

시민경제사회연구소(2008). 시민경제상식.

오건호(2009). 한국의 사회임금 얼마일까?, 이슈페이퍼, 2009-05.

옥동석(2011. 2. 7.). "국가재정의 지속가능성에 대한 논의 필요". 한겨레신문.

이태수(출판 예정). 보편적 복지국가로 가는 길에서의 민주정부 10년의 복지정책. 민주
　　　정부 10년 평가. 파주: 한울.

이태수, 문진영, 김연명, 박찬용, 유종일(2003). 복지와 경제의 선순환계 연구. 서울,
　　　청원: 보건복지부, 꽃동네현도사회복지대학교.

정부혁신지방분권위원회(2007). 국고보조금 정비방안.

한국은행(1995/2000/2005/2011). 산업연관표.

현대경제연구원(2012. 3.). 경제보고서.

홍헌호(2009). 참여연대 내부 자료.

황덕순, 윤윤규, 이규용, 김세움, 정성미, 옥우석(2011). 주요국가의 경제성장과 고용성
　　과 비교분석. 서울: 한국노동연구원.

Chadwick, E. (1842). *Report on the Sanitary Condition of the Laboring Population*.
　　Edinburgh: Edinburgh University Press.

EUROSTAT(1992). *Digest of Statistics on the Social Protection in Europe*. Luxembourg:
　　Office for Official Publications of the European Communities.

Gilbert, N. & Terrell, P. (2005). *Dimensions of Social Welfare Policy* (5th ed).
　　Oxford: Pearson.

ILO(2010/2011). World Social Security Report.

IMF(1986). *A Manual on Government Finance Statistics*. Washington D.C.: IMF,
　　pp. 158−160.

Keynes, J. M. (1919). *The Economic Consequences of the Peace*. New York: Harcourt,
　　Brace, and Howe.

Keynes, J. M. (1936). *The General Theory of Unemployment, Interest and Money*.
　　New York: Harcourt, Brace and company.

Levin, J. (1991). A Discussion of Public Sector Accounts. *The IMF's Statistical Systems*.
　　Washington D.C.: IMF, pp. 217−236.

Malthus, T. (1798). *An Essay on the Principle of Population*. London: J. Johnson.

Marshall, A. (1890). *Principle of Economics*. London: Macmillan

OECD(2010). Social Indicators.

OECD(2011). Revenue Statistics 1965∼2010.

OECD(2006/2008). Social Database.

OECD(2011). Social Expenditure−Aggregated data.

OECD(2012a). Economic Outlook, no. 86.

OECD(2012b). OECD Factboook 2012.

Smiles, S. (1859). *Self−Help*. London: John Murray.

Smith, A. (1759). *A Theory of Moral Sentiments*. London: A. Millar.

Smith, A. (1776). *An Inquiry into the Nature and Causes of the Wealth of Nations*.
　　New York: Random House.

Townsend, P. B. (1979). *Poverty in the United Kingdom: a survey of household resources and standards of living.* Harmondsworth: Penguin Books.

국회예산정책처: http://www.nabo.go.kr/
기획재정부: http://www.mosf.go.kr/
보건복지부: http://www.mw.go.kr/
시민경제사회연구소: http://www.piess.or.kr/
자치종합정보센터: http://www.jachi.co.kr/
지방재정고: http://lofin.mospa.go.kr/
한국은행: http://www.bok.or.kr/
EUROSTAT: http://ec.europa.eu/eurostat/
ILO: http://www.ilo.org/
IMF: http://www.imf.org/
OECD: http://www.oecd.org/

찾아보기

‖내용‖

저자소개

이태수(Tae-Soo, Lee)

연세대학교 경제학 박사

전) 국립 사회복지연수원 교수
　　한국보건복지인력개발원 원장
　　대통령자문 양극화 및 민생대책위원회 위원
　　복지국가소사이어티 공동대표
　　참여연대 사회복지위원회 위원장
현) 꽃동네대학교 사회복지학부 사회복지학 전공 교수
　　비판과 대안을 위한 사회복지학회 회장

사회복지사를 위한 복지경제학
Welfare Economics for Social Workers

2014년 2월 25일 1판 1쇄 발행
2014년 8월 20일 1판 2쇄 발행

지은이 • 이 태 수
펴낸이 • 김 진 환
펴낸곳 • ㈜ **학지사**

121-838 서울특별시 마포구 양화로 15길 20 마인드월드빌딩 5층

대표전화 • 02) 330-5114　　　팩스 • 02) 324-2345

등록번호 • 제313-2006-000265호

홈페이지 • http://www.hakjisa.co.kr
커뮤니티 • http://cafe.naver.com/hakjisa

ISBN 978-89-997-0345-4 93330

Copyright ⓒ 2014 by Hakjisa Publisher, Inc.

정가 17,000원

인터넷 학술논문원문서비스 **뉴논문** www.newnonmun.com

이 도서의 국립중앙도서관 출판시도서목록(CIP)은 서지정보유통지원시스템
홈페이지(http://seoji.nl.go.kr)와 국가자료공동목록시스템(http://www.nl.go.kr/kolisnet)
에서 이용하실 수 있습니다.
(CIP제어번호: CIP2014007819)